周期波动与结构变动

马建堂 著

商务印书馆
创于1897 The Commercial Press
2017年·北京

图书在版编目(CIP)数据

周期波动与结构变动/马建堂著.—北京:商务印书馆,2017
ISBN 978-7-100-15025-5

Ⅰ.①周… Ⅱ.①马… Ⅲ.①中国经济—产业结构 Ⅳ.①F121.3

中国版本图书馆 CIP 数据核字(2017)第 188553 号

周期波动与结构变动
马建堂　著

商　务　印　书　馆　出　版
(北京王府井大街36号　邮政编码100710)
商　务　印　书　馆　发　行
北京市十月印刷有限公司印刷
ISBN 978-7-100-15025-5

2017年8月第1版　　开本 787×960　1/16
2017年8月北京第1次印刷　　印张 19½
定价:50.00元

再 版 序 言

三十年前，我在中国社会科学院研究生院脱产攻读产业结构方向博士研究生，在著名经济学家孙尚清先生指导下，寒窗三年撰写了题为《周期波动与结构变动》的博士论文，承蒙湖南教育出版社奖掖后学，不吝浅漏，助其出版。三十年后，在我的博士生覃毅同志联系下，出版界泰斗商务印书馆不计陈旧，允以再版。感慨之余，留下数语，以作纪念。

本书的主要内容有三：一是研究不同类型经济周期的不同阶段经济结构的变动趋势或变动规律；二是研究周期波动影响结构变动的机制或机理；三是研究我国经济周期中经济结构变动的共性和个性。前两个任务是研究周期波动与结构变动之间的一般规律，后一个任务则是研究这种一般规律在我国的具体表现形式。时光虽流过了三十年，但拙作基于大约一个世纪主要国家统计数据得出的一些基本结论仍然是成立的，仍可以被又延展了三十年的世界统计数据所证实。

本书研究了长波（50 年左右）、中波（7—11 年）和短波（40 个月左右）中的不同分类的结构变动，但主要着力点还是 7—11 年的中期波动或经典经济周期，它占了总篇幅的三分之一。无论是对于中波或中周期与各种分类产业结构的变动关系与机理的分析，还是九种不同部门周期波动类型的划分，抑或是经济主体行为对总量波动到结构变动的传递分析，笔者至今仍然是敝帚自珍的。至于笔者试图把总量分析与结构结合起来的努力，请允许我引用本书的一段话，尽管这段话可能有些偏长：“宏观经济学面对着的是一个无差别的商品世界。在这里，对不同商品的需求集合为一个只有量的差别的总需求,不同商品的供给则汇集为只有量的多少的总供给。经济活动的波动,在宏观经济学看来,仅仅是供给、需求、投资、消费、储蓄、就业、利润、工资的总量变动。我们将证明,这些经济变量在存在总量波动的同时,也发生着结构变动,……我们还将证明,这种单一商品部门的波动是不全面的,这种舍弃结构分析的总量波动是需要深化的。衰退阶段不只是总供给与总需求的减少,这时,不仅各个部门下降的幅度不一,甚至有些部门还在增长。同样,扩张阶段也不只是总供给与总需求的简单增加,这时,不仅各个部门增长的步频存在差异,而且有些部门还会衰退。"

在写作该书时,笔者费了很多精力,搜寻和使用了大量世界主要国家的经济统计资料。那时没有百度,没有谷歌,也没有各种数据平台,全靠人工查找和做卡片记录,深深体会到了数据搜集的不易和数据可靠的重要。没有想到的是,二十年后,承蒙组织厚爱,我竟然成为国家统计局局长,并在这个我终身喜爱、受益一生的岗位工作了六年多!

本书也用了一章篇幅研究长周期与结构变动的关系。在书中我写道:"长期波动……是以技术革命为基础的主导部门的彻底更替,是产业结构的深刻变革。……技术革命和产业革命创造着新的产品、新的需求和新的工艺,从而创造着新的行业和部门。新兴产业通过乘数—加速数机制加快着自身扩张的同时,又通过前向、后向和侧向连带效应,带动上游产业、下游产业和其他有关产业的扩张……"看看当前身边正在出现的信息技术革命带来的新产品、新行业、新业态和新经营模式层出不穷,新经济动能在双创大潮中风起云涌,就经济发展的大逻辑而言,它不正是清晰地解读着新技术革命和产业革命与经济发展周期的关系吗?不正是昭示着以"互联网+"为标志的技术革命与产业变革的融合,一定会带来中国经济转型和较长时间的较快增长吗?

本书在分析经济周期中的结构变动时,把产值结构、就业结构和固定资产结构分别定义为浅层结构、中间结构和深层结构，并指出我国经济周期中的结构变动常常只有浅层的结构变动，而缺乏中间和深层的结构变动。换言之，由于劳动力和固定资产并不能随着经济扩张和收缩阶段的交替，在不同部门间合理流动和重新配置，我国产业结构的调整往往是浅层的，从而会产生若干僵尸企业、无效资产和产能过剩。这是不是从另一个角度证明了我国深化供给侧结构性改革，促进生产要素合理流动和资源有效配置的重要性和紧迫性？

用了一个晚上的时间翻阅了旧作，有了上述感想。写下来，供读者参考指正，亦权为再版序。

马建堂

2017 年 6 月 12 日晚于京中寓所

序　言

随着以机器大生产为基础的商品经济登上社会经济的历史舞台，周期性的经济波动就成为社会经济运动的一个重要形式。早在19世纪40年代，马克思就系统考察了资本主义的周期性经济波动，分析了危机、萧条、复苏、高涨到新的危机的经济周期的阶段，论证了经济周期性运动的物质基础。140多年来世界经济有了很大发展，经济运动的周期性具有了新的特点，关于经济周期的理论探索也获得了丰硕的成果，如熊彼特的《商业周期》等都是有名的著作。但遗憾的是，我国经济学界一直认为只有资本主义经济才有经济周期，马克思的周期理论未能得到发展。近年来才有人对我国社会主义经济中的周期进行探讨，但还只限于总量上的一般分析，而且即便是这样，一些探索性的研究也遭到某些人的非难。

经济运动不仅有周期波动，而且有结构变动。结构变动同周期波动是经济运动的两种基本形式。对经济结构的理论研究，就某些方面和某些方法而言，在国外有了很大进展，如里昂惕夫的投入产出理论和巴森内蒂的动态结构增长理论、钱纳里的结构发展理论和库兹涅茨对经济发展中结构变动的研究，但从整体上看尚未形成完整的经济结构理论。我国的经济结构研究基本上是从20世纪80年代初的经济调整时起步的。近年来，我国经济（尤其是产业）结构理论有了长足进步，但总的来看往往偏重于30年来社会主义建设经验的总结，研究的空间也多少有点狭窄。

更为重要的是,周期波动理论与结构变动理论,无论在国外还是国内,基本上是分别独立地进行的。但在实际生活中,周期波动不仅有其相应的结构原因,它也会带来相应的结构变动。因而,在周期波动与结构变动这两种经济运动形式之间存在着有机的联系。把握住这一中介联系机制,对于宏观理论的中观化,或者说对于把总量理论与结构理论结合起来,具有重要的意义。

从我国这些年的实践来看,因追求过高的经济增长速度而导致的总量膨胀,往往是和结构失衡并存的,这使得短缺资源愈加短缺,短缺资源约束的加剧正是经济发展不能不出现周期性波动的一个重要原因。因而,在调整经济时不仅需要控制需求总量,还需调整和优化产业结构,然后才能缩短调整过程,提高资源配置效率,并且随着结构的进步,把我国经济发展水平推上一个新的台阶。正因为这样,从经济理论上研究周期波动对经济结构的影响,研究总量变动与结构变动的关系,研究周期波动与结构变动的内在机制,研究如何利用这一内在机制在我国实现经济的稳定增长,并且在稳定增长过程中不断推进结构的优化,便成为丰富和深化我国的周期理论研究与经济结构理论研究的重大课题。

令人高兴的是,马建堂同志选择了这一难度很大的课题,对周期波动与结构变动进行了开拓性的研究,有很高的理论价值和实用价值。

全书是以对以下几个问题的回答安排其逻辑结构的:

1. 各类经济周期中是否存在着有规律的结构变动?2. 如果存在的话,这些有规律的变动是什么?3. 是什么因素使得经济周期中出现有规律的结构变动?4. 周期的类型和长度对经济结构的影响是什么?5. 这些有规律的结构变动在我国有无特殊性?6. 如有特殊性的话,其原因是什么?通读全文并参加了马建堂同志的博士论文答辩后,我感到这些问题基本上都得到了深刻的和科学的说明,故值得向读者推荐并为之作序。

还有一点需要提及，我很欣赏作者艰辛研读国外经济文献、大量掌握统计资料和史料的求实学风和精确引证他人观点的科研道德。近年来，经济研究中有一种不太健康的风气，有的喜好追求时尚，不愿下力气钻研学问，有的借用他人观点，却不尊重人家的劳动，甚至通篇公开剽窃。这都需要经济学界同人从自己做起，以正学风。

需要指出，由于作者把重心放在研究周期波动对结构变动的影响方面，从而诸如结构高度化对经济周期的影响就没有充分展开；另外，体制问题对经济运行影响很大，作者虽然对经济体制对于我国产业结构周期性变动的影响做了说明，但总的来看，体制问题涉猎尚嫌少了一点。这些都可作为进一步研究的内容。

早在 1983 年马建堂同志还在南开大学经济研究所攻读硕士研究生时，我们就彼此结识了。那时候我觉得马建堂同志勤奋好学，对于经济生活中的一些疑难问题有着一股"打破砂锅问到底"的执着的钻研劲头；南开的崇尚朴实、力戒浮夸也培养了他扎实的基本功与良好的学风。如今他刚满 30 岁，便已写出这样高质量的专著，真是可喜可贺。我们有理由期待作者在深入钻研的基础上有更好的著作问世，方不愧对我国知识界和学术界未来的如锦盛世。

戴园晨

戊辰岁暮于北京拾弥斋

目　　录

第二篇 短期波动与产业结构变动

第三篇 长期波动与结构变动

第四篇 我国周期波动对结构变动的影响及相应的周期—结构政策

第一章　导论

周期波动与结构变动

1769 年瓦特的单动式蒸汽机把人类社会送入高速经济增长的时代。然而,或是出于经济系统内部本身的作用,或是出于外部条件的影响,经济增长的列车难以保持匀速的均衡运动,有时加速前进,有时减速运动,甚而停止或后退。在经济系统整体变速运行的同时,系统诸要素之间也不能维持一种同向和等速的关系。它们有的在经历一段加速增长后步频渐渐放慢,有的在缓速前进中渐渐加速,甚而有的要素衰老消失,有的则萌生成长。经济系统中的这种非线性变速运动就是周期波动,其构成要素的相互关系及增长格局的改变就是结构变动。社会经济系统正是在周期波动和结构变动中实现自身的增长和发展的。从这个角度讲,周期波动和结构变动都是经济增长的形式,即经济在周期波动中成长,在结构变动中进步。研究周期波动与结构变动之间的关系,更确切地说,研究经济周期对产业结构的影响和产业结构的周期变动特征,就构成本书的主要内容。

从最广泛的意义上说,经济的波动与人类的经济活动史一样久长,因为只要存在经济活动,经济系统的运动状态就不是匀速的线性形式,而表现为经济活动水平的涨落和经济增长速度的增减。但是,严格意义上的周期波动却是建立在现代机器生产基础上的货币—商品经济的产物。对此,马克思曾有经典性的论述:“当机器工业如此根深蒂固,以致对整个国民生产产生了绝对影响时;当对外贸易由于机器工业而开始超过国内贸易时;当世界市场逐渐侵占了新世界即亚洲和澳洲的广阔地区时;最后,当走上竞赛场的工业国家为数众多时——只有从这个时候起,才开始出现不断重复的周期,它们的各个相继的阶段都为时数年,而且它们总是以一场普遍危机的爆发而告终,这场危机既是一个周期的终点,也是另一个新周期的起点。”①

随着经济波动的频繁出现,特别是拿破仑战争以后,这个从人类生活中产生出来的“异己”力量不断地把人们卷入经济狂涨和市场暴跌交替出现的浪潮中,越来越多的思想家开始研究经济波动的周期性原因,探讨周期运动的原因、性质和机制的文章也成为西方宏观经济学的两个主要发展方向之一。② 鉴于本书的研究目的,在这引导性的一章中我们不准备罗列和解释各种周期理论,而只是简单地确立一下经济周期和经济波动的含义,以便为我们以后的分析提供一个概念性基础,接下来,我们再对产业结构和结构波动做一类似的界定。

对经济周期或经济波动的定义,一般可以从两个角度着手。其一,从逻辑或理论分析的角度,经济学家一般认为经济波动是对均衡状态的偏离,而经济周期就是这种偏离状态的反复出现。哈耶克是这一观点的代表。③ 这种定义虽易理解周期波动的性质,但是,它既没有解决周期类型的划分,也不利于经济周期的具体测定。于是,人们便开始从

---

① 马克思:《资本论》第1卷,见《马克思恩格斯全集》第23卷,第695页。

② 美国著名经济学家托宾认为,宏观经济学有两大分支:一是国民收入的短期波动,即经济周期理论;二是国民收入的长期增长趋势动态理论。经济思想史中大多数伟大的名字,如休谟、李嘉图、马尔萨斯、马克思、费雪、维克塞尔、熊彼特都与这里的一个或两个问题有关。见托宾:《宏观经济学》,《经济学译丛》1982年第3期。

③ 哈耶克:《货币理论与商业周期》,第70页。

第二个角度,即便于统计分析的角度来定义经济波动和经济周期。这类定义又可分为两种:第一种是直接把经济周期定义为经济扩张与经济收缩交替、反复出现,如美国经济学家扎诺维茨(Victor Zarnowitz)在美国经济学会第50届年会上指出的,关于商业周期,一个广泛接受的概念是累积性的扩张和收缩的反复出现。① 这一定义与伯恩斯(Burns)和米契尔(Mitchell)1946年的定义基本相同。② 这样就可以根据经济水平或经济增长率的波动来具体地确定与划分周期。第二种是把周期波动定义为经济变量对经济增长的一般趋势或长期趋势的偏离。如熊彼特在其经典性著作《商业周期》中,是与一般趋势结合起来定义周期波动的:"当一个数列具有以下性质时,则称其表明了趋势(trend):该数列能将其所覆盖着的全部期间分为若干子区间,且这些子区间的平均值作为时间的函数单调增加或减少。……当一个数列排除了季节变动,它的项目值或较高的时间偏离值反复出现时,这个数列就具有周期运动。"③根据这种定义方法来确定和度量周期,需要首先用一定的统计方法来确定经济运动的一般趋势,然后根据实际值与趋势值的偏离来确定周期。这后一种确定方法更经常地被美国全国经济研究所研究经济周期和长期趋势的专家,如米契尔、伯恩斯、库兹涅茨(Kuznets)、肖(Shaw)等人所使用。为了便于分析,在本书中,我们将经济周期或周期波动定义为经济扩张和经济收缩的交替出现。在这里,扩张与收缩是在较宽泛的意义上使用的,它可以指经济活动绝对水平

---

① V.扎诺维茨:《今日商业周期导言》,载扎诺维茨编:《今日商业周期》(英文版),全国经济研究所1972年版。

② 伯恩斯、米契尔:《商业周期的测量》(英文版),全国经济研究所1946年版,第3页。

③ 熊彼特:《商业周期:资本主义过程的理论、历史和统计分析》第1卷(英文版),麦格劳—希尔图书公司(纽约、伦敦)1939年版,第200页。

的增加与减少，也可以指经济增长速度的加快与减慢。①

现在，让我们简要地确定一下周期的类型。

先确定波动幅度或深度（amplitude）类型。经济活动从最低点（谷底）扩张到最高点（峰顶）称为升幅，从最高点回落到最低点称为降幅。我们根据降幅值把经济周期划分为衰退型周期和增长型周期：如果在收缩阶段，经济运动的绝对水平减少，或经济增长速度（环比）为负，那么，我们称其为衰退型周期；如在一个周期的收缩阶段只是经济增长速度降低，则我们称其为增长型周期。

最早根据周期波动幅度对经济周期进行分类并提出增长型周期这一概念的是美国经济学家明茨（Mintz）夫人。

第二次世界大战后，随着西方国家政府宏观干预能力的加强，特别是周期变动弹性较小因而具有很大缓冲周期振荡功能的服务业的迅速发展，西方各国周期波动在一定程度上有所缓和，其长度缩短，幅度渐缓，典型特征是收缩期缩短和下降阶段大都表现为增长率的放慢。如

---

① 尽管我们可以同时用经济绝对水平的波动和经济增长速度变化来确定和度量周期，然而，如用这两种确定方法来测度同一时期的经济活动水平，则所得出的周期阶段在时间上是不一样的。如下图，其中正弦曲线为经济活动绝对水平时间轨迹，其斜率或一阶导数为增长速度。根据经济绝对水平来确定周期阶段，显然 B 和 C 两段都为高涨期，而 A 和 D 两段为衰退期；根据增长率来划分周期阶段，A 和 B 为高涨期，而 C 和 D 为衰退期。于是两种确定方法对 A 和 C 的划分截然相反。

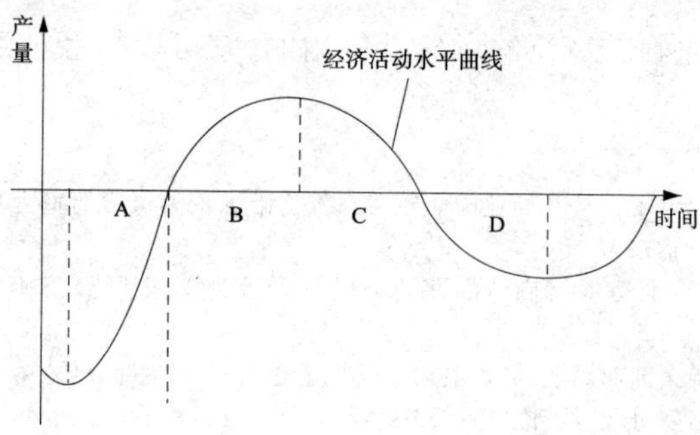

1854—1948 年的 94 年中,美国共发生了 22 次衰退,平均长度为 20 个月;1948—1961 年的 13 年中则发生了 4 次衰退,平均长度为 10 个月。1854—1954 年,共出现 22 次扩张,平均长度为 29 个月;1949—1969 年间,出现 4 次扩张,平均长度为 49 个月——前后两个时期,扩张期长度与收缩期长度之比从 1.45 上升为 4.9。1950—1978 年间,国内生产总值水平除美国在 1954 年略有减少外(1953 年为 3646 亿美元,1954 年为 3645 亿美元,下降 0.027%),西德、日本(1952—1978 年)、法国和英国都没有生产水平下降的年份。① 上述各国的周期中反应比较敏感的工业生产指数的波动稍为严重一些。最好的是法国,它只在 1975 年发生过一次绝对衰退;日本、西德次之,它们只是在 1974 年和 1975 年发生过绝对衰退;英、美的情况较为严重,英国分别于 1952 年、1958 年、1974 年和 1975 年出现绝对衰退,且有 5 年是滞年,美国则分别于 1954 年、1958 年、1970 年和 1975 年出现了绝对下降。② 正是在这种背景下,在美国经济学会第 50 届年会上,明茨夫人和法布里坎特(Fabricant)认为,现代商业周期的转变,需要提出不同于衰退型经济周期的定义。明茨夫人认为,"增长型周期是经济活动总量的波动。增长型周期包含一个多数经济活动相对高速增长的时期,紧跟着是一个同样广泛的低速增长时期,这一时期又和下一周期的高速增长阶段连在一起"③。这样,在增长型周期中,扩张与衰退的交替转变为高速增长与低速增长的交替,峰顶(peak)和谷底(trough)则分别改称为向下转折点(down turn)和向上转折点(up turn)。

撇开西方经济学家借经济周期的形式改变来否认资本主义周期

---

① 《国外经济统计资料(1949—1978)》,中国统计出版社,第 13 页。

② 同上。

③ 伊丽丝·明茨:《美国增长型周期的确定》,载 V. 扎诺维茨编:《今日商业周期》(英文版),全国经济研究所 1972 年版。

危机的深刻性不论，增长型周期的提出，以及我们根据这一定义将周期划为衰退型周期和增长型周期，对我们充分认识周期波动对结构变动的影响或者划分结构变动的周期类型是比较便利的和有价值的。

下面我们再来根据周期的长度(duration)来确定周期的类型。

早期(19世纪)的西方经济周期理论，一般是把7—11年的经济周期作为研究对象，并把这种特殊长度的周期波动冠以“商业周期”这样一个一般的名称。这一现象曾遭到一些著名周期研究者的批评。① 稍后，E. 阿克曼(Akerman)和尧尔盖(Rolke)将长期波动和季节变动也包括在经济波动中。② 米契尔(全国经济研究所的伯恩斯和库兹涅茨也大致如此)将经济波动分为五类:1. 商业周期;2. 危机期间商业条件的变动;3. 影响经济系统局部的波动;4. 每年都发生的波动——季节变动;5. 不太确定的次级趋势(库兹涅茨语)或长期波动。③ 德国的魏格曼(Wagemann)则根据波动长度，将经济波动分为:1. 月内波动;2. 年内波动;3. 商业周期;4. 长度为50—60年的长波;5. 时间更长的基础性变动(长期趋势)。冯·杜因则把经济周期分为以下四类:1. 基础或存货周期，长度为3—5年;2. 朱格拉或投资周期，长度为7—11年;3. 库兹涅茨或建筑周期，长度为15—25年;4. 长波或康德拉季耶夫周期，长波

---

① 如康德拉季耶夫以不满的口气责备道:“当经济学讲周期时，我们总是指7—11年的商业周期。然而，这种7—11年运动显然不是唯一的经济周期形式。经济生活的动态，实际上，远比如此复杂。”N. D. 康德拉季耶夫:《经济生活中的长波》，《经济统计评论》1935年11月号，第105页。熊彼特也认为，任何经济波动都是商业周期，因为它们都是“商业”的，见他的《商业周期》第1卷。

② E. G. 阿克曼:《经济进步和危机》(英文版)。尧尔盖:《危机和周期》(英文版)，第14—17页。

③ 米契尔:《商业周期》(英文版)，第468页。伯恩斯:《美国1870年后的长期趋势》(英文版)。库兹涅茨:《生产与价格的长期运动》、《工业与商业中季节变动》(英文版)。

为45—60年。[①] 影响最大、接受较广的周期划分是由熊彼特提出的。他根据周期的长度和最早的研究者，将经济周期划分为康德拉季耶夫周期（50年左右）、朱格拉周期（7—11年）和基钦周期（40个月左右）。[②] 我国的周期研究刚刚起步，研究的重点大都限于7—11年的一般周期。在这里值得注意的是厉以宁教授关于经济周期类型的假定，即根据周期时间的长短把社会主义运动的周期划分为短周期、中周期和长周期。遗憾的是，厉以宁教授没有确定短、中、长三类周期的具体的（哪怕是大致的）长度。[③]

根据以上对各种周期长度分类的简要介绍，我们在本书中根据周期长度，把周期分为长波、中波和短波三种——长波和中波大致相当于熊彼特的康德拉季耶夫周期和朱格拉周期，但在短波中包含了基钦周期和季节变动两种周期波动。

之所以做这样的划分，是出于以下的考虑：第一，这种划分在理论界相对通用，并且具有较大的代表性；第二，也许更重要的一点是，这几种周期研究比较成熟，从而描述这几种周期变动的资料较多，便于我们分析周期变动对结构变动的影响；第三，这种分类覆盖面较广，可以把大部分周期波动分别纳入某一波动之中，从而使我们的分析不致出现大的遗漏。

结构、产业结构和产业结构变动的几个层次

我们这里讲的结构自然是指经济结构。所谓经济结构，是指经济系统内部各要素之间的关联方式，以及这一关联方式在空间与时间上

---

① 冯·杜因：《经济生活中的长波》（英文版）。

② 熊彼特：《商业周期》第1卷（英文版）。

③ 厉以宁：《社会主义经济周期的假设》，《经济研究》1987年第9期。

的数量表现。根据经济系统内部要素的性质及特定的类属,又可以把经济结构做进一步的划分,如所有制结构、企业规模结构、企业组织结构、技术结构、产业结构等等。我们在本书中所要研究的经济结构就是产业结构,即各个产业(可以从不同角度定义)之间的联结方式及这一联结方式在空间和时间上的数量表现,所要研究的结构变化①就是在经济周期的不同阶段,以不同方式定义的诸产业关联方式的变动和产业间数量关系的变化。

所谓产业是一定量的生产能力的特定集合,这些生产能力之所以能在理论和统计上归为一类,或者因为它们的产品具有一定的共同特征(如都能满足人们的日常消费,或都是易耗品,或都是原始投入),或者因为它们的工艺具有若干共性(如都是高温冶炼,或都是以化学反应为基础的生产过程),或者因为它们使用相同的原材料,甚至是因为在研究者看来它们具有某一重要的特性(如都是国民经济中的主导力量),等等。总之,从一定的目的出发,通过某种标志,就可以对产业结构进行一定的分类。下面是几种主要的分类以及它们的长处与局限。

1. 两大部类分类。这一分类应归功于马克思。② 马克思从产品的最终使用方向出发,将社会生产分为消费资料生产和生产资料生产两大部类,在此基础上科学地阐明了两大部类之间应保持什么样的关系,社会再生产借以顺利进行的价值补偿和实物替换才能实现。然而,两

---

① 我们这里讲的"结构变化"与西方经济学家指的"结构变动"(economic changes)相比,范围窄一些,从而也更确定一些。在西方学者那里,通常把那些重要的和难以解决的问题都称为"结构性"的,如 E. M. 伯恩斯坦认为,任何不能用货币和财政政策处理的变动都是结构变动。见 L. 列夫森(Leveson)和 J. W. 威勒(Wheelcr)编:《转变中的西方经济学:工业化国家的结构和调整政策》(英文版),西部观(Westview)出版社。

② 虽然两大部类理论的萌芽可以追溯到魁奈,魁奈的经济表也的确对马克思的再生产理论影响很大,但真正科学地阐明两大部类理论的是马克思的《资本论》。

大部类法也有一定的局限：第一，不便于生产计划的制订和产业发展的综合平衡分析，如无法进行具体的部门关联分析，因为每个部门、工厂都不是仅生产生产资料或仅生产消费资料，在生产阶段，产品是用于生产消费还是生活消费大都是不确定的。第二，没有包含非物质生产部门，从而不适合全面的社会就业规模、总供给规模与总需求规模的确定。

2. 农轻重分类。农轻重分类是我国及其他社会主义国家常用的一种产业分类。① 这种产业分类方法在统计上简便易行，在实际工作中也便于指导计划和安排生产，对于产业结构的研究也有一定的价值。但这一分类也存有一些局限。第一，"轻"、"重"产品的不确定性。最初是按照产品的单位容积和单位重量来确定部门的归属，并以其作为消费资料部门与生产资料部门的近似替代。然而，随着产品的日益多样化和技术的不断进步，按过去的标准，应算"重"产品的商品（如小汽车）实际也是消费资料。现在不仅重工业部门生产消费资料，轻工业部门也生产生产资料（如轮胎）。第二，像两部类分类一样，农轻重分类不能包纳所有的社会生产活动，从而在宏观结构分析上局限性很大。

3. 三次产业分类。三次产业分类最早是由英国经济学家、新西兰澳答哥大学教授阿·费希尔在《安全与进步的冲突》一书中提出的。英国经济学家柯·克拉克在 1940 年出版的《经济进步的条件》一书中广泛使用了三次产业划分方法。三次产业分类的长处，一是揭示了人类经济活动重心及社会分工的历史演变顺序，二是覆盖面比较广，便于分析整个社会经济活动的规模。然而，三次产业分类也有重大的缺陷：

---

① 关于轻重工业的提法，是列宁首先提出的。他在《俄国革命五周年和世界革命的前途》（1922 年 11 月 13 日）中讲道："要挽救俄国，单靠农业的丰收还不够，而且单靠供给农民消费品的轻工业的情况良好也还不够，我们还要有重工业。"见《列宁选集》第 4 卷，第 666 页。

其一是理论上的缺陷，即建立在错误的、过于宽泛的生产劳动理论之上，从而把党政机关、军队、警察的活动也列入创造价值的经济活动之列。其二是统计上的缺陷，不仅第三产业过于庞杂，完全是一个剩余产业（即扣除农业、矿业、制造业、建筑业后的所余全部产业），而且划分标准也不统一，[①]给国际间的比较带来一定的困难。

4. 要素密集程度分类。这种产业分类是根据生产要素投入中主要投入的类型，把社会生产活动分为劳动密集型产业、资金密集型产业和技术（知识）密集型产业。这一产业分类方法揭示了社会生产技术水平的演变趋势和经济增长中主导投入形式的转移，从而便于根据一国生产要素的赋存，确定一国的产业格局和技术结构，也可用于国际贸易比较利益的分析。当然，它不像农轻重分类和工、农、商、建、运分类那样用于具体的生产计划制订。

5. 主导产业分类法。即根据产业或部门对经济发展的作用强度和部门间的联系方式，把社会经济部门划分为主导产业（支柱产业）、新兴产业、支撑产业和一般产业。[②] 这一分类方法是与美国著名经济学家华·罗斯托的名字联系在一起的。他在1960年出版的《经济成长阶段》中，把经济部门分为主要成长部门、补充增长部门和派生成长部门三类。在1980年出版的《为什么穷国变富、富国势衰》中，则把社会生产部门分为四类：主导部门综合体、农业部门、工业体系投入品生产部门、住宅与基础设施。这种产业分类对于研究产业结构变动与经济成长的关系具有

---

① 三次产业划分的最大差异有二：一是采掘业属于第一产业还是第二产业。在三次产业分类创始人之一的克拉克那里，采掘业同农业是划为第一产业的，因为它们的特点是对自然赋存且不能移动的劳动对象进行直接加工。二是建筑业；交通通信和煤气、电力、自来水等公用事业是属于第二产业还是属于第三产业。在各国的经济统计中，划分三次产业的不同口径主要是集中在这两个方面。

② 参见薛文硕士论文：《当代主要资本主义国家结构性危机的概念、表现及原因》（1985）。

独特的价值，在我们以后的长波与结构变动研究中，也具有重要的地位。

6. 使用寿命产业分类。即根据最终产品①的寿命期限②把最终产品分为易耗消费品（6 个月以下）、半耐用消费品（半年到 3 年）、耐用消费品（3 年以上）和耐用生产资料四类。③ 把生产这些产品的企业分别划归为相应的部门。我们以后会看到，这种分类在研究部门的周期反应行为时有较大的价值。

7. 现行统计口径分类。即各国政府及联合国有关机构为了进行统计工作而进行的标准产业分类。如我国国家统计局将社会生产部门划分为农业、工业、商业、建筑业和交通运输业。工业又进一步分为十几个大行业，包括冶金工业、采煤工业、电力工业、化学工业、机械工业、石油工业、森林工业、建材工业、纺织工业、食品工业、皮革及服装工业、造纸及印刷工业和其他工业等。农业再分为种植业、林业、牧业、渔业和副业。由于这种产业分类规范、权威、数字全面、系统和可靠，故作为本书结构分析的基础。

上述七种产业分类都可以用产值、就业人数、生产能力和固定资产价值四个指标中的任何一个或几个衡量，从而有产值表示的产业结构、就业表示的产业结构、生产能力表示的产业结构和固定资产原值或净值表示的产业结构。用产值表示的产业结构的变动取决于产品实物量与产品价格两个因素，从而考察产值结构的变动，需要研究实物系统与价格系统的相互关系。具体到我们的研究而言，考察产业结构的周期变动，要区分实物结构与价值结构的变动方向与变动幅度的差异。用就业人数或固定资产来表示产业量纲的生产能力是指设计生产能力，或者更

① 因为这实际上是国民生产总值的产品分类，自然不包括不属于最终产品的中间投入。

② 这里的寿命期限是指不经过任何改造，直接供最终使用的期限。

③ 见 W. H. 肖：《1869 年后的商品价值》（英文版），全国经济研究所 1974 年版。

确切地讲，是指生产要素充分利用时的产业量值，从而用生产能力表示的产业结构是生产要素充分利用下的产业结构，我们称其为自然的产业结构，就一个具体的产业来讲，自然状态下的产值是该产业的最大值。

一般说来，用生产要素（就业人数或固定资产）表示的产业量值的变动方向与变动幅度应与用产值表示的产业量值的波动方向与波动幅度基本一致。然而，在实际生活中，用不同指标表示的产业波动幅度可能不尽一致。如在衰退期，产值一般会下降，但在短期内就业和固定资产数量并不一定会马上相应下降，因为就业的减少和固定资产的转移、报废及贬值有一个滞后期。根据产值、就业人数和固定资产对周期的反应速度和灵敏程度，我们把产业的产值结构、就业结构和固定资产结构分别定义为浅层结构、中层结构和深层结构。这种定义和分类对我们的分析会有很大的帮助。①

研究周期波动对产业结构影响的意义

就经济运动的两种形式——周期波动和结构变动——的相互关系看，经济理论界对它们的研究和重视程度是不对称的。就结构变动对周期波动的影响而言，这方面的研究一直是经济周期研究的重要内容，后来甚至成长为一个重要的经济周期理论分支——结构周期学派②。

---

① 读者读完第二章和第八章就会看到市场体制和高度集中计划体制下产业结构变动的差异。在前者，产业结构的浅层、中层和深层变动虽然有所滞后，幅度也有所不同，但基本上呈同向变动。而在后者，却常常是只有浅层的变动，而缺乏中层和深层的结构变动。这种差异是我国屡次行政调整失效的重要原因。

② 熊彼特可算作结构周期学派的先驱。特别是他的长波理论，基本上是用产业结构的变动、新旧产业的交替来说明经济增长中的长波变动（参见熊彼特：《商业周期》，麦格劳—希尔图书公司 1939 年版）。罗斯托也是这一学派的代表人物（参见《世界经济：历史与展望》，麦克米兰出版公司 1978 年版）。

但就周期波动对结构波动，尤其是对产业结构的影响这一方面而言，却在很大程度上受到经济学家们的冷落。周期理论中的“哥达巴哈猜想”是各种非线性宏观动力学模型，它吸引了绝大部分出色的经济学家的注意，①却几乎没有经济周期的学者专门去分析经济周期中的结构变动。长期以来，关注产业结构问题的主要是一些发展经济学家。正是他们从结构角度研究经济发展的理论特色，使他们获得了结构发展经济学或发展经济学结构学派的称号。② 在某种意义上，结构周期理论与结构发展理论就像两条钢轨那样并排却独立地发展，而不像两条小溪那样汇流融合，形成周期结构学派。就笔者所接触到的资料，专门分析周期波动和结构变动的是两本经济史著作。一是南非斯泰伦堡次大学（Stellenbosch University）的商业学教授舒曼（Shumann）于1938年出版的《南非的结构变动与商业周期》③，二是罗斯托的《世界经济：历史与展望》。由于舒曼和罗斯托只是分别考察相应时期的周期波动与结构变动的历史，所以尽管也提供了一些有价值的资料（主要是罗斯托的《世界经济：历史与展望》），但他们对周期波动对结构变动的影响机制、周期波动中产业结构的变动规律并没有做出说明（他们的研究目的也不在此）。因而，他们还不能算作沟通周期研究与结构研究的人物。

当然，这些并不意味着在浩如烟海的经济学文献中再没有人进行

① 非线性宏观动力学周期理论是与这些著名经济学家的名字联系在一起的：古德温（Goodwin）：《商业循环的非线性加速作用和持久性》（载《计量经济学》1951年1月号）、希克斯（Hicks）：《论商业循环理论》（1950）、卡尔多（Kolder）：《一个商业循环模式》（载《经济学杂志》1940年春季号）和福累斯特（Forrester）：《工业动态学》（麻省理工学院出版社1961年版）。

② 结构发展经济学的代表人物是著名经济学家钱纳里（Chanery）。近年来我国理论界对钱纳里的结构—发展理论，特别是其经济发展阶段上的常态结构，表现出了很大的热情。钱纳里的主要著作有《经济发展的形式》（1970）和《结构变化与发展政策》（1983）。

③ 斯泰堡出版社（Staples Press）1938年版。

过这方面的理论研究。实际上,有些经济学家还是在一定程度上涉及了这个问题。如苏联著名的研究经济周期的专家门德尔逊在《经济危机和周期的理论与历史》①(第一卷上册)中就曾分析过历次周期中各个部门开始衰退和复苏的时间与波动幅度的变动。特别需要提出的是研究长期增长和周期变动的权威机构——美国全国经济研究所(National Bureau of Economic Research,缩写为 NBER)的专家们,不仅提供了跨度较长的经济资料,而且也在某些方面接触到了这一问题。如1971 年诺贝尔经济学奖获得者、美国著名统计实证学派经济学家西蒙·库兹涅茨也曾分析过生产的增长率与生产结构变化率的关系。②这实际上已涉及长波涨潮与落潮阶段生产结构变化的特点。舒曼教授也在上引著作中分析过金、钻石和采煤等不同矿业部门在经济周期中的不同特征。总之,周期波动与产业结构变动的关系、周期波动中的产业结构变动规律和周期波动影响结构变动的机制的研究,近乎一个空白,但也有一些线索可循。本书的目的,就是在这些前人思想火花的引导下,尝试性地探讨一下这些问题。

本书的目的主要有两个方面:一是把握经济周期与产业结构变动之间的联系机制,二是确立有助于产业结构调整与高度化的周期—结构政策。就第一方面而言,又可以具体化为以下几点:

1. 把握不同周期阶段上产业结构变化的特征;

2. 把握不同的周期类型影响产业结构的不同途径与不同形式;

3. 把握不同部门、行业对周期波动的反应形式;

① 三联书店 1976 年版,第 150 页。

② 见库兹涅茨:《各国的经济增长——总产值和生产结构》,商务印书馆 1985 年版,第 344 页。还可以见库兹涅茨的《生产与价格的长期运动》(1930 年英文版)、伯恩斯的《1870 年后美国的生产趋势》(1934 年英文版)、肖的《1869 年后的商品价值》(1947 年英文版)、刘易斯的《1870—1913 年的增长与波动》(1978 年英文版)。

4. 把握周期波动影响结构变动的内在机制；

5. 探索宏观分析与中观分析、总量分析与结构分析的结合；

6. 把握我国产业结构周期变动的特殊性，以及这一特殊性所潜含的体制原因。

关于第5点要稍做说明。宏观经济学面对着的是一个无差别的商品世界。① 在这里，对不同商品的需求集合为一个只有量的差别的总需求，不同商品的供给则汇集为只有量的多少的总供给。经济活动的波动，在宏观经济学看来，仅仅是供给、需求、投资、消费、储蓄、就业、利润、工资的总量变动。我们将证明，这些经济变量在存在总量波动的同时，也发生着结构变动（第四章），且恰恰是这些结构变动导致产业结构的变动；我们还将证明这种单一商品部门的波动是不全面的，这种舍弃结构分析的总量波动是需要深化的。衰退阶段不只是总供给与总需求的减少，这时，不仅各个部门下降的幅度不一，甚至有些部门还在增长。同样，扩张阶段也不只是总供给与总需求的简单增加，这时，不仅各个部门增长的步频存在差异，而且有些部门还会衰退（第二章）。

现代宏观经济理论缺乏微观基础，这点已引起许多经济学家的批评，② 同时，它也缺乏中观分析。国民收入、储蓄、投资等宏观流量的变动（国民收入分配、财政支出、信贷活动等）不仅要引致微观存量（资产、存货等）的调整，而且通过微观存量结构的变化，将导致中观部门存量结构的变化。我们将分析宏观流量变动如何引致微观经济行为的变化，从而引致产业结构从浅层到深层的变化（第四章）。

---

① 意籍新剑桥派经济学家巴森内蒂（Pasinetti）在其由博士论文扩展成的《结构变动与经济增长》（剑桥大学出版社1983年英文版）一书中，从经济增长模型的角度对宏观动态经济学的“单一商品分析”提出了尖锐批评。

② 见希克斯：《凯恩斯经济学的危机》，商务印书馆1979年版。

研究对象、方法和篇章结构

本书的研究对象是商品—货币经济(这是周期波动借以存在的基本土壤),这在全书中是共同的。但在前三篇中,我们假定市场机制在这种经济中充分作用。而在最后一篇中则研究一种特殊的计划商品—货币经济中的周期波动与结构变动。所以,尽管前三篇的实际资料多取自西方国家,但却不能说它们是研究资本主义国家的周期波动对结构变动的影响,起码笔者从一开始就没准备这样做。更多地使用西方国家的资料,一是因为它们的商品—货币经济机制最为成熟,从而周期波动对产业结构的影响表现得最为充分,二是因为计划商品—货币经济存在的历史较短,无法进行比较长期的历史分析,资料的搜集受到很大限制。

本书以下部分共分为四篇十章。从第二章到第四章为第一篇,主要研究中期波动中产业结构变化的一般形式和周期波动影响结构变动的机制。其中,第二章考察中波的不同阶段和不同类型的中波中产业结构变动的特征。第三章分析不同部门周期反应形式的差异及存在差异的原因。第四章研究周期波动影响结构变动的内在机制和传导途径。第二篇包括第五章和一个附录。其中,第五章研究存货波动对产业结构的影响,附录分析季节变动对产业结构的影响。第三篇包括第六、第七两章,主要分析长期波动对产业结构的影响。其中,第六章研究长期波动的实质、主导产业群的生成与转换。第七章研究长波中产业结构变动特征。第四篇包括第八、第九和第十章。本篇研究我国的周期波动中的产业结构变动及我国产业结构周期性变动的特殊性。其中,第八章研究我国经济周期的划分及经济周期中产业结构的变动特征。第九章分析我国产业结构周期性失衡及失衡的原因。第十章讨论如何建立我国的周期—结构政策,以促进我国产业结构的合理化。

第一篇

中期波动与产业结构变动

中期波动是经济系统周期波动的主要形式（西方周期理论甚至把中期波动一般性地称为商业周期）。我们在本篇中考察中期波动中产业结构变动的一般规律和部门周期反应形式的基本类型，分析周期波动影响结构变动的原因与一般理论机制。另外本篇也可视为第四篇的理论篇。

第二章　中期波动中的产业结构变动

我们在本章中要讨论以下三方面的问题：1. 中波及中波的确定；2. 各种分类的产业结构在扩张与收缩阶段的特征；3. 周期类型对产业结构变动的影响。

中波与中波的确定

我们讲的中波是指7—11年的经典周期，亦即熊彼特所说的朱格拉（Juglar）周期。①

中波包括扩张与收缩两个基本阶段，在扩张与收缩、收缩与扩张的过渡中，又存在着两个过渡阶段。所以，通常把这种经典周期分为四个阶段，如马克思基本上是把周期划分为危机、停滞、复苏和繁荣（高涨）四个顺序更替的阶段。熊彼特则将中期波动分为繁荣、衰退、萧条和复苏这样四个阶段。② 总之，一次周期运动就是从某一个阶段开始，顺次经过四个阶段，又回到原来出发阶段的完整过程。从理论上讲，几乎每

---

① 克莱蒙特·朱格拉（Clement Juglar）1851年在《经济学家杂志》（*Journal des Economistes*）秋季号上发表论文，讨论了法国的结婚、死亡和出生率的周期波动。1856年又在《政治经济学年刊》（*Annuaire de OGL Economie Politique*）发表了研究法国银行贴现率波动的论文。据此，熊彼特认为，朱格拉是第一个清楚地意识到周期分析必须将理论、统计和历史结合起来的人。

② 熊彼特：《商业周期》（英文版）第1卷，第138—144页。

一阶段都可作为起点,不过起点的选择反映着作者对周期循环借以进行的原因和波动性质的看法。譬如马克思将周期阶段排列为危机、萧条、复苏和高涨,是因为他认为,危机是资本主义再生产借以重新进行的条件。正是借助于危机这种强制的形式使资本主义经济内部严重失调的比例得到暂时的调整,资本主义生产才会重新继续下去。而资本主义从萧条进入高涨,又把资本主义经济拖入下一轮否定资本自身的调整中。在熊彼特看来,一个完整周期的展开过程应是对均衡的正偏离(繁荣)、下降(衰退)、负偏离(萧条)和均衡的回归(复苏)这样四个阶段。如把衰退作为周期的开始,就是假定经济系统从一开始就处于一种非均衡状态;而把复苏作为周期的第一阶段,除去方法上的不恰当外(均衡的回归应是过程的终结),还在于把复苏作为起点会造成把以后的高涨看成是复苏阶段银根放松、生产力闲置、工资下降的结果,而忽视各种创新的根本作用。①

值得注意的是,虽然从理论上,衰退、萧条、复苏和高涨四个阶段都可作为周期的起点或终点,然而在统计上却并非如此。繁荣阶段和萧条阶段就不宜在统计上作为周期的起点。因为在复苏和繁荣之间、衰退与萧条之间并没有截然的分界线,而确定的分界线恰是实证研究借以进行的前提。于是,繁荣与衰退之间的转折点——峰顶(peak)和萧条与复苏之间的转折点——谷底(trouph),天然地是统计分析的起点和终点,所以,我们今后所指的一个周期,都是指从峰顶到峰顶(P—P),或从谷底到谷底(T—T)。

下面我们结合图 2-1,定义今后分析中经常使用的一些概念。

① 熊彼特:《商业周期》(英文版)第 1 卷,第 138—146 页。

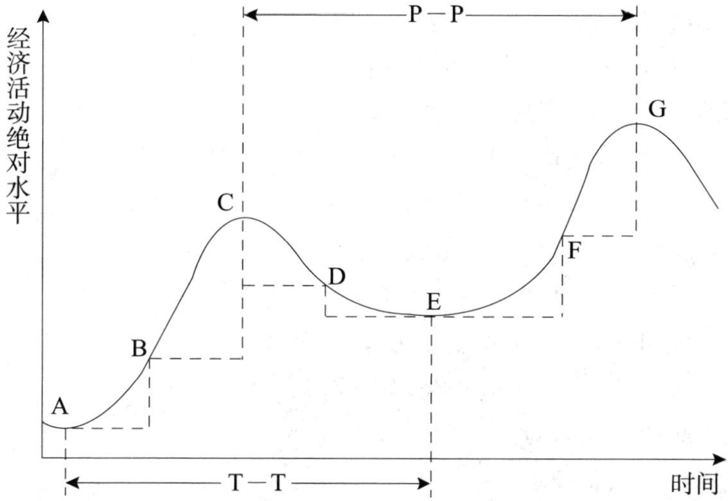

图 2－1　周期阶段及波动概况示意图

复苏差(R_V):$(B-A)_V$,即 B 和 A 之间纵坐标之差。V 代表纵坐标,h 代表横坐标。

复苏程度(R_V'):$(B-A)_V/A_V$,即复苏差除以 A 点的绝对水平。

复苏长度(R_h):$(B-A)_h$,即 B 和 A 之间的横坐标之差。

高涨差(P_V):$(C-B)_V$。

高涨程度(P_V'):$(C-B)_V/B_V$。

高涨长度(P_h):$(C-B)_h$。

衰退差(S_V):$(D-C)_V$。

衰退程度(S_V'):$(D-C)_V/C_V$。

衰退长度(S_h):$(D-C)_h$。

萧条差(Z_V):$(E-D)_V$。

萧条程度(Z_V'):$(E-D)_V/E_V$。

萧条长度(Z_h):$(E-D)_h$。

扩张差(I_V):$(C-A)_V$,$I_V=R_V+P_V$。

扩张幅度(I_V'):$(C-A)_V/A_V$。

扩张长度(I_h):$(C-A)_h$,$I_h=R_h+P_h$。

收缩差(Q_V):$(E-C)_V$,$Q_V=S_V+Z_V$。

收缩幅度(Q_V'):$(E-C)_V/C_V$。

收缩长度(Q_h):$(E-C)_h$,$Q_h=S_h+Z_h$。

周期长度(P—P):$(G-C)_h$,记为L_P,

$$L_P=S_h+Z_h+R_h+P_h。$$

周期长度(T—T):$(E-A)_h$,记为L_T,

$$L_T=R_h+P_h+S_h+Z_h。$$

周期谷底(T):A、E点。

周期峰顶(P):C、G点。

本章主要分析I_V'、Q_V'与产业结构变动的关系,和I_h、Q_h中产业结构变动的特征。

确定经济周期中产业结构的变动有如下几种方法:(1)比重法;(2)速度法;(3)位次相关法;(4)周期步向、步频差异法。

比重法是最直接也是最常用的一种方法,即直接计算每一时点需要考察的部门产值、就业人数或资产在相应总量中所占的比重,然后观察不同时点(不同周期阶段)上各部门比重的变动情况。

速度法是根据各部门在周期不同阶段上相对速度($\frac{\text{某部门某指标的增长速度}}{\text{相应指标的社会平均速度}}$)的变化来确定部门结构的变动。无论是在扩张阶段还是收缩阶段,凡是相对速度大于1的部门,其比重增加,相对速度小于1的部门,其所占比重则降低。与比重法相比,速度法的便利之处在于,当缺少绝对数资料时,也能计算出周期阶段上的产业结构变动。这个方法得以运用的前提是具有总量纲(如国民生产总值、社会就业总人口、社会固定资产总值等)的变动率或周全的平均变动率。①

① 就加权平均数而言,二者是相等的。然而,在使用简单平均数时,二者不一定相等。

位次相关法是计算有关部门绝对值指标或增长率在不同阶段上所占位次，并根据位次相关度的变化确定产业结构的变化。与比重法不同的是，使用该方法并不要求获得总量绝对数指标或总量变动率指标。所以，在只掌握有限几个部门的资料时，可用此法。

周期步向、步频差异法是扩张与收缩期各部门的变动情况直接标在平面图上，将各部门的波动轨迹联结成波动曲线，根据曲线的形状确定产业结构的变动。无疑，这一方法可以与比例法和速度法结合起来使用。

需要强调的最后一点是：当我们研究各个部门实物量的周期变动时，将尽量追溯到最早的周期；当我们研究产值结构时，则主要取选 20 世纪 20 年代以后的经济周期。这样处理的原因：一是西方各国基本上是从 20 年代大危机后才进行较详细的宏观、中观资料的统计。19 世纪及以前的统计，除少数学者估计的国民收入或国民生产总值外，大都是具体的实物量指标。二是这段时期包括了世界经济史上波动量大从而也最典型的几次周期。三是以第二次世界大战为界，经济周期在战前多为经典周期，即绝对衰退周期，战后，多为增长型周期，即相对衰退周期，这就利于我们分析周期类型对产业结构的影响。

中期波动中的产业结构变动

1. 经济周期中三次产业结构变动

表 2－1 和表 2－2 分别是美国和英国经济周期中三次产业结构变动的情况。

从表 2－1 和表 2－2 中可以非常清楚地看到，产业结构变动与周期波动之间存在着清晰和确定的关系，即第二产业所占比重在扩张阶段(T—P)增加，在收缩阶段(P—T)减少。高峰(P)与低谷(T)分别是第二产业产值份额的最高点和最低点。第三产业比重的周期反应方式恰好相反，即扩张期(T—P)比重减少，收缩期(P—T)比重增加。第一产业就其平均数而言，其产值份额的周期波动形式是扩张阶段增加，在随后的收缩阶段比重降低(这在表2-2中比较明显)，但也有例外。总之，农业周期的相对独立性和农业产值比重逐渐下降的长期趋势，使得农业或第一产业在中期波动中的变动形式不像第二产业和第三产业那样确定。

表2-1　美国1929—1958年间周期波动与三次产业结构变动

年份	周期阶段	以国民收入为100			以工农业国民收入为100	
		第一产业	第二产业	第三产业	农业	工业
1929	P	9.45	31.5	58.1	25.8	74.2
1933	T	9.20	22.4	67.7	31.1	68.9
1937	P	9.98	31.7	58.2	25.4	74.6
1938	T	8.73	27.4	63.3	26.3	73.7
1944	P	7.94	36.7	55.1	13.7	81.3
1946	T	10.34	32.1	57.3	26.6	73.4
1948	P	9.80	37.0	52.8	23.3	76.7
1949	T	7.76	35.6	56.2	10.1	89.9
1953	P	5.73	39.0	54.9	14.5	85.5
1954	T	5.60	37.1	56.8	15.0	85.0
1957	P	4.47	37.9	57.1	12.0	88.0
1958	T	4.98	35.1	59.3	14.4	85.6
高峰期平均		7.86	35.6	56.3	19.95	80.05
低谷期平均		7.77	31.6	60.0	20.58	79.42

注：周期阶段是根据美国全国经济研究所的周期表，参考罗斯托等人的周期划分而确定的。下同。

资料来源：根据《主要资本主义国家经济统计集(1848—1960)》计算。

为什么经典中期波动中第二产业、第三产业产值比重呈现相反的变动趋势呢？原因在于，第二产业扩张期的扩张幅度和收缩期的收缩幅度均大于第三产业，也就是说第二产业的波幅大于第三产业。这样，扩张期的较快扩张使第二产业的比重在扩张期增加，而收缩期的较大幅度的衰退又使其产值比重在收缩期下降。至于第三产业的产值份额扩张期减少是因其扩张幅度小于第二产业，收缩期增加则是因其衰退程度较小的缘故。

表 2－2　英国 1949—1958 年间经济周期中的结构变动

年份	周期阶段	以 GDP 为 100		
		第一产业	第二产业	第三产业
1949	P	6.3	43.3	50.4
1950	T	6.0	45.9	48.1
1951	P	5.7	46.5	47.8
1953	T	5.2	43.8	51.0
1956	P	4.5	45.4	50.7
1958	T	4.3	44.3	51.4
高峰期平均		5.5	45.1	49.2
低谷期平均		5.2	44.7	50.2

资料来源：同表 2－1。

产业结构不仅可用产值表示，也可用就业人数表示，那么用就业表示的产业结构是否也具有上述的变动特征呢？从逻辑上讲，只要劳动就业是经济景气的函数，即就业量具有相当的弹性，那么结论是肯定的。表 2－3 是美国第二产业和第三产业的劳动力在 1920—1958 年间经济周期中的绝对扩张幅度、绝对收缩幅度、相对扩张幅度与相对收缩幅度。

为便于观察，在制表时，将衰退期的相对速度取了倒数。这样，第(6)和第(7)栏中当产业的相对变动速度大于 1 时，意味着这一产业的比重在该期增加；相反，当相对变动速度小于 1 时，则意味着这一产业的比重下降。表2－3不仅告诉我们，用就业结构表示的结构变动基本符合以上曾讨论过的产业结构周期变动特征（扩张期第二产业比重增加，第三产业比重减少；收缩期结构变动态势则相反），而且表明第二产业和第三产业的各自比重在周期阶段上的反向变动起因于这两个部门周期波动程度的差异。变动幅度的这种差异在图2－2（Ⅰ）和图2－2（Ⅱ）中表现得更为清楚。

表2－3 美国1920—1958年间经济周期中就业结构的变动情况

年份	周期阶段	绝对变动速度（比上阶段增减）			相对变动速度	
(1)	(2)	总就业 (3)	第二产业 (4)	第三产业 (5)	第二产业 (6)	第三产业 (7)
1920	P					
1921	T	－10.9	－20.4	－2.6	0.53②	4.19②
1923	P	＋16.6	＋24.7	＋10.4	1.49①	0.63①
1924	T	－1.3	－5.2	＋1.9	0.25②	0.71
1929	P	＋11.8	＋9.8	＋13.2	0.83①	1.12①
1933	T	－24.4	－32.9	－18.3	0.74②	3.30②
1937	P	＋30.9	＋44.6	＋22.7	1.44①	0.73①
1938	T	－5.9	－12.1	－1.6	0.49②	3.69②
1944	P	＋43.7	＋70.5	＋26.7	1.62①	0.61①
1946	T	－5.9	－11.1	＋8.3	0.53②	＞1
1948	P	＋7.7	＋8.8	＋6.8	1.14①	0.88①
1949	T	－2.5	－6.6	＋0.3	0.38②	＞1②
1953	P	＋14.7	＋20.0	＋11.5	1.36①	0.76①
1954	T	－2.5	－5.2	＋0.3	0.48②	＞1
1957	P	＋7.7	＋5.3	＋9.3	0.69①	1.21①
1958	T	－3.1	－7.3	－0.2	0.42②	15.5②

①为相对变动速度，其公式分别为(6)＝(4)/(3)，(7)＝(5)/(3)；

②为相对变动速度的倒数，即(6)＝(3)/(4)，(7)＝(3)/(5)。

资料来源：同表2－1。

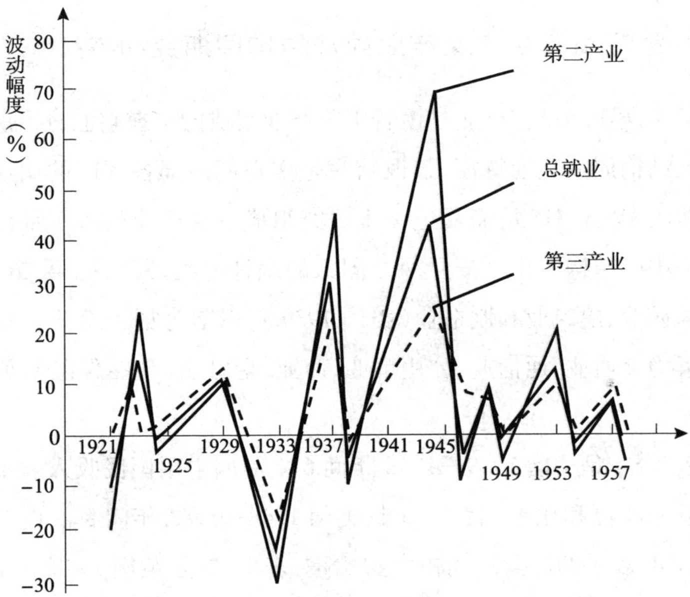

图 2－2　（Ⅰ）美国第二产业、第三产业就业和总就业绝对波动

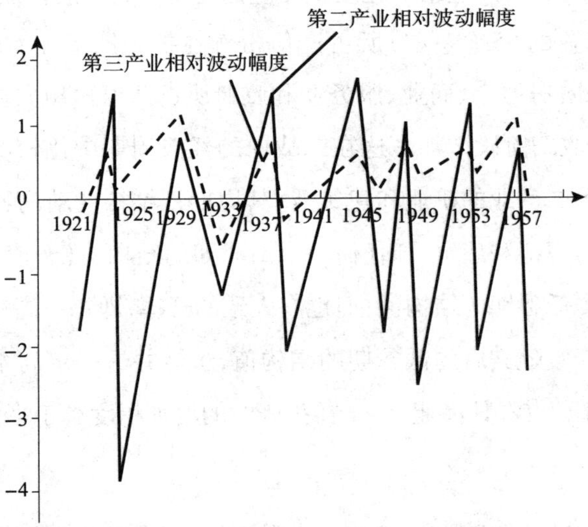

图 2－2　（Ⅱ）美国第二产业、第三产业就业相对波动幅度

（虚线为第三产业与总就业波动方向相反的年份）

2. 经济周期中三次产业内部结构周期变动特征

第二产业和第三产业是由若干子产业组成的。在它们身上所呈现出来的结构周期变动特征，归根结底是由它们内部各部门的周期变动形式所决定的。所以，需要进一步研究组成三次产业的各个部门在周期波动中的结构变化。按照西方国家的统计分类，我们把第二产业分解为采矿业、建筑业和制造业（美国1939年以前为加工工业），第三产业分解为交通业、通信业、公用事业、商业、金融业（包括保险）、服务业等行业。

表2－4是美国1929—1958年间6次周期中用国民收入表示的各个行业的波幅和比重，表2－5是美国1948—1983年间8次周期波动中用GNP表示的产业波动幅度和比重，表2－6是英国1948—1958年间3次半周期中用GDP表示的各行业波幅与比重。这三个表都表明，随着经济的波动，产业结构也发生相应的变动。其一般特征是：制造业（占第二产业的85%左右）所占产值份额在扩张期增加，在收缩期减少；金融保险房地产、商业、服务业和政府所占产值份额大多是扩张阶段减少，而收缩阶段增加。这在二战前的经典周期中比较明显。与制造业同属第二产业的矿业和建筑业，其周期性结构变动的特征虽不像制造业那样规范和确定，即任何一个高峰期的结构值（产值份额）都高于相邻两个低谷期的结构值，但也有大致的规律，即每一高峰期的结构值一般高于紧随其后的低谷期的结构值，虽然并不一定高于前邻低谷期的结构值。① 农林渔业，由于在扩张时的增加幅度小于平均幅度，收

① 矿业之所以出现 $T_n - 1 \nless P_n > T_{n+1}$ 的结构变动形式（T、P分别为低谷与高峰时的比重，n为周期阶段序列或时间序列），是因为份额逐渐下降的长期趋势的影响，对建筑业来讲，可能是相对独立的建筑周期的影响。

表 2－4　美国 1929—1958 年间历次周期波动中的部门结构变动

（各部门国民收入增长率及占国民收入总额的比重，%）

年份	周期阶段	农林渔		采矿		建筑		制造业[a]		交通		邮电、公用	
		波幅	比重	波幅	比重	波幅	比重	波幅	比重	波幅	比重	波幅	比重
1929	P	—	9.45	—	2.28	—	4.33	—	24.94	—	7.52	—	3.30
1933	T	-55.4	9.20	-7.0	1.49	-78.9	1.99	-65.3	18.91	-54.5	7.46	-31.0	4.98
1937	P	+94.6	9.78	+216.7	2.58	+162.5	2.85	+153.9	26.22	+53.3	6.25	+35.0	3.67
1938	T	-18.1	8.73	-21.1	2.22	-4.8	2.96	-22.3	22.19	-10.9	6.07	0.0	3.99
1944	P	+145.8	7.94	+93.3	1.89	+105.0	2.25	+300.7	32.91	+173.2	6.13	+51.9	2.55
1946	T	+29.0	10.34	+3.4	1.66	+58.5	3.59	-19.3	26.81	-8.9	5.64	+14.9	2.65
1948	P	+17.1	9.80	+73.3	2.33	+63.1	4.74	+37.7	29.89	+24.5	5.68	+22.9	2.64
1949	T	-22.8	7.76	-17.3	1.98	-0.9	4.82	-6.1	28.80	-6.3	5.47	+11.9	3.03
1953	P	+3.6	5.73	+20.9	1.70	+51.4	5.20	+56.3	32.07	+32.8	5.17	+8.0	3.30
1954	T	-3.4	5.60	-5.8	1.62	+0.6	5.30	-7.0	30.19	-8.9	4.77	+6.9	3.58
1957	P	-3.0	4.47	+26.5	1.69	+26.3	5.51	+23.5	30.66	+19.4	4.67	+24.1	3.65
1958	T	+11.6	4.98	-12.9	1.47	-1.5	5.42	-7.7	28.25	-4.7	4.46	+6.0	3.86

（续表）

年份	周期阶段	商业		金融保险		服务业		政府		其他		国民收入	
		波幅	比重	波幅	比重	波幅	比重	波幅	比重	波幅	比重	波幅	比重
1929	P	—	15.26	—	14.461	—	11.73	—	(5.80)	—	0.97	—	100
1933	T	-59.0	13.68	-55.1	14.18	-45.6	13.93	+3.9	(13.18)	-62.5	0.75	-54.2	100
1937	P	+121.8	16.58	+26.3	9.78	+46.4	11.14	+47.2	(10.60)	0.0	0.41	+83.5	100
1938	T	-2.5	17.60	+6.9	11.39	-3.7	11.69	+9.0	(12.57)	+33.3	0.59	-8.2	100
1944	P	+16.0	14.07	+58.4	6.69	+72.2	7.45	+29.65	(18.46)	0.0	0.82	+17.01	100
1946	T	+33.9	19.11	+18.9	8.02	+26.5	9.51	-32.7	(12.49)	+50.0	0.33	-0.9	100
1948	P	+20.6	18.57	+21.4	7.87	+20.3	9.26	-12.8	(8.81)	+66.7	0.45	+23.5	100
1949	T	-2.2	18.65	+13.6	9.19	+2.9	9.78	+11.2	(10.06)	0.0	0.46	-2.6	100
1653	P	+22.7	16.30	+38.0	9.03	+37.1	9.55	+61.2	(11.55)	+30.0	0.43	+40.04	100
1954	T	+1.6	16.77	+6.2	9.71	+3.4	10.01	+1.7	(11.90)	+23.1	0.53	-1.2	100
1957	P	+19.4	16.46	+20.5	9.62	+32.3	11.07	+20.3	(11.77)	+37.5	0.60	+21.5	100
1958	T	1.2	16.63	+6.5	10.23	+3.2	11.40	+7.9	(12.63)	-4.5	0.57	-0.14	100

a“制造业”1939 年前为加工工业。

资料来源：根据《主要资本主义国家经济统计集(1848—1960)》有关数据计算。

表 2-5　1947—1983 年间历次周期中产业结构的变动
（1958 年不变价格，GNP 增长率和 GNP 份额）

年份	周期阶段	GNP	农林渔		矿业		建筑	
		I	I	II	I	II	I	II
(1)	(2)	(3)	(4)		(5)		(6)	
(1947)				(5.78)		(3.29)		(4.16)
1948	P	4.45	11.7	5.18	4.9	3.31	9.3	4.36
1949	T	0.12	-3.0	5.99	-10.3	2.96	4.3	4.54
1953	P	27.4	9.3	5.14	25.0	2.91	28.6	4.58
1954	T	-1.41	1.9	5.31	-2.5	2.87	2.1	4.74
1957	P	11.2	-0.5	4.75	16.2	3.01	9.3	4.66
1958	T	-1.15	2.3	4.2	-8.8	2.77	-1.9	4.63
1960	P	9.0	5.0	4.74	5.6	2.69	4.8	4.45
1961	T	1.95	1.3	4.71	1.5	2.67	-1.4	4.30
1969	P	45.9	8.5	3.50	26.3	2.32	12.6	3.32
1970	T	-0.43	3.1	3.63	2.4	2.38	2.4	3.27
1973	P							
1975	T			3.47		1.47		4.92
1979	P	59.05	49.5	3.26	61.8	1.49	67.1	5.17
1980	T	7.85	-6.7	2.82	27.9	1.77	2.8	4.93
1982	P	14.39	13.4	2.80	20.8	1.87	0.6	4.33
1983	T	6.63	-12.5	2.30	-14.0	1.51	4.2	4.23
收缩差之和 Σ(P-T)		157.83	112.5		164.4		126.0	
平均落差 Σ(P-T)/周期个数		22.55	15.79		23.49		18.0	
高峰期平均				4.34		2.51		4.41
低谷期平均				4.14		2.12		4.45

（续表）

年份(1)	周期阶段(2)	制造 I (7)	制造 Ⅱ (7)	交通 I (8)	交通 Ⅱ (8)	通信 I (9)	通信 Ⅱ (9)
(1947)			(29.62)		(6.81)		(1.32)
1948	P	4.9	29.72	-1.9	6.39	1.46	1.45
1949	T	-5.6	28.02	-11.6	5.65	4.3	1.51
1953	P	41.5	31.15	15.8	5.14	36.7	1.62
1954	T	-7.1	29.36	-0.9	5.16	1.5	1.67
1957	P	12.6	29.75	7.1	4.97	25.0	1.88
1958	T	-8.1	27.65	-6.7	4.69	4.7	2.00
1960	P	13.9	28.89	7.1	4.61	12.4	2.05
1961	T	-0.4	28.24	0.0	4.53	6.0	2.13
1969	P	62.8	31.50	53.8	4.77	91.5	2.80
1970	T	-4.9	30.50	-2.0	4.69	9.9	3.09
1973	P						
1975	T		25.07		3.61		2.11
1979	P	6.02	25.25	65.6	3.76	61.9	2.15
1980	T	3.5	24.22	6.2	3.70	11.1	2.22
1982	P	4.4	22.10	3.6	3.35	23.0	2.38
1983	T	5.5	21.87	5.8	3.31	1.3	2.77
收缩差之和 Σ(P－T)		207.4		160.8		22.63	
平均落差 $\frac{\Sigma(P-T)}{\text{周期个数}}$		29.6		22.97		32.33	
高峰期平均			28.37		4.71		2.05
低谷期平均			26.82		4.42		2.19

（续表）

年　份 (1)	周期 阶段 (2)	公　用 Ⅰ (10)	公　用 Ⅱ	商　业 Ⅰ (11)	商　业 Ⅱ	金融保险房地产 Ⅰ (12)	金融保险房地产 Ⅱ
(1947)			(1.42)		(17.01)		(11.49)
1948	P	11.4	1.54	1.5	16.74	2.5	11.28
1949	T	10.0	1.70	1.3	17.03	3.6	11.69
1953	P	44.8	1.89	17.5	15.72	23.8	11.34
1954	T	10.3	2.11	0.9	16.09	6.4	12.24
1957	P	19.8	2.28	14.7	16.60	14.5	12.60
1958	T	3.9	2.39	0.0	16.79	3.9	13.23
1960	P	15.9	2.54	9.6	16.88	3.3	13.14
1961	T	4.0	2.59	1.5	16.79	1.6	13.50
1969	P	58.9	2.83	48.7	17.12	42.3	13.16
1970	T	3.4	2.93	1.9	17.51	9.4	13.34
1973	P						
1975	T		1.96		15.41		11,46
1979	P	44.4	1.78	51.9	14.71	80.2	12.98
1980	T	19.3	1.96	6.7	14.56	11.2	13.38
1982	P	35.1	2.32	13.4	14.43	22.1	14.28
1933	T	11.4	2.42	7.7	14.57	11.0	14.86
收缩差之和 Σ(P－T)		65.0		136.9		125.4	
平均落差 $\frac{\Sigma(P-T)}{\text{周期个数}}$		23.57		19.6		17.91	
高峰期平均			2.17		16.03		12.68
低谷期平均			2.26		16.09		12.96

（续表）

年　份 （1）	期周阶段 （2）	服务业 Ⅰ	（13） Ⅱ	政　府 Ⅰ	（14） Ⅱ	第二产业 Ⅱ （15）	第三产业 Ⅱ （16）
（1947）			（9.87）		（10.45）	（37.07）	（57.15）
1948	P	4.2	9.85	0.2	10.26	37.42	56.50
1949	T	0.6	9.90	4.5	10.71	35.55	58.46
1953	P	10.0	8.55	35.7	11.41	38.64	56.22
1954	T	0.3	8.70	−2.1	11.33	36.97	57.72
1957	P	18.1	9.24	1.7	9.24	37.42	57.83
1958	T	2.6	9.59	0.9	10.57	35.05	60.63
1960	P	8.9	9.58	4.0	10.09	36.03	59.23
1961	T	3.4	9.71	2.8	10.18	35.21	60.08
1969	P	40.2	9.33	38.9	9.69	37.14	59.36
1970	T	2.2	9.58	−0.3	9.69	35.75	60.62
1973	P						
1975	T		13.31		15.86	31.46	65.07
1979	P	62.4	13.59	37.9	13.75	31.91	64.83
1980	T	13.4	14.29	10.5	14.09	30.92	66.26
1982	P	24.6	15.56	18.9	14.64	28.30	68.9
1983	T	10.2	16.09	7.58	14.77	27.61	70.09
收缩差之和 Σ(P−T)		135.0		113.55			
平均落差 Σ(P−T)/周期个数		19.29		16.22			
高峰期平均			10.81		11.30	35.27	60.41
低谷期平均			11.40		12.15	33.57	62.37

注：Ⅰ为增长率，Ⅱ为产值份额。

资料来源：1947—1970年数字，见《美国历史统计》（英文版）；1970—1983年数字，见《美国统计摘要（1986）》（英文版）。

表 2－6　英国 1949—1958 年间历次周期变动中的结构变动

（Ⅰ：GDP 变动幅度％；Ⅱ：产值份额％）

年份	周期阶段	农林渔 Ⅰ	农林渔 Ⅱ	采矿 Ⅰ	采矿 Ⅱ	加工 Ⅰ	加工 Ⅱ	建筑 Ⅰ	建筑 Ⅱ
1949	P	7.9	6.3	3.9	3.64	0.1	34.1	0.5	5.64
1950	T	－1.6	6.0	1.8	3.57	11.1	36.6	4.2	5.67
1951	P	5.6	5.7	3.4	3.48	13.5	37.4	9.3	5.58
1952	T	6.0	5.5	12.5	3.58	0.2	34.0	7.8	5.47
1955	P	3.3	4.7	3.8	3.42	9.7	36.5	9.3	5.91
1958	T	0.8	4.3	0.3	3.39	2.4	35.0	2.0	5.76
高峰期平均份额			5.43		3.51		36.0		5.71
低谷期平均份额			5.27		3.51		35.2		5.63

年份	周期阶段	公用 Ⅰ	公用 Ⅱ	交通 Ⅰ	交通 Ⅱ	金融保险房地产 Ⅰ	金融保险房地产 Ⅱ	服务业 Ⅰ	服务业 Ⅱ
1949	P	6.7	2.00	10.8	8.4	7.5	2.74	27.6	11.6
1950	T	12.6	2.21	5.6	8.5	10.0	2.91	22.5	11.5
1951	P	8.8	2.17	17.9	9.0	11.5	2.92	66.6	11.0
1952	T	12.5	2.21	5.5	8.7	－1.6	2.61	1.9	10.2
1955	P	9.3	2.41	11.3	8.3	9.7	2.90	13.0	10.6
1958	T	10.3	2.60	－2.5	7.9	9.8	2.03	5.0	10.5
高峰期平均份额			2.91		8.57		2.85		11.07
低谷期平均份额			2.34		8.87		2.85		10.73

（续表）

年份	周期阶段	政府		商业		GDP	
		Ⅰ	Ⅱ	Ⅰ	Ⅱ	Ⅰ	Ⅱ
1949	P	-2.7	6.270	9.3	13.9	7.9	100
1950	T	3.6	6.273	8.3	14.5	3.6	100
1951	P	16.2	6.55	8.9	14.2	11.2	100
1952	T	11.3	6.63	4.2	12.4	9.1	100
1955	P	2.8	6.05	9.0	12.9	6.5	100
1958	T	4.9	6.09	1.6	12.3	4.2	100
高峰期平均份额			6.29		13.67		
低谷期平均份额			6.33		13.07		

资料来源：根据《主要资本主义国家经济统计集(1848—1960)》计算。

缩时的幅度也少于平均幅度，所以，从逻辑上讲，它的产值份额的周期变动特征应是收缩期增加，扩张期减少。但是，从表2-4、表2-5和表2-6可以看到，农林渔的结构变动并没有呈现这种比较完全的形式，而是表现为低谷期的比重大于紧随其后的高峰期的比重（$T_n > P_{n+1}$）。农业在低谷期的比重之所以不大于前邻高峰期的比重（$P_n - 1 \not< T_n$），也是农业份额逐渐下跌的长期趋势对中期波动中产业结构变动产生影响的结果。属于第三产业的交通运输业是第三产业中一个比较特殊的行业，它的产值份额的周期变动与第二产业中的矿业、建筑业相近，即高峰期的结构值一般大于紧随其后的低谷期的结构值（$P_n > T_{n+1}$），却低于前邻低谷期的结构值。这意味着交通运输业在性质上更类似于直接物质生产活动。交通业产值份额之所以具有如此的周期变动形式，最直接的原因是交通运输在高涨期的扩张不像制造业那样有力（交通运输业的扩张往往会受到运输能力如线路里程、车辆拥有量的较大限制），在接下来的衰退期的收缩虽一般小于制造业（客运部分相对稳定），却又不像其他第三产业那样弱（货运部分与经济景气的相关度较高）。结果，交通运输业虽像其他第三产业一样，其比重在扩张期下降，但却不像其他第三产业那样，产值份额在收缩期上升，只是收缩期比重下降幅度小于扩张期下降幅度而已。①

值得注意的是，英国经济周期所引致的产业结构变动的基本形式虽与美国相同，但具体到某一行业，也有若干差异。总的来看，三次产业细分类的周期性结构变动特征，不像美国那样规范（当然两国考察的时期不同，即英国主要是战后周期，也是一个重要因素），这意味着决定一国产业结构的周期反应形式的，除去经济周期这一重要因素外，还有若干其他因素，如该国资源赋存情况、生产能力利用率、产业的生命周期、人们的消费偏好、一国的体制及产业政策等等。所以，作为各项因素共同作用结果的统计资料只能告诉我们周期波动所引致的产业结构变动的一般特征，产业分类越细，经济周期中产业结构变动受其他因素影响的程度也就越大。明确这一点，对于我们的研究具有重要的方法论意义。也就是说，我们对周期波动与产业结构变动的研究无疑应有坚实的实证基础，但这一基础只能理解为统计资料显示的产业结构周期性变动的基本脉络和一般方向。

以上考察的基本是用产值表示的产业结构，以下是各个部门的就业比重周期性变动的一些情况。

表 2－7、表 2－8 显示，用就业部门结构表示的产业结构的周期变动形式，不仅同用产值表示的产业结构周期变动形式基本相同，而且第三产业中的一些子部门，如金融、商业和服务业在经典周期中的结构变动形式（T—P 减少，P—T 增加）更为明晰。

---

① 在用 GNP 计算的美国 1947 —1983 年的历次周期中，交通运输业产值比重在扩张期的平均下降幅度为 6. 01%，收缩期平均下降幅度为 4. 88%；在用国民收入计算的 1929—1958 年历次周期中，相应数字为 5. 01% 和 4. 59%。也就是说，交通运输业在函数的一次导数意义上具有第三产业中其他产业的结构周期变动特征。

表 2-7 美国 1920—1978 年间历次经济周期中的就业结构变动

年份	周期阶段	为不包括农业的总就业的%							
		采矿	建筑	加工工业	交通公用	商业	金融房地产	服务业	政府
1920	P	4.54	3.13	38.89	14.76	17.06	4.10	7.91	9.61
1921	T	3.95	4.19	33.71	14.34	19.71	4.55	9.07	10.49
1923	P	4.37	4.37	36.10	13.80	19.53	3.99	8.64	9.28
1924	T	3.93	4.76	34.29	13.71	20.26	4.19	9.06	9.81
1929	P	3.47	4.82	33.96	12.59	20.62	4.61	0.07	9.88
1933	T	3.13	3.45	30.93	11.33	21.30 +	5.22	11.14	13.50
1937	P	3.27	3.62	34.53	10.14	21.30 -	4.41	10.52	12.20
1938	T	3.05	3.65	32.02	9.83	22.33	4.66	11.06	13.41
1944	P	2.13	2.63	41.20	9.14	17.48	3.39	19.47	11.55
1946	T	2.06	4.02	35.03	9.74	20.83	3.92 +	0.84	13.55
1948	P	2.21	4.88①	34.47	9.32	21.46	3.92 -	11.03	12.71
1949	T	2.12	5.00	32.73	9.12	21.96	4.07	11.48	12.84
1953	P	1.71	5.28	34.70	8.50	21.19	4.10	11.15	13.38
1954	T	1.60	5.35	33.03	8.28	21.72	4.38	11.69	13.94
1957	P	1.55	5.38	32.17	7.96	21.67	4.67	12.15	14.62
1958	T	1.43	5.24	30.60	7.84	22.04	4.70	12.65	15.62
高峰期平均		2.91	4.26	35.75	10.78	20.04	4.15	10.12	12.03
低谷期平均		2.66	4.46	32.79	10.52	21.27	4.46	10.87	12.90

年份	周期阶段	为包括农业的总就业的%							
		采矿	建筑	制造	交通公用	商业及服务	金融房地产	政府	农业
1960	P	1.1	4.3	25.2	6.0	28.2	4.0	12.5	8.6
1961	T	1.0	4.2	24.4	5.8	28.4	4.1	12.9	8.2
1969	P	0.8	4.6	25.9	5.7	33.2	4.5	15.7	4.6
1970	T	0.8	4.6	24.6	5.7	37.8	4.6	16.0	4.4
1973	P	0.8	4.9	23.9	5.5	34.9	4.8	16.3	4.1
1975	T	0.9②	4.2	22.2	5.4	36.5	4.9	17.3	4.0
1978	P	0.9	4.5	21.5	5.1	37.5	5.0	16.4	3.5

①1948 年前后建筑业份额的巨大差异，主要是第二次世界大战的影响。被

战争延缓或抑制了的建设活动（生产性投资和住宅建设），随着世界大战的结束，迅速地复苏和发展起来，从而出现美国战后第一个建筑高峰期。

②1973 年以后，矿业比重的增加，主要是能源危机促使煤炭工业的复苏，刺激了其他矿物能源工业的发展。

资料来源：1920—1958 年：根据《主要资本主义国家经济统计集（1848—1960）》（世界知识出版社 1962 年版）计算；1960—1978 年：根据《国外经济统计资料（1949—1978）》（中国统计出版社 1981 年版）计算。

表 2-8　英国 1951—1978 年用就业人数表示的产业结构的周期波动
（%，以第一、第二产业就业之和为 100）

年份	周期阶段	农林渔[a]	矿业	制造业	建筑	公用事业	交运仓	商业	金融业[b]	服务业[c]
(1948)	T	5.46	4.30	39.9	7.11	1.57	8.76	12.2		
1951	P	5.13	4.06	41.5	6.88	1.72	8.32	12.3		
1952	T	5.02	4.19	41.1	6.85	1.76	8.38	12.5	18.99	
1955	P	4.67	3.93	42.1	6.82	1.74	7.82	12.9	18.84	
1958	T	4.38	3.85	41.5	6.75	1.72	7.75	13.3	19.30	
1960	P	2.61	2.81	37.5	6.15	1.60	7.28	12.0		
1963	T	2.27	2.83	36.1	6.49	1.68	7.08	12.2		25.6
1965	P	1.97	2.59	36.4	6.82	1.69	6.70	12.2		26.2
1968	T	3.48	2.03	35.4	6.99	1.78	6.99	17.1	4.50	24.0
1969	P	3.35	1.86	35.8	7.44	1.73	6.85	17.1	4.86	24.4
1972	T	2.96	1.63	33.9	7.16	1.54	6.91	17.0	5.45	26.4
1973	P	2.89	1.51	33.3	7.62	1.42	6.69	17.2	5.61	26.6
1975	T	2.68	1.463	31.8	7.10	1.46+	6.69	17.3	5.85	28.3
1978	P	2.64	1.461	31.0	6.93	1.46-	6.34	17.5	6.05	29.3

a 农林渔就业占总就业的比重；

b 1952—1958 年包括服务业；

c 1959—1965 年包括金融业。

资料来源：1948—1951 年数字根据《主要资本主义国家经济统计集（1848—1960）》计算；1952—1978 年数字根据《国外经济统计资料（1949—1978）》计算。

就业结构的周期变动形式再次证实了我们以上关于经济周期（主

要是经典周期）中产业结构变动的一般特征的结论：

（1）制造业所占就业比重在扩张期增加，在收缩期减少，这一点在经典周期中比较明显。

（2）商业、金融业和服务业等第三产业部门所占就业份额在经典周期中一般是扩张期减少，收缩期增加。

（3）矿业在经典周期中，其结构变动的周期特征比较明显，与制造业的变动形式相近。但在二战后的增长型周期中，由于长期趋势的影响，其周期变动形式为高峰期比重大于紧随其后的低谷期。

（4）农业、交通业及公用事业的变动形式与矿业相近，都是高峰期比重大于紧随其后的低谷期。

（5）商业、服务业、金融业在二战后的增长型周期中，其结构的周期反应形式发生了很大的变化，结构份额不像经典周期中那样，扩张期减少，收缩期增加，而是收缩期的比重高于前邻高峰期的比重。更进一步的变动规律我们将在下一节中探讨。

在结束三次产业细分类结构在经济周期中的变动特征的分析之前，我们简单地比较一下用产值表示的产业结构和用就业表示的产业结构周期变动形式的异同（见表2－9）。

表2－9清楚地表明：第一，除农业外，其他各个行业，尤其是制造业、矿业和交通业，产值波动与就业波动存在极密切的相关关系，其相关函数及相关系数见表2－10。

这种较高的相关系数意味着，只要存在着比较完全的劳动力市场，即厂商能够根据市场变动、景气状况来决定劳动力使用量，那么用就业表示的产业结构的周期波动形式就会与用产值表示的产业结构的周期波动形式相同。而在不存在劳动力市场的国度（如我国）就不宜用就业结构来研究周期波动对产业结构的影响。

表 2－9　美国 1929—1958 年间历次经济周期中各部门产值与就业波幅的比较(%)

年份	周期阶段	总波动 I	总波动 Ⅱ	农业 I	农业 Ⅱ	采矿 I	采矿 Ⅱ	建筑 I	建筑 Ⅱ	制造 I	制造 Ⅱ
1929	P										
1933	T	-18.6	-54.2	-2.5	-55.4	-31.8	-70.0	-46.0	-78.9	-31.1	-65.3
1937	P	+19.5	+83.5	-2.7	+94.6	+33.6	+216.7	+37.5	+162.5	+46.1	+153.9
1938	T	-24.5	-8.2	-1.3	-68.1	-12.3	-21.1	-5.1	-4.8	-12.8	-22.3
1944	P	+2.0	+170.1	-7.6	+145.8	+0.1	+93.3	+3.7	+105.0	+84.9	+300.7
1946	T	+2.4	-0.9	-7.0	+29.0	-3.5	+3.4	+51.8	+58.5	-15.5	-19.3
1948	P	+7.5	+23.5	-4.2	+17.1	+15.3	+73.3	+30.6	+63.1	+5.9	+37.7
1949	T	-1.1	-2.6	-0.7	-22.8	-6.5	-17.3	-0.2	-0.9	-7.5	-6.1
1953	P	+0.2	+40.4	-18.2	+3.6	-7.2	+20.9	+21.1	+51.4	+17.3	+56.3
1954	T	-1.6	-1.2	-0.9	-3.4	-8.8	-5.8	-1.1	+0.6	-7.2	-7.0
1957	P	+6.5	+21.5	-4.3	-3.0	+4.1	+26.5	+8.3	+26.3	+4.9	+23.5
1958	T	+1.0	+0.14	-6.1	+11.6	-10.9	-12.9	-5.7	-1.5	-7.8	-7.7

年份	周期阶段	商业 I	商业 Ⅱ	金融房地产 I	金融房地产 Ⅱ	交通 I[a]	交通 Ⅱ	邮电公用 Ⅱ	服务 I[b]	服务 Ⅱ	政府 I	政府 Ⅱ
1929	P											
1933	T	-21.9	-59.0	-14.4	-55.1	-31.9	-54.5	-31.0	-16.4	-45.6	+3.3	+3.9
1937	P	+30.9	+121.3	+10.6	+26.3	+17.1	+53.3	+35.0	+23.7	+46.4	+18.4	+47.2
1938	T	-1.4	-2.5	-0.6	+6.9	-8.8	+10.9		-1.1	-3.7	+3.4	+9.0
1944	P	+12.5	+116.0	+4.6	+58.4	+33.7	+173.2	+51.9	+23.1	+72.2	+55.9	+29.5
1946	T	+18.5	+33.9	+14.9	+18.9	+5.9	-8.9	+14.9	+13.7	+26.5	-7.4	-32.9
1948	p	+10.7	+20.6	+7.7	+21.4	+2.9	+24.5	+22.9	+10.1	+20.3	+1.0	-12.8
1949	T	-0.1	-2.2	+1.4	+13.6	-4.6	-6.3	+11.9	+1.0	+2.9	+3.6	+11.2
1953	P	+10.7	+22.7	+15.5	+38.0	+6.9	+32.8	+5.3	+11.4	+37.1	+13.5	+61.2
1954	T	-0.1	+1.6	+4.1	+6.2	-5.0	-8.9	+6.9	+2.3	+3.4	+1.6	+1.9
1957	P	+7.4	+19.4	+10.7	+20.5	+3.5	+19.4	+24.1	+11.9	+32.3	+13.0	+20.3
1958	T	-1.4	+1.2	+1.1	+6.5	-6.0	-4.7	+6.0	+9.3	+3.2	+3.5	+7.9

注：I 为就业波动，I[a]含有公有事业(电力供水煤气)，I[b]含有“其他”，Ⅱ为产值波动。

资料来源：根据《主要资本主义国家经济统计集(1848—1960)》(世界知识出版社 1962 年版)计算。

表 2－10　各部门产值波动与就业波动相关关系

部门	相关函数(产值为 Y,就业为 X)	相关系数(R)
总波动	Y = －1.1742＋0.1699X	0.9020
农业	Y = －4.6256－0.2160X	0.2593①
采矿业	Y = －8.1340＋0.2006X	0.9286
建筑业	Y = －2.4092＋0.3184X	0.7774
制造业	Y = －5.4950＋0.3151X	0.9948
商业	Y＝0.4520＋0.2224X	0.8621
金融房地产业	Y＝1.5958＋0.2354X	0.7748②
交通业	Y = －3.6041＋0.2552X	0.9103
服务业	Y = －0.1764＋0.3259X	0.7788③
政府	Y＝2.3379＋0.1861X	0.9686

①农业产值波动与就业波动的相关系数这样低的原因在于:第一,美国农业大都是由经营者与劳动者合一的家庭农场经营的,所以农业就业相对稳定(萧条阶段农场主不会自己解雇自己)。第二,农业生产受自然条件影响很大,农业减产往往不是劳动投入减少的结果。第三,农村劳动力非农产业化这一长期趋势的影响。

②金融房地产业的相关系数不是太高,主要由于这一行业是专业性很强的行业。它的产值波动与其他行业的经济波动有很大联系而与所雇用人员数量的相关关系不是非常密切。同时由于它是专业性很强的行业,不景气时并不相应地同幅度裁减人员。

③服务业相关系数不太高的原因,主要是服务具有“收容”就业人员的性质——当衰退来临时,许多失业人员就会临时进入服务业,因为服务业所需资金少,行业多,容易维持生活。

资料来源:根据表 2－9 计算。

第二,一般说来,部门的产值波动幅度大于就业的波动幅度。这一点除在表 2－9 表现得非常明显外,表 2－11 也说明了这一点。在表 2－11 中,除 1953—1954 年和 1954—1957 年这两个时期外(原因下文解释),其余各个周期阶段上产值结构波动系数都大于就业结构波动系数。产值波动幅度大于就业波动幅度的原因在于,作为产出的产值

(国民收入,GNP 或社会总产值)的变动是作为基本投入的劳动力与资本品的共同作用的结果。产值变动率近似于就业变动率与资本变化率之和。① 柯布—道格拉斯生产函数 $Y = AL^{\alpha}K^{\beta}(1 = \alpha + \beta)$ 就是描述这种逻辑关系的。

第三,当部门的波动值很小时,则往往会出现与第二种情况不同的情形。一种情形是衰退期就业人员微微减少,而产值绝对水平并不降低,只是增长幅度极小,或者产值虽然减少但下降幅度小于就业减少幅度。这种情况的出现与边际劳动生产率递减规律有关,即随着就业人员的减少,劳动生产率有所提高。另一种情形是衰退期就业和产值均略微增加,但前者增加幅度大于后者,其原因可能也是边际劳动生产率递减规律作用的结果。因为衰退期预期资本收益较低,厂商没有增加固定资产,从而劳动投入增加,导致边际劳动生产率下降,结果产值增加幅度小于就业增加幅度。

表 2-11 产值结构与就业结构波动系数的对比

年份	1929—1933	1933—1937	1937—1938	1938—1944	1944—1946
产值波动系数	2.29	2.48	1.03	3.29	2.29
就业波动系数	1.49	0.98	0.76	2.71	1.80

年份	1946—1948	1948—1949	1949—1953	1953—1954	1954—1957	1957—1958
产值波动系数	0.97	0.63	0.88	0.46	0.14	0.52
就业波动系数	0.46	0.42	0.62	0.49	0.34	0.48

注:n 与 n+j 年间产业结构波动系数 $=\sum_{i=1}^{m}\frac{|S^i_{m+j}-S^i_n|}{m}$,其中,$S^i$ 为第 i 个部门在 n+j 与 n 时间的比重,m 为部门数,n 为时期。

资料来源:根据《主要资本主义国家经济统计集(1848—1960)》计算。

① 证明:对 $Y = AL^{\alpha}K^{\beta}$ 求导,得到 $Y' = AL^{\alpha}(K^{\beta})' + K^{\beta}(AL^{\alpha})' = AL^{\alpha}(K^{\beta})' + AK^{\beta}(L^{\alpha})'$,令 $AL^{\alpha} = a, AK^{\beta} = b$,则 $Y' = a(K^{\beta})' + b(L^{\alpha})'$,即产值变化率等于资本变化率与就业变化率某种形式的和。

3. 生产资料部门和消费资料部门在经济周期中的变动特征

通过上面的分析，我们知道，三次产业中的第二产业和工业中的制造业的结构值在经济周期中表现出比较规范的变动形式，即扩张期比重增加，收缩期比重减少。我们现在要问，制造业内部结构如何呢？更具体地说，生产资料制造业和消费资料制造业的结构又以何种形式伴随着周期波动呢？为了分析的方便，下面分析中的生产资料部门和消费资料部门有时要超出制造业的范围，不过这并不影响我们的分析。

在这近八十年的历史中，大多数情况下（约80%），扩张阶段（T—P）生产资料生产的扩张速度大于整个工业生产的扩张速度，而消费资料生产的扩张速度小于整个工业生产的扩张速度，从而生产资料部门产值在整个工业产值中的份额上升，而消费资料部门所占比重下降；而在收缩阶段（P—T），大多数情况下（80%），要么是生产资料部门的下降幅度大于整个工业生产，消费资料部门的下降幅度小于整个工业生产，要么是生产资料部门的增长幅度小于整个工业生产，消费资料部门的增长幅度大于整个工业生产，从而生产资料部门产值占工业总产值的份额在收缩阶段下降，而消费资料部门所占份额在收缩阶段上升（见表2-12）。表2-13也证实了这一规律。

表2-12　德国1861—1937年间历次经济周期中生产资料部门与消费资料部门波幅和所占份额变动方向的比较

年份(1)	周期阶段(2)	绝对波动幅度(%)			比重变动方向	
		整个工业生产(3)	生产资料部门(4)	消费资料部门(5)	生产资料部门(6)	消费资料部门(7)
1860	T					
1861	P	2.7	3.0	2.5	+	-
1863	T	-0.7	2.9	-6.0	+	-
1867	P	32.9	36.8	28.0	+	-

（续表）

1870	T	-5.9	-8.3	-3.0	-	+
1872	P	30.9	32.3	29.7	+	-
1879	T	12.2	20.5	0.8	+	-
1882	P	10.5	22.6	-0.3	+	-
1886	T	15.1	13.2	18.1	-	+
1890	P	23.5	22.6	24.4	-	+
1895	T	18.1	15.9	22.5	-	+
1900	P	14.9	54.5	5.1	+	-
1902	T	6.2	4.7	9.8	-	+
（1905） 1907	P	4.4	2.9	8.4	-	+
1908	T	-4.9	-5.8	-2.5	-	-
1913	P	26.9	31.6	14.9	+	-
1914	T	-17.0	-	-	-	+
1919						
1922	P	-88.9	119.3	45.1	+	-
1923	T	-34.3	-38.6	-22.9	-	+
1926						
1929	P	23.3	31.7	15.9	+	-
1932	T	-39.0	-54.6	-17.9	-	+
1934	P	41.2	62.0	18.5	+	-
T—P	平均	20.1	73.0	17.5	T—P 为“+”时 80.0%	T—P 为“-”时 80.0%
P—T	平均 正值	12.8	11.4	12.9	P—T 为“-”时 80.0%	P—T 为“+”时 80.0%
	平均 负值	-17.0	-26.8	-10.5		

注：“+”表示比重增加，“-”表示比重减少。

资料来源：根据《主要资本主义国家经济统计集（1848—1960）》计算。

两大部类结构的这种周期变动形式背后所潜含的原因在于：决定生产资料生产水平的几个主要因素，如投资、资本边际效率的不稳定性很大；与此不同，决定消费资料生产水平的主要因素如消费水平、消费倾向则相对稳定，尤其是消费倾向递减规律具有很强的反波动功能，是一种先天稳定器（详细分析见第三章和第四章）。

表 2－13 国外 20 世纪 70 年代初周期波动中两大部类结构的变化

年份	美国		日本		英国	
	Ⅰ	Ⅱ	Ⅰ	Ⅱ	Ⅰ	Ⅱ
高峰期(1974)	70.1	29.9	74.38	25.62	65.30	34.70
低谷期(1975)	69.4	30.6	72.96	27.04	64.89	35.11
高峰期(1976)						

年份	法国		苏联		全世界	
	Ⅰ	Ⅱ	Ⅰ	Ⅱ	Ⅰ	Ⅱ
高峰期(1974)	67.93	32.07	73.8	26.2	71.6	28.4
低谷期(1975)	63.80	36.20	73.7	26.3	71.6	28.4
高峰期(1976)			74.0	26.0	71.7	29.3

注:Ⅰ为生产资料部门占工业总产值份额;Ⅱ为消费资料部门占工业总产值份额。

资料来源:根据《国外经济统计资料(1949—1976)》计算。

表 2－14 美国 1946—1960 年间经济周期中工业内部结构的周期变动形式

年份	周期阶段	绝对变动幅度			相对变动幅度(以工业生产波幅为 1)			相对变动幅度(以设备品生产为 1)	
		消费品	设备品	原材料	消费品	设备品	原材料	设备品	原材料
1948	P	2.9	5.7	4.5	0.63	1.24	0.89	1	0.83
1949	T	－1.4	－10.7	－2.2	4.21	0.55	0.82	1	4.9[a]
1953	P	23.9	92.0	42.2	0.57	2.18	1.00	1	0.46
1954	T	－1.1	－11.5	－7.7	5.84	0.57	0.86	1	2.0[a]
1957	P	14.9	17.6	19.0	0.85	1.00	1.08	1	1.1
1958	T	－1.0	－13.0	－9.0	7.00	0.54	0.78	1	1.4
1960	P	15.2	18.4	16.5	0.94	1.14	1.02	1	0.88
平均扩张幅度		14.2	33.4	20.6					0.62
平均收缩幅度		－1.2	－11.7	－6.3					1.9[a]

a 为了便于观察,当 T 时为绝对下降时,我们取了相对变动幅度的倒数。

资料来源:根据《主要资本主义国家经济统计集(1848—1960)》计算。

生产资料生产和消费资料生产的周期反应形式确定以后,我们再来考察它们各自内部结构的周期变动形式。

表 2－14 表明，不仅生产资料的扩张与收缩幅度均大于消费资料，而且生产资料内部设备品部门的周期波动也大于原材料部门（扩张期为 33.4 ∶ 20.6，收缩期为－11.7 ∶－6.3），从而设备品部门在整个生产资料部门中所占比重是扩张期增加，收缩期减少，而原材料部门所占比重则是扩张期减少，收缩期增加。生产资料内部结构之所以具有这样的周期波动形式，其原因，简单地说，是由设备品与原材料的用途不同引起的。设备品基本上属于投资物品，而原材料属于中间投入，投资活动的不稳定性（加速原理）决定了设备品生产的波动幅度大于原材料生产。

同生产资料一样，消费资料内部不同行业的波动幅度及所占比重的周期反应形式也是不同的。表 2－15 是易耗消费品①、半耐用消费品②及耐用消费品③的周期波动幅度和消费品生产内部结构对经济周期的反应形式。在这三个行业中，易耗消费品是波动幅度最小的行业，其周期的平均落差④只有 8.43 个百分点，远远低于半耐用品（13.25）和耐用品（42.51）的平均落差。正是由于易耗消费品在扩张期的增长速度较小，衰退期的下降幅度也较小，所以，在整个消费品生产和最终产品⑤中所占份额是扩张期减少，收缩期增加。

耐用消费品与易耗消费品恰好相反，它的扩张幅度和下降幅度都很大（＋38.2% 和－18.37%），其高峰期与低谷期的增长值平均落差

---

① 包括食品、烟草、药材、化妆品、杂志、报纸等。

② 包括纺织、服装、玩具、运动用品、家具等。

③ 包括小汽车、摩托车、家用电器、自行车、珠宝、游乐品等。

④ 平均落差是衡量某一部门周期波动程度的指标，其经济含义是扩张期（T—P）的变动值减收缩期（P—T）的变动值的平均数，即 $\frac{\Sigma(P_n - T_{n+j})}{M}$。其中，$P_n$ 和 T_{n+j} 分别是高峰期增长速度和紧随其后的低谷期的增长幅度，M 为周期个数。

⑤ 最终产品＝全部消费品＋耐用生产品。

高达42.5个百分点。正是由于耐用消费品生产这种周期中大起大落的性质,其所占产值份额表现为扩张期增加(14.6%),收缩期减少(13.0%)。

半耐用消费品生产也有明显的周期波动,但由于它的扩张幅度虽大于易耗品(11.1%：9.8%)却小于耐用品(38.02%),下降幅度也介于二者之间,故其所占份额的波动形式介于易耗品与耐用品之间。从其他的波动形式看更近于易耗品,即在最终产品中所占份额是扩张期减少,收缩期增加(高峰与低谷分别为19.04%和19.44%)。消费品生产的三个行业,易耗品、半耐用品和耐用品,之所以出现不同的周期波动形式,原因有这样几个:第一,产品的消费方式和消费期限不同。易耗品是日常使用的一次性消费物品,所以它的需求和购买几乎均匀地分布在整个时期,不同阶段的波动很小。相反,耐用消费品的消费期限很长,需求和购买的时间分布是不均匀的,从而需求与购买的时间波动较大。需求和销售的不同的波幅必然导致生产波幅的不同。第二,易耗消费品大都是日常必需品,其价格和收入的需求弹性都较小,从而收入和价格的波动对其影响较小。而耐用消费品则多属非必需生活用品,其价格和收入的需求弹性较大,从而收入和价格的波动将导致耐用消费品需求和生产的较大波动。由于半耐用品在以上两方面均相似于易耗品,故其周期波动形式类似于易耗品。

表2-15 1890—1938年间美国消费品内部结构的周期变动形式(产值比重:占整个最终产品的比重)

年份	周期阶段	易耗品		半耐用品		耐用品	
		增长速度	产值比重	增长速度	产值比重	增长幅度	产值比重
1890	P	-4.5	55.2	6.3	22.1	7.5	11.5
1891	T	11.2	56.7	2.5	21.0	3.6	11.0

（续表）

1892	P	4.3	56.4	5.0	21.0	7.9	11.3
1894	T	4.8	61.9	-11.0	19.5	-18.8	9.6
1895	P	8.8	59.2	19.8	20.6	24.3	10.5
1896	T	0.2	58.5	-2.5	19.9	0.9	10.5
1899	P	22.1	59.4	20.4	19.9	21.6	10.6
1900	T	0.9	59.1	-0.5	19.5	-5.6	9.9
1903	P	17.7	58.2	19.3	19.5	16.8	9.6
1904	T	0.3	59.4	0.7	20.0	-0.9	9.7
1907	P	19.0	58.3	10.8	18.2	21.9	9.8
1908	T	-9.8	59.3	-0.2	20.5	-13.3	9.6
1910	P	13.9	57.7	6.7	18.7	36.1	11.1
1911	T	5.4	59.1	10.1	20.0	12.3	12.1
1913	P	5.7	56.2	9.9	19.8	4.8	11.4
1914	T	-0.6	57.9	-3.2	19.9	-0.7	11.8
1918	P	5.7	51.3	5.0	17.5	30.5	12.9
1919	T	-0.4	49.0	8.1	18.1	32.4	16.4
1920	P	1.9	48.9	-7.5	17.7	2.4	17.3
1921	T	6.2	50.1	9.3	19.1	-21.6	13.8
1923	P	7.3	45.7	25.7	18.1	112.1	22.1
1924	T	5.6	48.7	-4.7	17.4	-6.5	20.8
1926	P	6.2	44.4	24.9	18.7	33.3	23.8
1927	T	6.1	46.1	10.9	21.1	-15.5	20.5
1929	P	6.1	43.9	4.2	20.1	13.5	20.9
1932	T	-10.8	61.1	-34.0	20.7	-64.8	11.5
1937	P	23.0	47.8	12.0	14.7	199.6	21.8
1938	T	-0.1	48.4	-8.5	15.4	-33.0	14.9
T—P 平均		9.8	53.03	11.11	19.04	38.02	14.61
P—T 平均	“-” “+”	-3.65 +5.06	55.38	-16.5 +6.93	19.44	-18.31 +2.3	13.01

资料来源：根据 W. H. 肖：《1869 年后的商品产值》（英文版），全国经济研究所 1947 年版。

经济周期类型的演化及其对产业结构周期变动形式的影响

在上节的分析中，我们已经看到，产业结构的某些周期性变动特征只是在工业革命到第二次世界大战这一时期的经典周期中才表现得比较完全和规范。对这种周期来说，不仅扩张是经济活动水平的较大幅度增加，收缩也是经济活动水平的绝对下降。也正基于此，战前的许多经济学家往往把经济周期定义为经济活动水平的上升和下降的交替出现。① 在这种周期中，波动幅度大的部门所占份额（产值份额或就业份额）也就在扩张期大于、收缩期小于波动幅度小的部门。也就是说，波动幅度大（小）的部门，其所占份额扩张期增加（减少），收缩期减少（增加）。同时，在经典周期中波动幅度较大的也往往是与历次工业革命相联系的工业部门及它们的各种分类与组合。二战以后，随着产业结构的日益高度化和市场经济国家宏观干预能力的加强及其市场稳定性的提高，作为经济水平绝对上升与绝对下降交替出现的经典经济周期，在大多数时间里就让位于作为高速增长与低速增长交替出现的现代经济周期。这种周期有人称之为次要周期（sub-cycle）或次要衰退②，有人称之为增长型周期③。在这里我们也把这种高速增长与低速增长交

---

① 参见伯恩斯、米契尔：《经济周期的确定》，全国经济研究所 1946 年版。

② “次要周期”较早的使用者是美国的 R. 麦克（Mack）女士。至于主要衰退与次要衰退的区别则要归之于 A. 汉森（Hansen）教授和 R. A. 戈登（Gorden）教授（另外，戈登教授 1986 年编辑出版了美国经济学界研究经济周期的最新成果《美国商业周期》，全国经济研究所）。

③ 库兹涅茨和伯恩斯于 20 世纪 30 年代就使用过“增长型周期”这个提法。不过真正引起注意的是明茨女士专门论述增长型周期的文章“确定美国增长型周期”（“Dating American Growth Cycles”）。该文见 V. 扎诺维茨编的《今日商业周期》，全国经济研究所 1972 年版。

替的周期称为增长型周期。增长型周期与经典周期相比，有这样几个特点：一是绝对衰退变为相对衰退，即由经济水平下降变为增长速度的放慢；二是落差降低，即波动幅度减弱；三是扩张与衰退的不对称加强。在经典周期中，收缩期一般略短于扩张期，而在现代增长型周期中，扩张期大大长于收缩期。如美国1854—1948年共发生22次周期，收缩期平均长度为20个月，扩张期平均为29个月，扩张长度与收缩长度之比为1.45。而战后1948—1969年共发生了四次周期波动，扩张期平均为49个月，收缩期平均为10个月，扩张期与收缩期之比为4.9。① 由于增长型周期波幅的减弱和不对称性的增强，衰退期间的结构变化不像经典周期的衰退期那样明显。尤其值得注意的是，在周期类型转变的同时，产业结构也开始步入高度化阶段，第三产业，尤其是以信息技术为基础的行业发展迅速，经济的服务化、信息化程度不断提高，②而传统的重工业地位下降。结果，经济周期中产业结构的变动特征也因经济周期类型的转变及产业结构的长期演变趋势的影响而发生了相应的变化。

1. 工业部门和行业周期波动幅度和位次的某些变化

从上面的分析可以看出，部门所占份额的周期变动形式的不同，是由部门间波幅与波向不一致所引起的。所以，我们需要首先研究随着二战后增长型周期的出现，部门波幅与波幅位次的一些变化（见表2-16）。

---

① 见V.扎诺维茨编：《今日商业周期》（英文版），1972年，第5—6页。后来扎诺维茨与莫尔（Moore）合作，又在1984年全国经济研究所研究商业周期的会议上提出了一些新的资料。

② 战后尤其是20世纪70年代以来，一些富有影响的学者纷纷著书，以解释、把握和预测社会经济的这一变动趋势，如美国丹·贝尔的《后工业化社会的来临》（1953）、托夫勒的《第三次浪潮》（1980）和约翰·奈比斯特的《大趋势》（1982）。

表2－16清楚地表明，在从20世纪50年代起开始的增长型周期中，各个部门的波动幅度几乎毫无例外地降低了，扩张幅度下降，衰退程度缓和，从而扩张率与收缩率之间的落差缩小。各部门波幅的下降意味着部门间相对变动幅度差距的减小，从而因部门间波动程度不一而引起的部门比重的变动也随之减小。简单地说，周期波动幅度的减小，导致整个产业结构波动系数的降低（见表2－17）。这是周期类型转变对产业结构影响的一个非常重要的方面。

表2－16　美、英、德（战后为西德）、法二战前后各部门周期波动幅度的比较

国别	时期	周期阶段	个数	钢	生铁	原煤	原油
美国	1913—1949	P—T	5	－41.92	－47.78	－24.28	－4.48
		T—P	5	＋158.46	＋153.32	＋29.16	＋69.7
	1957—1979	P—T	4	－13.80	－13.78	－0.98	－2.33
		T—P	5	＋27.38	＋25.56	＋9.14	＋15.06
英国	1913—1952	P—T	5	－23.6	－28.54	－11.88	
		T—P	5	＋48.5	＋39.72	＋9.22	
	1957—1978	P—T	5	－12.4	－14.02	－6.48	
		T—P	6	＋15.2	＋15.35	－4.18	
德国（西德）	1913—1952	P—T	4	－27.88	－30.4	－18.55	＋41.03
		T—P	5	＋87.78	＋96.48	＋20.0	＋24.86
	1952—1978	P—T	5	－8.74	－9.24	－1.88	＋3.16
		T—P	6	＋24.44	＋20.42	＋0.77	＋24.20
法国	1913—1950	P—T	6	－13.80	－19.30	－7.8	＋31.17
		T—P	5	＋91.60	＋98.1	＋23.04	＋15.60
	1957—1978	P—T	5	－2.94	－2.60	－5.9	－5.96
		T—P	6	＋16.98	＋16.98	＋8.95	＋33.47

（续表）

国别	时期	周期阶段	个数	水泥[a]	发电量	钢轨	汽车
美国	1913—1949	P—T	5	-17.9	-5.4	-43.36	-19.46
		T—P	5	+63.9	+118.33	+123.3	+282.14
	1957—1979	P—T	4	-4.38	+2.3		-23.28
		T—P	5	+20.46	+46.84		+44.26
英国	1913—1952	P—T	5	+3.1	-1.30		-8.17
		T—P	5	+42.57	+47.90		+67.87
	1957—1978	P—T	5	-1.30	+7.62		-2.68
		T—P	6	+7.77	+23.18		+26.32
德国（西德）	1913—1952	P—T	4	-24.48	-7.0		-22.75
		T—P	5	+122.18	+51.53		+260.79
	1952—1978	P—T	5	+7.2	+7.92		+6.12
		T—P	6	+16.45	+27.78		+39.77
法国	1913—1950	P—T	6	+8.15	+3.23		+11.25
		T—P	5	+49.3	+30.43		+324.33
	1957—1978	P—T	5	+7.18	+6.50		+11.32
		T—P	6	+15.05	+22.35		+23.10

国别	时期	周期阶段	个数	硫酸	木材	造纸	棉花消费量
美国	1913—1949	P—T	5	-4.90	-23.52	-15.60	-17.62
		T—P	5	+99.93	+75.32	+73.23	+85.20
	1957—1979	P—T	4	+0.25	-5.4	-3.87	-10.95
		T—P	5	+29.23	-8.5	+58.30	-5.90
英国	1913—1952	P—T	5	-11.49		+7.72	-25.53
		T—P	5	+21.29		+26.40	+8.12
	1957—1978	P—T	5	-4.08		-7.60	-17.3
		T—P	6	+20.07		+25.30	-7.5
德国（西德）	1913—1952	P—T	4	-20.48	-24.48		-7.93
		T—P	5	+66.90	+122.18		+18.50
	1952—1978	P—T	5	-0.78	-1.72		-13.70
		T—P	6	+20.07	+16.45		-1.27

（续表）

法国	1913—1950	P—T	6	+5.6			-22.45
		T—P	5	+37.0			+42.18
							（棉布）
	1957—1978	P—T	5	+4.52			-3.12
		T—P	6	+17.73			-0.48

国别	时期	周期阶段	个数	原糖[b]	铁道运输[c]	彩电	竣工船舶
美国	1913—1949	P—T	5	+1.10	-22.85		
		T—P	5	+13.54	+60.14		
	1957—1979	P—T	4	+5.40	-5.95	-6.17	
		T—P	5	+15.24	+15.24	+21.50	
英国	1913—1952	P—T	5	+4.1	-16.53		-24.1
		T—P	5	+54.5	+8.83		+172.46
	1957—1978	P—T	5	-5.6	-11.98	-7.05	+7.18
		T—P	6	+16.4	+0.73	+14.38	-10.10
德国（西德）	1913—1952	P—T	4		-27.03		
		T—P	5		+24.75		
	1952—1978	P—T	5		-6.00	-11.83	
		T—P	6		+11.12	+38.24	
法国	1913—1950	P—T	6	-0.76	-10.16		
		T—P	5	+60.54	+31.78		
	1957—1978	P—T	5	-4.5	-4.68	+9.08	
		T—P	6	+25.72	+7.83	+35.34	

a 英国水泥行业战后五次衰退中有三次只是增长率下降；

b 英国制糖行业战后五次衰退中有两次只是增长率下降；

c 英国战后铁道运输在$\frac{1}{2}$的高峰期中是绝对衰退。

资料来源：根据《主要资本主义国家经济统计集（1848—1960）》计算。

表 2-17　美国二战前后产业结构变动系数对比

时 期	周期个数	产业结构变动系数（算术平均）
1929—1948	3	1.37
1948—1978	6	0.53

资料来源：根据《主要资本主义国家经济统计集（1848—1960）》计算。

在二战后的增长型周期中，不仅绝大多数部门波幅大幅度下降，而且各部门间波动幅度位次也发生了改变，有的部门波动位次降低，有的波动位次则升高。表 2－18 是我们选取的几个主要行业实物产量的波动位次变动情况（中间计算从略，步骤见注①）。

四国中一些共同性的变动特征是：第一，煤炭、生铁、棉花消费量、竣工船舶、钢轨以及铜、铝等主要有色金属生产等伴随第一次工业革命出现的传统部门，特别是其中的原料生产部门，波动位次下降。其中最明显的是煤炭工业。在美国，在我们选取的代表部门中，煤炭生产从第四位降到第十五位，英国从第六位降到第十二位，法国从第六位降到第十一位，德国（战后是西德）从第十位降到第十一位。再一个部门是生铁。在过去的经典周期中，生铁是波动幅度最大、对周期反应最为敏感的部门。在增长型周期中，生铁产量的波动位次普遍下降了。在德国从第一位降到第四位，美、法从第一位降到第三位，英国从第一位降到第二位。这些属于传统采掘业和制造业的部门波幅的下降和位次的降低，不仅使这些部门所占份额的周期变动形式发生了较大的变化（如煤炭部门所占份额扩张期增加、收缩期减少的特征几乎消失），而且也影响了采掘业和制造业在周期中的变动形式。对于制造业来说，其所占份额扩张期比重增加的幅度降低，收缩期比重减少的幅度也降低；采矿业份额也由初期的扩张期增加、收缩期减少这种形式转变为扩张期减少、收缩期也减少的变动形式。

① 波动位次是这样确定的：第一步，根据波动绝对值大小，依次确定每一部门在每一阶段的波动位次；第二步，将每一位次上的周期阶段数换算为周期阶段总数的百分比；第三步，按高位次高分的规则，给每一位次赋值，最后一位分值为 1；第四步，将每一位次的分值乘每一位次周期阶段数的百分比；第五步，将第四步结果加总，便得到每一部门的位值；第六步，根据位值大小，依次排出波动位次，波动位值大者，波动位次高。

表 2－18　周期类型的转变与部门波动位次的改变

国别	周期类型	起止年份	波动幅度位次																
			1	2	3	4	5	6	7	8	9	10	11	12	13	14	15	16	17
美国	Ⅰ	1865—1958	生铁	钢	钢轨	原煤	铜矿石	汽车	棉花消费	铁路运输	原油	人造纤维	造纸	水泥	发电量	卷烟	硫酸	制糖	木材
	Ⅱ	1958—1978	小汽车	钢	生铁	造纸	发电量	硫酸	木材	彩电	水泥	铁路运输	铜矿石	制糖	原油	棉布	原煤		
英国	Ⅰ	1873—1958	生铁	钢	竣工船舶	棉花消费	汽车	煤炭	制糖	硫酸	铜	发电量	水泥	造纸	铁路运输				
	Ⅱ	1958—1978	钢	生铁	造纸	电视	汽车	硫酸	铜	铁路运输	发电量	制糖	棉花消费	煤炭	水泥	竣工船舶			
法国	Ⅰ	1831—1958	生铁	钢	铝	铁路运输	棉花消费	原煤	制糖	小汽车	水泥	硫酸	原油	棉布	发电量				
	Ⅱ	1958—1978	制糖	钢	生铁	原油	发电量	彩电	硫酸	铁路运输	造纸	汽车	原煤	棉布	水泥				
德[*]国	Ⅰ	1879—1958	生铁	钢	硫酸	水泥	发电量	铁路运输	铜	原油	棉花消费	煤炭							
	Ⅱ	1958—1978	电视机	钢	造纸	生铁	硫酸	铁路运输	发电量	铜	棉布	水泥	煤炭	原油	制糖				

＊战后是西德。

注：Ⅰ为战前经典周期，Ⅱ为战后增长型周期。

资料来源：根据《主要资本主义国家经济统计集（1848—1960）》和《国外经济统计资料（1949—1978）》整理计算。

第二，发电量、基础化工产品、小汽车、家电、造纸及印刷业等部门波动位次提高：如在美国，小汽车波动位次由第六位上升为第一位，彩电在德国也上升为第一位，发电量波动位次在美、英、法三国全都上升。这些新能源、化工原料以及耐用消费品波动位次的提高，使它们所占份额的变动形式也发生了变化，扩张期比重增加、收缩期比重减少的变动形式开始出现。表2－19是汽车工业与整个工业相比的相对波动幅度与份额变动方向。该表说明汽车工业在战后基本上是一个扩张期(T—P)产值份额增加、收缩期(P—T)产值份额减少的部门。

表2－19 美国汽车工业波动幅度及份额变动方向

年份	周期阶段	工业波幅(1)	汽车行业波幅(2)	汽车行业相对波动(3)	汽车行业所占份额变动方向(4)
1958	T				
1960	P	+10.9	+53.2	4.87	+
1961	T	+3.3	-15.1	4.58	-
1969	P	+68.9	+52.0	0.75	-
1970	T	-2.9	-18.8	0.15[a]	-
1973	P	+20.0	+53.5	2.68	+
1975	T	-9.2	-28.9	0.34[a]	-
1978	P	+24.8	+43.2	1.74	+

a 当工业与汽车行业为绝对衰退时，(3)取倒数。

资料来源：根据《主要资本主义国家经济统计集(1848—1960)》和《国外经济统计资料(1949—1978)》计算。

第三，部门的地位与其波动幅度存在着比较密切的关系。考察一下美、英、法、德四国各个部门的波动史，就可以发现一个非常重要的现象：随着主导部门的转换，波幅最大的部门也随之转移。18世纪三四十年代，即第一次产业革命的开始和迸发时期，当时的主导产业是棉纺工业(第一次工业革命的实质可以说是纺织工业的蒸汽化和机器化),与此相适应,当时波幅最大的部门也是棉纺业。其他的工业部门,这时要么尚未出现,要么刚刚产生,尚未出现规范的周期波动,如冶铁业(见表 2－20)。

表 2－20　美、法棉纺业与冶铁业波动形式的比较

国别	部门	1810 P	1811 T	1818 P	1819 T	1825 P
美国	棉花消费量 生铁	+295.2	－28.2	23.6	－1.3	53.2 78.8
法国	棉花消费量 生铁					
国别	部门	1826 T	1836 P	1837 T	1845 P	1846 T
美国	棉花消费量 生铁	－10.2 18.6	25.3 78.9	5.5	39.5 37.5	1.2 31.8
					1846	1848
法国	棉花消费量 生铁		－16.7 57.1	40.0 －1.1	85.7 58.5	－46.2 －30.1

资料来源:根据《主要资本主义国家经济统计集(1848—1960)》计算。

随着作为第一次工业革命产物的蒸汽机器的出现,为机器提供骨架和动力的钢铁和煤炭工业迅速发展,于 19 世纪 50 年代替代棉纺工业成为新的主导部门。与此同时,生铁、钢和煤炭工业的波动幅度扩大,相对规范的经典周期(出现绝对下降)出现,并成为对经济周期反应最为敏感的部门和领先部门(见表 2－21)。

第一次产业革命带来了商品生产和商品交换的极大发展。海内外商品交换的广泛发展和世界市场的形成,促进了铁路事业和造船业的发展。欧洲和北美于 19 世纪 70 年代左右开始了铁路时代,铁路建设成为决定经济波动的主导力量。[①] 于是,与铁路建设有关的生产部门,如路轨、机车的制造成为当时主要的波动部门(见表2-22)。

表2-21　19世纪英、美历次危机中领先部门的变化

年份	1825	1837	1847	1857	1866	1873	1882	1890	1900
领先部门									
英国	棉纺	棉纺	棉纺	钢铁	钢铁	钢铁	钢铁	钢铁	棉纺
美国	棉纺	棉纺	钢铁	钢铁	钢铁	钢铁	钢铁	钢铁	钢铁

资料来源:门德尔逊:《经济危机和周期的理论与历史》第1卷,上册,三联书店1976年版,第150页。

19世纪末20世纪初,伴随着第二次工业革命,电力、电机、化工及汽车工业迅速兴起。特别是第一次世界大战和1929年危机,催育了产业结构的重大调整,造船、铁路修建、煤炭采掘、冶铁等传统主导产业让位于电力、化工、汽车等新兴产业。与此同时(20世纪30年代到50年代),这些新兴主导部门也就成为主要的和较规范的波动部门,其在总产值和总就业中所占份额也因而具有扩张期增加、收缩期减少的敏感型波动特征,而那些传统部门,如煤炭,在一些国家中,其所占份额的扩张期增加、收缩期减少的波动形式已开始变化(见表2-23)。

汽车、钢铁基础化工、电力及电力技术等部门,其主导地位从20世纪70年代初的能源危机开始趋于削弱,一些建立在新技术革命基础之上的部门,如计算机工业、宇航工业、原子能工业、新型合成材料工业发展迅速,正在开始逐步取代这些第二届主导产业群的地位。如美国钢铁工业就业人数开始减少,这样即便在扩张期,用就业人数表示的结构值也在下降(见表2-24)。

---

① 英国著名经济史学家克拉潘把1870年作为划分经济发展阶段的分界线,以前为铁路时代前史,以后为铁路时代。从1870年起,西欧"是一部日益变密的铁路网的历史"。见克拉潘:《1815—1914年法国和德国的经济发展》,商务印书馆1965年版,第377页。

表 2－22　英、美、法、俄、德 1873—1907 年危机中几个行业下降幅度的比较(%)

国别	部门	1873	1882	1890	1900	1907
英国	生铁	-11.0	-18.0	-19.0	-16.0	-11.0
	船舶登记吨	-22.0	-63.0	-32.0	-22.0	-48.0
	采煤	-2.0	-4.0	-11.1	-3.0	-2.4
	棉花消费量	-4.0	-15.0	-12.0	-5.0	-14.0
	铁路线长度	-53.0	—	—	—	—
美国	铁路线长度	-77.0	-74.0	-60.0	-36.0	-46.0
	生铁	-27.0	-13.0	-28.0	-5.0	-38.0
	采煤	-9.0	-7.0	-6.0	-2.0	-24.0
	棉花消费量	-8.0	-23.0	-30.0	-8.0	-9.0
	船舶登记吨	-64.0	-66.0	-70.0	-32.0	—
法国	铁路线长度	-43.0	-42.0	-34.0	-45.0	-57.0
	生铁	-8.0	-27.0	-3.0	-12.0	-5.0
	采煤	-6.0	-8.0	-2.0	-10.0	-1.0
	棉花消费量	-31.0	-15.7	-13.0	-20.0	-1.1
	船舶登记吨	—	-70.0	-37.0	-60.0	—
俄国	铁路线长度	-75.0	-87.0	-89.0	-8.5	—
	生铁	-5.0	-2.0	-4.0	-15.2	—
	采煤	-2.0	-1.0	-3.0	-0.4	—
	棉花消费量	-17.0	-19.0	-10.0	-0.6	
德国	铁路线长度	-48.0	-20.0	-60.0	-35.0	-22.0
	生铁	-18.0	-4.0	-0.4	-3.0	-8.3
	采煤	-1.0	-0.3	-3.0	-2.0	-0.4
	棉花消费量	-10.0	-8.0	-6.0	-11.0	-5.4

资料来源:门德尔逊:《经济危机和周期的理论与历史》第 2 卷,上册,三联书店 1976 年版。

新兴部门的迅速发展是西方国家由绝对衰退变为相对衰退的原因之一;同时,也是使传统主导工业所占比重的周期变动形式发生变化,即不再明显表现为扩张阶段比重增加、收缩阶段比重减少的重要原因。

当然，由于这些新兴部门尚未成为新的主导产业，①其所占份额的变动只是扩张期和收缩期均增加，而没有取得主导产业那种经济波动中典型的“扩增收减”的结构变动形式（见表2－25）。

表2－23　20世纪30年代到50年代汽车工业与采煤工业波幅比较（%）

国别	部门	1937 P	1938 T	1951 P	1952 T	1957 P	1958 T
英国	汽车	127.6	－12.5	65.8	－5.9	92.1	22.2
	煤炭	15.2	－5.6	12.9	1.6	－1.3	－3.5
美国	汽车	212.5	－75.2	227.2	－48.9	95.4	31.0
	煤炭	13.7	－40.9	38.3	－20.7	38.5	－26.8
法国	汽车	417.0	－35.4	29.2	6.2	526.7	36.7
	煤炭	89.8	－14.0	－4.7	4.8	7.6	－10.0

资料来源：同表2－22。

2. 服务业（广义）结构周期变动形式的变化

我们曾提及战后西方国家第三产业，尤其是以信息的收集、加工、传递和买卖为中心的新兴第三产业发展迅速。国民经济的这一变化也在周期波动中服务业所占份额的周期变动形式上表现出来，成为经济周期类型的转换影响产业结构变动的一个重要方面。

表2－24　美国新兴产业和传统产业的变化

部门	销售额（百万美元）		就业人数（千人）		1982年为1973年的倍数	
	1973	1982	1973	1982	销售额	就业人数
（1）电子计算机工业	7.423	34.060	155	351	4.58	2.28

① 作为主导产业，应满足以下三个条件：（1）较大的比重（带动功能）；（2）较快的增长速度（增长功能）；（3）较紧密的前向与后向联系（波及功能）。

（续表）

(2)测控用仪器	2.942	7.689	108	131	2.60	1.21
(3)宇航工业	10.666	61.371	239	687	5.7	2.85
(4)=(1)+(2)+(3)	21.031	103.120	502	1169	4.9	2.33
(5)钢铁	25.458	51.907	509	422	2.0	0.83
(6)汽车	50.228	67.770	369	210	1.3	0.57
(7)造船	3.957	9.382	152	170	2.4	1.12
(8)=(5)+(6)+(7)	79.645	129.439	1030	802	1.6	0.78
$(9)=\frac{(4)}{(8)}\times 100$	26.4	79.7	48.7	145.8		

资料来源：根据罗承熙：《2000年的美国经济》，《世界经济》1981年第1期有关资料计算。

表2－25　美国1973—1976年周期中新兴部门与传统部门周期波动比较（比上年增长%）

行业	1973年 P	1974年	1975年 T	1976年 P
电子计算机				
台数	15.4	15.2	14.0	35.2
产值	20.5	17.8	5.0	9.9
钢产量	13.2	－3.4	－20.0	9.7
铝产量	9.9	5.9	－17.6	11.2
硫酸产量	1.1	4.8	－2.0	3.4
汽车产量	9.3	－10.4	－3.6	15.5
水泥产量	3.5	－5.4	－15.8	10.5

资料来源：根据《国外经济统计资料（1949—1978）》计算。

在表2－26和表2－27中，周期类型转换对产业结构变动形式的影响表现得非常明显。在经典周期中，如果按高峰期和低谷期部门比重平均值来确定的话，商业、金融、保险、房地产和服务业以及政府和政府企业都是扩张期比重减少、收缩期比重增加的部门。如按低谷期的比重既高于前邻高峰期又高于后邻高峰期的个数占总低谷期个数的比重这种严格的方法来确定的话，除政府及政府企业这一栏目外，其他部门也都基本上属于扩张期比重减少、收缩期比重增加这种比较典型的逆周期波动类型。至于交通和公用部门，如按高峰期和低谷期的平均比重来看，则近似于制造业那种扩张期比重增加、收缩期比重减少的周期变动类型。然而，如按部门份额既小于前邻高峰期又小于后邻高峰期的低谷期个数占总低谷期个数的比重这一严格的标准，则交通和公用事业又不是扩张期比重增加、收缩期比重减少的部门。

在增长型周期中，这几个部门的周期变动形式几乎发生了相反的变化。其中，商业、服务业、金融业不再具有扩张期比重减少、收缩期比重增加的变动形式。如果按高峰期与低谷期比重平均值来确定的话，它们甚至具有了高峰期比重增加、低谷期比重减少的特征。把这两个标准结合起来看，实际上，第三产业大部分部门（除交通和公用事业）已经从经典周期中的扩张期比重减少、收缩期比重增加的经典逆周期变动形式转变为收缩期增加、扩张期也增加的变动形式。这是周期类型的转换对产业结构变动影响最重要的方面之一。

表 2－26　美国经典周期中第三产业的结构变动特征

年份	周期阶段	交通公用	商业	金融保险房地产	服务业及其他	政府及政府企业
1920	P	14.76	17.01	4.10	7.91	9.61
1921	T	14.34	19.71	4.55	9.07	10.49
1923	P	13.80	19.53	3.99	8.64	9.28
1924	T	13.71	20.26	4.19	9.06	9.81
1929	P	12.19	20.62	4.61	10.07	9.88
1933	T	11.33	21.30 +	5.22	11.14	13.50
1937	P	10.14	21.30 –	4.41	10.52	12.20
1938	T	9.83	22.33	4.66	11.06	13.41

（续表）

1944	P	9.14	17.48	3.39	9.47	14.55
1946	T	9.74	20.83	3.92	10.84	12.71
1948	P	9.32	21.41	3.91	11.08	12.84
1949	T	9.12	21.96	4.07	11.48	13.68
1953	P	8.50	21.19	4.10	11.15	13.94
1954	T	8.28	21.72	4.38	11.69	14.62
1957	P	7.96	21.67	4.67	12.15	15.62
P平均		10.78	20.03	4.15	10.12	12.24
T平均		10.34	21.16	4.43	10.62	12.60
$P_{n-j}<T_n>P_{n+j}$ /T个数		0.14	0.71	0.57	0.57	0.29
$P_{n-j}>T_n<P_{n+j}$ /T个数		0.0	0.0	0.0	0.0	0.14

资料来源：根据《主要资本主义国家经济统计集（1848—1960）》计算。

表2－27　美国增长型周期中第三产业的结构变动特征

年份	周期阶段	交通公用	商业服务业	金融保险房地产	政府及政府企业
1957	P	6.1	26.2	3.8－	11.1
1958	T	6.0	26.6	3.8＋	11.9
1960	P	6.0	28.2	4.0	12.5
1961	T	5.8	28.4	4.1	12.9
1969	P	5.7	33.2	4.5	15.7
1970	T	5.7	33.8	4.6	16.0
1973	P	5.5	34.9	4.8	16.3
1975	T	5.4	36.5	4.9	17.3
1978	P	5.1	37.5	5.0	16.4
P平均		5.68	32.0	4.42	14.56
T平均		5.73	31.3	4.35	14.53
$P_{n-j}<T_n>P_{n+j}$ /T个数		0.0	0.0	0.0	0.0
$P_{n-j}>T_n<P_{n+j}$ /T个数		0.0	0.0	0.0	0.0

资料来源：根据《国外经济统计资料（1949—1978）》计算。

3. 周期类型转换对第二产业结构变动的影响

从上面的分析，我们大致可以推断出：既然第三产业大部分行业由经典周期中扩张期比重减少、收缩期比重增加的变动形式转化为收缩期增加、扩张期也增加的变动形式，那么，如果不考虑第一产业比重的变化，第二产业比重的周期变动形式就应由扩张期增加、收缩期减少的形式转变为收缩期和扩张期都减少的形式，至于是扩张期减少幅度大，还是接下来的收缩期减少幅度大，则完全取决于第二产业和第三产业在这两个阶段内波动幅度差距的大小。如果在扩张阶段，第三产业与第二产业扩张幅度的差距大于收缩期二者的差距，那么，扩张期第二产业比重的下降幅度大于收缩期，否则，相反。这一逻辑推论，基本上被统计资料所证实。随着20世纪70年代初能源危机后第三产业的较快发展，制造业以及整个第二产业所占份额从1973年起，不像经典周期中通常出现的那样，在扩张期增加，收缩期减少，而是扩张期与前邻收缩期相比，比重减少。这是周期类型转换对第二产业结构变动形式的最大影响〔见表2-28(Ⅰ)、(Ⅱ)〕。制造业与第二产业周期变动形式之所以出现如此的变化，根本原因是制造业和第二产业在扩张阶段复苏无力，增长速度小于第三产业，从而在低谷期下降的比重不能反弹和回升。

表2-28(Ⅰ)　美国1973年后增长型周期中制造业和第二产业结构变动形式的改变(占全部就业的%)

年份	1960	1961	1969	1970	1973	1975	1978
周期阶段	P	T	P	T	P	T	P
制造业	25.2	24.4	25.9	24.6	23.9	22.2	21.5
第二产业	30.6	29.6	31.3	30.0	29.6	27.3	26.9

资料来源：根据《主要资本主义国家经济统计集(1848—1960)》和《国外经济统计资料(1949—1978)》计算。

表 2－28(Ⅱ)　美国 1973 年后增长型周期中制造业和第二产业结构变动形式的改变(占 GNP 的%)

年份	1960	1961	1969	1970	1973	1975	1979	1980	1982	1983
周期阶段	P	T	P	T	P	T	P	T	P	T
制造业	28.9	28.2	31.5	26.47	30.1	25.07	25.25	24.22	22.10	21.87
第二产业						31.44	31.91	30.92	28.30	27.62

资料来源:1970 年、1975—1983 年数字根据《美国统计摘要(1986)》(英文版)计算;1960—1969 年、1973 年数字根据《美国历史统计(1976)》(英文版)计算。

第三章　部门周期波动的类型和部门周期波动差异的原因

就像海浪改变着水分子的空间结构一样，经济波动也影响着社会生产的内部结构，特别是反映部门间联结形式和数量关系的产业结构。我们在第二章所分析的基本上是从总体上看的经济波动所引致的产业结构变动的一般特征。通过第二章的分析，我们已看到，产业结构的周期性变动，归根结蒂是由一个个具体部门的周期变动决定的，也就是说，产业结构之所以在周期中发生变化，是因为部门之间周期波动形式的差异引起的。本章就来分析部门周期性变动的不同类型和部门周期变动差异的原因。

部门周期波动的类型

1. 理论类型的划分

在理论上，我们可以把所有的经济部门区分为两大类：

第一类是周期性波动部门，即这一部门经济活动水平并不表现为连续的单调增加或单调减少，而是表现为经济水平（增长率）的上升与下降的间断和交替。凡是不具有这一特征的则是非周期性波动部门。①

然后,我们根据部门在整个周期中变动的方向与总变动方向是否一致,将周期性波动部门分为正周期性波动部门和逆周期性波动部门。凡与总的周期波动方向相同(即基本上与总的周期同期扩张,同期衰退)的部门是正周期性波动部门;凡与总的周期波动方向相反的部门(即在总波动的扩张期,该部门收缩,而在总波动的收缩期,该部门扩张)是逆周期性波动部门。

按波动值的正负,即根据扩张值与收缩值的符号,正周期性波动部门和逆周期性波动部门又可各自划分为三个子类型,即正值型正(逆)周期性波动部门、对称型正(逆)周期性波动部门和负值型正(逆)周期性波动部门。

正值型正周期性波动部门是这样的部门:它的波动方向不仅与总波动同向,而且扩张值与收缩值均为正,亦即非绝对衰退(呈增长型周期波动)。这种部门,我们记为 S_{11}。

对称型正周期性波动部门是这样的部门:它的波动方向与总波动方向相同,同时扩张值为正,收缩值为负(出现绝对衰退)。记为 S_{12}。

负值型正周期性波动部门的波动方向与总波动方向相同,然而其扩张值与收缩值为负(即扩张期与收缩期该部门都处于下降状态,只是收缩期下降幅度大于扩张期下降)。我们把这种部门记为 S_{13}。

正值型逆周期性波动部门是这样的部门:它的波动方向与总波动方向相反〔即总波动为扩张(收缩)时,该部门为收缩(扩张)〕,而且其波动值,无论扩张还是收缩,均为正。我们记为 S_{21}。

---

① 与熊彼特的“净周期”部门和“净趋势”部门稍微有些不同。熊彼特的“净趋势”部门只包括单调增加和单调减少的部门,而我们的非周期性波动部门,除此而外,还包括虽非单调增减,但其增减无明显规律可循的部门。可参见熊彼特:《商业周期》第 1 卷(英文版)(1938)。

对称型逆周期性波动部门的波动方向与总波动相反，而且其扩张值为正，收缩值为负。我们将其记为 S_{22}。

负值型逆周期性波动部门则是这样的部门：其波动方向与总波动方向相反，且其扩张与收缩均为负值，即该部门的扩张为相对增长。我们将该部门记为 S_{23}。

我们再把非周期性波动大类中单调增长和单调减少的部门分别记为 S_{31} 和 S_{33}，无变动规律部门记为 S_{32}。这样，整个社会生产系统，就可记为一个三行三列的九部门矩阵：

正值波动	对称波动	负值波动	
S_{11}	S_{12}	S_{13}	：正波动型（周期性波动部门）
S_{21}	S_{22}	S_{23}	：逆波动型（周期性波动部门）
S_{31}	S_{32}	S_{33}	：非周期性波动部门

其中，第一行是正周期性波动部门，第二行是逆周期性波动部门，它们共同构成周期性波动部门；第三行是非周期性波动部门。第一列为正值波动（增长型周期）部门，第三列为负值波动部门，第二列是对称波动部门。

在经济周期的扩张阶段，第三列部门在社会生产中所占比重肯定下降，因为这时第一列和第二列部门的生产水平都在增加，只有第三列部门的生产仍在下降。在收缩阶段，第一列部门在社会生产中所占比重肯定增加，因为第二列、第三列部门的生产水平在下降，唯有第一列部门的生产水平仍在增加。至于扩张阶段第一列部门与第二列部门各自的比重是都增加，还是只有一个部门增加，则取决于它们的相对扩张幅度（部门扩张幅度/社会总扩张幅度）是不是都大于1；收缩期，第二列和第三列部门所占比重是都下降，还是只有某一列部门下降,则取决于它们的相对收缩幅度是都大于1,还是只有一列部门大于1(见图3-1)。

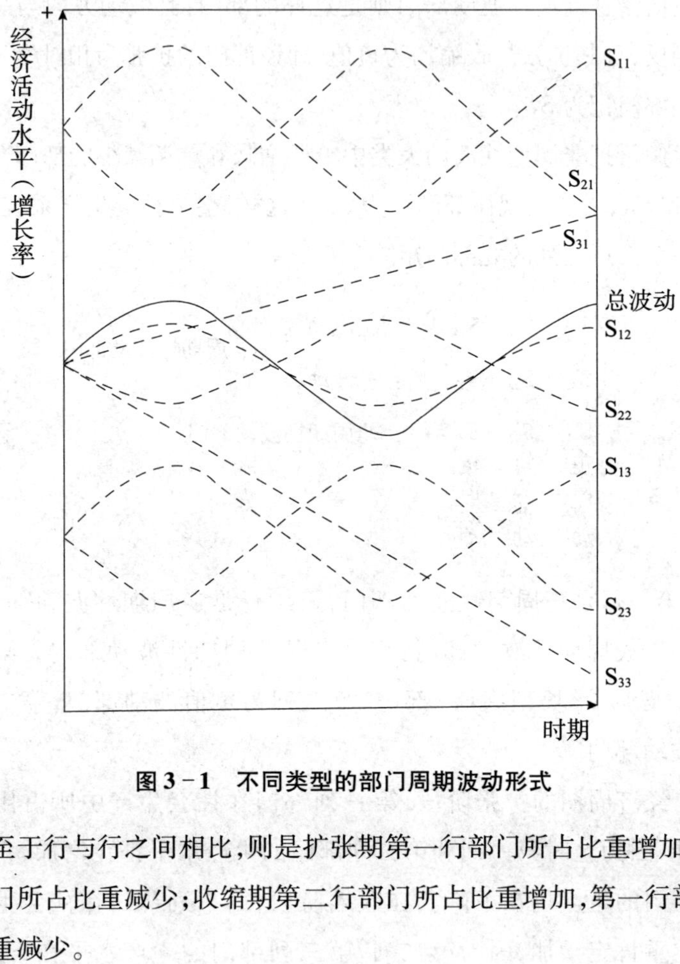

图3-1　不同类型的部门周期波动形式

至于行与行之间相比,则是扩张期第一行部门所占比重增加,第二行部门所占比重减少;收缩期第二行部门所占比重增加,第一行部门所占比重减少。

2. 实际部门的类型归属

三次产业的类型归属

从产值角度看,无论在经典周期还是增长型周期中,第一产业、第二产业和第三产业从整体上都属于正周期性波动部门。具体地说，第二产业在战前的经典周期中，多数情况下属于对称型正周期性波动部门（S_{12}），有时也会表现为正值型正周期性波动（S_{11}）；在战后经典周期中，则多为正值型正周期性波动部门（S_{11}）。第三产业，除去几次非常严重的大萧条外，基本上属于正值型正周期性波动部门，这在增长型周期中更为明显。至于第一产业，其产值波动类型与就业波动类型不够一致，其产值波动的类型与第二产业基本相同，不过用就业人数来表示的话，它的波动属于负值型是可以肯定的。表3-1中美国的实际情况与我们的一般结论是基本吻合的。

第三产业内部各部门，除交通运输业以外的其他各部门，如商业、服务业、金融、保险、房地产等，只是在1929—1933年等几个严重危机时期表现为绝对下降，其余时期均为相对衰退，即增长率的下降，所以这些部门是比较典型的正值型正周期性波动部门。由于交通运输部门与直接社会生产关系密切，故它的波动类型更近于第二产业，即基本上属于对称型正周期性波动部门（见表3-2）。我们只选取了周期波动最为强烈的一段时期。如果在这一时期第三产业各部门属于正值型正周期性波动部门的话，在以后的增长型周期中就更加如此了。

表3-1　美国三次产业的波动类型

年份	阶段	产业变动			年份	阶段	产业变动		
		Ⅰ	Ⅱ	Ⅲ			Ⅰ	Ⅱ	Ⅲ
1919	T	66		38	1953	P	108 +	138	167.7
1920	P	70		40	1954	T	108 -	130	171.3
1921	T	62	30		1957	P	113	152	209.1
1923	P	69	46		1958	T	124	141	217.9
1924	T	68	43		1960	P	129	52	
1926	P	73	50		1961	T	90	56	

（续表）

1927	T	72	50		1963	P	101	96
1929	P	74	58	51.0	1970	T	100	100
1933	T	70	37	27.2	1973	P	109	122
1937	P	82	60	42.8	1975	T	116	125
1938	T	79	47	42.8	1979	P		
1944	P	97	123	100.6	1980	T		
1946	T	98	90	103.6	1981	P		
1948	P	104	103	118	1982	T		
1949	T	101	98	122.3				

注：1910—1960 年以 1947—1949 年平均水平为 100，1961 年以后以 1970 年水平为 100。

资料来源：《主要资本国家经济统计集（1848—1960）》，第 22、第 49 页；《国外经济统计资料（1949—1978）》，第 8、第 30 页。

第二产业中的制造业在经典周期中是一个典型的对称型正周期性波动部门，无论是产值还是就业人员都表现出 S_{12} 的波动形式（见表 3－3）。

由于存在一个相对独立的建筑周期，①所以建筑业，尤其是住宅建筑，在一段周期或总周期中所表现出来的波动类型往往不那么规范。不过，大致说来，在经典周期中，建筑业属于 S_{12} 部门。

矿业在经典周期中，基本上是一个对称型正周期性波动部门。这在早期经典周期中表现得极为明显。在战后的增长型周期中，由于矿物资源赋存的限制，有时也表现为负值型正周期性波动，这在用就业人数表示的波动中更为明显（见表 3－4）。然而，1973 年的能源危机，使采煤业这一重要的矿业复苏，从而又推动整个矿业回归到正值型波动轨道上来。

① 库兹涅茨对建筑周期做了较详尽的研究后认为，建筑周期长度为 16 年左右。因此，后人把建筑周期称为库兹涅茨周期。见杜因：《经济生活中的长波》（英文版，1983），第 6 页。

表 3－2　第三产业各部门的周期波动类型（比上期增长%）

年份 (1)	周期阶段 (2)	商业 (3)	金融保险房地产 (4)	交通运输 (5)	邮电公用 (6)	服务业 (7)	政府及政府企业 (8)	商业 (9)	金融保险房地产 (10)	交通公用 (11)	服务业 (12)	政府及政府企业 (13)
1929	P							13.8	23.0	2.7	24.0	12.6
1933	T	-59.1	-55.1	-54.5	-31.0	-45.6	3.9	-21.9	-14.5	-31.9	-16.4	3.3
1937	P	121.8	26.3	53.3	35.0	46.2	47.2	30.9	10.6	17.1	23.7	18.4
1938	T	-2.5	6.9	-10.1	0.0	-3.7	9.0	-1.4	-0.6	-8.8	-1.1	3.4
1944	P	116.0	58.4	173.2	51.9	72.2	296.5	12.5	4.6	33.7	23.1	55.9
1946	T	33.9	18.9	-8.9	14.9	26.5	-32.9	18.5	14.9	5.9	13.7	-7.4
1948	P	20.6	21.4	24.5	22.9	20.3	-12.8	10.7	7.7	2.9	10.1	1.0
1949	T	-2.2	13.6	-6.3	11.9	2.9	11.2	-0.1	1.4	-4.6	1.0	3.6
1953	P	22.7	38.0	32.8	53.0	37.1	61.2	10.7	15.5	6.9	11.4	13.5
1954	T	1.6	6.2	-8.9	6.9	3.4	1.7	-0.1	4.1	-5.0	2.3	1.6
1957	P	19.4	20.5	19.4	24.1	32.3	20.3	17.4	10.7	3.5	11.9	13.0
1958	T	1.2	6.5	-4.7	6.0	3.2	7.9	-1.4	1.1	-6.0	9.3	3.5

注：(3)—(8)为产值增减；(9)—(13)为就业增减。

资料来源：根据《主要资本主义国家经济统计集(1848—1960)》计算。

表3-3 美国加工工业、采矿业和建筑业周期波动类型
(Ⅰ为产值,Ⅱ为就业,均为比上阶段增减%)

年份	周期阶段	加工工业		采矿业		建筑业	
		Ⅰ	Ⅱ	Ⅰ	Ⅱ	Ⅰ	Ⅱ
1929	P	86.7	10.6	28.2	-1.3		13.3
1933	T	-37.5	-31.1	-59.3	-31.8	-78.9	-46.0
1937	P	62.9	46.1	113.0	36.9	162.5	37.5
1939	T	-1.7	-12.8	-17.5	-12.3	-4.8	-5.1
1948	P	83.3	5.9	97.0	15.3	63.1	30.6
1949	T	-5.8	-7.5	-13.8	-6.5	-0.9	-0.2
1953	P	41.5	17.8	36.3	-7.2	51.4	21.1
1954	T	-6.5	-7.2	-2.4	-8.8	0.6	-1.1
1957	P	16.3	4.9	28.8	14.1	26.3	8.3
1958	T	-8.0	-7.8	-8.6	-10.9	-1.5	-5.7
1960	P	17.4	5.3	8.3	-5.3	9.4	4.0
1961	T	1.5	-2.8	1.1	-5.6	3.1	-2.4
1969	P	68.2	23.5	62.5	-7.5	66.4	27.0
1970	T	-5.7	-4.0	10.7	0.0	1.0	2.3
1973	P	22.6	4.0	2.2	3.2	18.6	14.2
1975	T	-10.8	-6.6	-1.7	17.2	23.5	-14.1
1978	P	26.7	8.0	9.9	12.0	19.6	19.6

资料来源:《主要资本主义国家经济统计集(1848—1960)》,第51—52页;《国外经济统计资料(1949—1976)》,第518页;《美国历史统计(从殖民时代到如今)》(英文版),第582、第618、第666页;《美国统计摘要(1981)》(英文版),第722、第752页。

这里有必要专门谈谈矿业中采金业的波动类型。在金本位和金汇兑货币制度下,黄金生产往往是逆周期波动部门,即黄金生产的波动方向与一般周期波动方向相反:当一般经济活动收缩时,黄金生产往往趋于增加;当一般经济活动高涨时,黄金生产趋于停滞或减少。① 黄金行

① 这一结论最早是由费伦(Feilen)1935年在《黄金经济的世界联合》(*Die Weltkon Junktur der Gold Wirtschaft*)中提出的。舒曼教授在《南非的结构变动与商业周期》(英文版)中又做了比较详细的分析。

业之所以具有这种逆周期波动，其原因在于经济转入低潮时，黄金生产的收益反而趋于增加，从而黄金生产趋于扩张。第一，整个经济处于低潮时，其他物品价格下降，黄金的购买力增加；第二，生产要素价格下降，黄金生产的成本下降。从而，如果不考虑黄金储量和开采难度的影响，黄金生产在整个经济的收缩期趋于增加。同理，整个经济转入高涨后，随着物价和要素价格的上涨，黄金的购买力下降，生产黄金的费用上涨，从而黄金生产的收益反而下降，于是在其他条件不变的情况下，黄金生产趋于下降。正是黄金生产的逆周期性波动性质使黄金生产具有稳定与缓冲周期波动的性质。这点不仅在黄金生产的波动类型中表现出来，而且也在不同国家的经济波动幅度中表现出来。也就是说，黄金生产在社会生产中占有非常重要地位的国家，其衰退程度低于其他国家。表 3－5 是南非、加拿大、澳大利亚和新西兰四国经济波幅的对比。它清楚地表明南非经济的稳定度高于其余三国。在衰退期，只有南非的进出口保持正增长，其余三国全为负增长。

表 3－4　以就业表示的英国制造业、矿业、建筑业周期波动类型（比上期增长%）

年份	周期阶段	制造业	矿业	建筑业
1948				
1951	P	7.4	－2.2	－0.1
1952	T	－1.3	2.2	－1.0
1955	P	6.7	－2.3	7.5
1958	T	－0.7	－1.2	0.0
1960	P	－5.4	－10.6	－4.7
1963	T	－0.9	－10.5	8.5
1965	P	3.1	－7.4	7.8

（续表）

1968	T	-5.6	-23.8	8.4
1969	P	1.0	-8.3	-2.2
1972	T	-6.6	-13.6	-5.1
1973	P	0.5	-5.3	9.0
1975	T	-4.3	-2.9	-6.6
1979	P	-2.5	0.0	-2.4

资料来源：同表3-3。

表3-5 南非、加拿大、澳大利亚、新西兰四国波动状况对比(年均增长率%)

国别	出口			进口		
	1911/1913—1922/1924 (1)扩张期	1922/1924—1934/1936 (2)收缩期	(3)=(2)-(1)	1911/1913—1922/1924 (4)扩张期	1922/1924—1934/1936 (5)收缩明	(6)=(5)-(4)
南非	1.3	2.6	1.3	3.7	2.0	-1.7
加拿大	9.2	-1.5	-10.7	3.0	-3.5	-7.5
澳大利亚	4.0	-0.7	-4.7	5.0	-2.3	-7.3
新西兰	7.5	0.4	-7.1	6.1	-1.2	-7.3

资料来源：舒曼：《南非的结构变动与商业周期》(1938)，第189页。

工业内部诸行业的类型归属

工业内部各个行业的周期波动类型与三次产业相比有一个最大特点，就是随着行业生命周期的变化，其波动类型也发生相应的转换。

生铁、钢、铜、铝等冶金工业经过新兴期后(欧美大致在19世纪末以后)，波动类型就由新兴期的正值型正周期性波动转变为对称型正周期性波动(见表3-6)。

表3－6　美、英、法、德四国钢铁工业的波动
(比上一阶段增长%)

美国

年份	周期阶段	钢	生铁	年份	周期阶段	钢	生铁
1865	P	16.7	32.0	1929	P	185.2	155.4
1867	T	42.1	56.9	1932	T	－75.8	－98.0
1873	P	910.0	96.2	1937	P	270.0	322.8
1879	T	370.5	7.1	1938	T	－43.9	－48.6
1882	P	85.8	68.6	1948	P	179.2	197.5
1885	T	－1.5	－12.5	1949	T	－12.0	－11.3
1890	P	149.9	－12.5	1957	P	44.5	47.3
1891	T	－8.7	－10.0	1958	T	－24.4	－27.3
1899	P	172.6	64.5	1960	P	16.5	－16.7
1900	T	－4.2	1.2	1961	T	－1.3	－2.8
1907	P	129.3	87.0	1969	P	44.1	46.3
1908	T	－40.4	－38.2	1970	T	－6.9	－3.8
1913	P	123.2	32.6	1973	P	14.7	10.5
1914	T	－24.9	－24.7	1975	T	－22.6	－21.0
1920	P	79.2	58.3	1979	P	17.1	7.0
1921	T	－53.0	－54.8				

英国

年份	周期阶段	钢	生铁	年份	周期阶段	钢	生铁
1845	P		37.5	1921	T	－58.9	－67.4
1846	T		31.8	(1928)			
(1848)				1929	P	13.0	14.7
1854	P		53.7	1932	T	－45.4	－52.9
1855	T		4.8	1937	P	149.3	137.7
(1862)				1938	T	－19.9	－20.4
1866	P		14.7	(1947)			
1868	T		9.8	1951	P	22.9	24.7

（续表）

1873	P	480.0	32.1	1952	T	5.0	11.0
1879	T	77.6	-8.7	1957	P	32.2	32.6
1883	P	98.1	42.4	1958	T	-9.8	-9.2
1886	T	12.7	-17.9	1960	P	24.2	21.5
1890	P	58.3	12.8	1962	T	-15.7	-13.2
1895	T	-9.1	-2.5	1965	P	31.8	27.5
1900	P	0.5	16.2	1967	T	-11.5	-13.2
1901	T	0.0	-11.4	1969	P	10.6	8.1
（1908）				1972	T	-5.8	-7.0
1913	P	144.6	13.3	1973	P	5.1	9.9
1914	T	2.4	-13.0	1975	T	-24.4	-27.5
（1919）				1979	P	1.0	-7.5
1920	P	15.0	8.2				

法国

年份	周期阶段	钢	生铁	年份	周期阶段	钢	生铁
（1865）				1920	P	25.5	42.4
1867	P	12.2	2.1	1921	T	14.5	-0.5
1868	T	76.1	0.5	1929	P	213.5	201.4
（1872）				1932	T	-42.0	-46.2
1873	P	6.8	13.5	1937	P	40.0	41.9
1876	T	60.3	3.8	1938	T	-22.2	-23.5
（1879）				1949	P	107.6	142.3
1881	P	26.7	56.5	1950	T	-5.5	-7.0
1887	T	16.8	-4.9	1957	P	32.6	34.8
1890	P	38.5	24.9	1958	T	3.7	0.4
1895	T	28.3	8.9	1961	P	20.2	19.0
1900	P	78.7	49.6	1963	T	-0.1	2.4
1902	T	0.2	-4.8	1965	P	11.6	10.5

（续表）

(1904)				1967	T	0.3	-0.2
1907	P	32.0	21.0	1970	P	20.9	22.5
1908	T	1.6	-8.5	1971	T	-3.8	-4.3
1913	P	72.1	62.5	1973	P	10.5	10.8
1914	T			1975	T	-14.8	-11.3
1919	T			1978	P	6.1	4.3

德国(1950年后为西德)

年份	周期阶段	钢	生铁	年份	周期阶段	钢	生铁
1861	P		11.9	1924	T	-44.6	-46.3
1863	T		93.7	(1926)			
1867	P		37.0	1929	P	31.1	37.4
1870	T	38.2	24.8	1932	T	-64.9	-70.3
1872	P	83.5	43.0	1937	P	252.9	305.8
1879	T	53.2	12.0	(1950)			
1882	P	124.9	51.8	1951	P	16.4	13.1
1886	T	26.6	4.4	1952	T	17.0	20.4
1890	P	58.9	32.0	1957	P	55.0	42.6
1895	T	82.3	17.3	1958	T	-7.0	-9.3
1900	P	68.6	55.9	1961	P	27.4	52.8
1902	T	17.1	0.1	1963	T	-5.6	-10.0
(1905)				1965	P	16.5	8.2
1907	P	19.8	18.4	1967	T	-2.2	1.3
1908	T	-13.1	-8.3	1970	P	22.6	-13.2
1913	P	74.9	63.6	1971	T	-10.5	-10.9
1914	T	-19.0	-25.4	1973	P	22.8	22.7
(1919)				1975	T	-18.4	-18.2
1922	P	63.0	62.6	1978	P	2.1	-0.6

资料来源：根据(1)《主要资本主义国家经济统计集(1848—1960)》，第64、第66、第207、第210、第263、第264、第333—335页和(2)《国外经济统计资料(1949—1978)》，第83—85页计算得来。

表 3－7　美、英、法、德汽车产量的周期波动类型
（比上期增长%）

美国			英国			法国			德国		
年份	阶段	波动率	年份	阶段	波动率	年份	阶段	波动率	年份	阶段	波动率
1900	T	7.5									
1907	P	925.8									
1908	T	447.7									
1913	P	627.8									
1914	T	18.8									
1920	P	297.6									
1921	T	－23.0				1921	T	37.5			
1929	P	212.5	1929	P	10.2	1929	P	417.1	1929	P	167.4
1932	T	－75.2	1932	T	－6.1	1932	T	－35.4	1933	T	－58.2
1937	P	227.2	1937	P	127.6	1937	P	29.2	1937	P	591.9
1938	T	－48.9	1938	T	12.5	1938	T	6.2	西德		
1948	P	95.4	(1947)			1949	P	526.7	(1950)		
1949	T	31.0	1951	P	65.8	1950	T	36.7	1951	P	23.6
1957	P	19.4	1952	T	－5.9	1957	P	54.7	1952	T	12.7
1958	T	－70.0	1957	P	92.1	1958	T	21.6	1957	P	218.6
1960	P	53.2	1958	T	22.2	1961	P	10.3	1958	T	23.1
1961	T	－15.1	1960	P	32.6	1963	T	39.5	1961	P	7.3
1969	P	52.0	1962	T	－7.5	1965	P	－6.9	1963	T	37.4
1970	T	－18.8	1965	P	30.0	1967	T	24.3	1965	P	8.2
1973	P	53.5	1967	T	－11.0	1970	P	37.3	1967	T	－11.0
1975	T	－28.9	1969	P	12.7	1971	T	9.5	1970	P	8.4
1979	P	43.2	1972	T	6.7	1973	P	19.5	1971	T	4.9
			1973	P	－7.1	1975	T	－8.3	1973	P	－1.7
			1975	T	－23.8	1978	P	23.7	1975	T	－23.8
			1979	P	－2.4				1978	P	－2.4

资料来源：同表 3－6：(1) 第 120、第 220、第 272、第 343 页；(2) 第 123 页。

表3-8　美、英、法、德四国棉花消费量（棉布或棉纱产量）波动类型（比上期增长%）

美国

年份	周期阶段	波动率	年份	周期阶段	波动率
1796	P	600.0	1899	P	3.4
1798	T	47.6	1900	T	8.3
1801	P	222.6	1907	P	9.7
1803	T	26.0	1908	T	19.2
1806	P	32.5	1913	P	6.9
1808	T	-6.0	1914	T	13.8
1815	P	32.1	1920	P	-16.7
1816	T	23.9	1921	T	-40.8
1825	P	105.8	1929	P	86.6
1826	T	37.3	1932	T	-12.3
1836	P	54.2	1937	P	45.7
1837	T	26.5	1938	T	-37.0
1847	P	49.0	1948	P	24.6
1848	T	22.9	1949	T	8.4
1857	P	24.4	1957	P	32.0
1858	T	24.8	1958	T	5.0
1865	P	-44.3	1960	P	24.0
1867	T	20.3	1961	T	0.3
1873	P	65.4	1969	P	-30.2
1879	T	38.1	1970	T	2.0
1882	P	20.7	1973	P	27.3
1885	T	-5.4	1975	T	-36.0
1890	P	31.6	1979	P	30.6
1891	T	4.4			

英国

年份	周期阶段	波动率	年份	周期阶段	波动率
(1808)			1901	T	-6.7
1810	P	195.2	(1908)		
1811	T	-28.2	1913	P	8.5

（续表）

（1816）			1914	T	-14.1
1818	P	23.6	（1919）		
1819	T	-1.8	1920	P	-8.1
1825	P	53.2	1921	T	-37.9
1826	T	-10.2	（1928）		
（1832）			1929	P	2.0
1836	P	25.3	1932	T	-17.0
1837	T	5.5	1937	P	12.7
（1842）			1938	T	
1845	P	39.5	（1947）		
1846	T	1.2	1951	P	25.6
（1848）			1952	T	-33.1
1854	P	34.5	1957	P	10.8
1855	T	8.1	1958	T	-15.3
（1862）					（棉纱）
1866	P	94.9	1960	P	-6.7
1868	T	12.6	1962	T	-14.3
1873	P	25.5	1965	P	0.0
1879	T	-7.6	1967	T	-20.8
1883	P	32.7	1969	P	21.1
1886	T	-5.0	1972	T	-21.1
1890	P	14.8	1973	P	0.0
1895	T	0.0	1975	T	-13.3
1900	P	4.4	1979	P	-30.8

法国

年份	周期阶段	波动率	年份	周期阶段	波动率	年份	周期阶段	波动率
（1854）			1902	T	17.6	1950	T	9.3
1857	P	1.4	（1904）			1954		
1858	T	9.6	1907	P	30.1	1957	P	3.0

（续表）

(1865)			1908	T	1.3	1958	T	-4.5
1867	P	21.3	1913	P	16.8			（棉布）
1868	T	33.8	1914	T	-60.9	1961	P	10.4
(1872)			1919	T		1963	T	-2.7
1873	P	-31.3	1920	P	0.5	1965	P	-13.1
1876	T	87.3	1921	T	-6.4	1967	T	0.0
(1879)			1929	P	125.2	1970	P	-6.3
1881	P	21.1	1932	T	-31.8	1971	T	0.0
1887	T	11.0	1937	P		1973	P	5.9
1890	P	3.3	1938	T		1975	T	-16.0
1895	T	12.8	(1946)			1978	P	-3.8
1900	P	12.8	1949	P	26.2			

德国（1950 年后西德）

年份	周期阶段	波动率	年份	周期阶段	波动率	年份	周期阶段	波动率
1867	P	67.6	1908	T	-5.5	1952	T	-7.8
1870	T	+21.3	1913	P	13.2	1957	P	41.8
1872	P	37.2	1914	T		1958	T	-4.7
1879	T	10.5	(1919)			1961	P	-13.7
1882	P	12.2	1922	P	59.8	1963	T	-17.7
1886	T	15.8	1923	T	-28.1	1965	P	-1.1
1890	P	45.4	(1926)			1967	T	-26.1
1895	T	21.6	1929	P	17.1	1970	P	-7.7
1900	P	8.5	1932	T	-3.5	1971	T	-11.1
1902	T	9.1	1937	P	-9.2	1973	P	-19.6
(1905)			(1950)			1975	T	-8.9
1907	P	15.2	1951	P	11.6	1978	P	-7.3

资料来源：同表 3－6：（1）第 111、第 226、第 273、第 302、第 347 页；（2）第 137、第 138 页。

表 3-9 电子计算机、电视机生产的波动
（比上期增长%）

美国				英国				法国			
年份	阶段	电子计算机（销售额）	电视机（台数）	年份	阶段	电子计算机（销售额）	电视机（台数）	年份	阶段	电子计算机（销售额）	电视机（台数）
（1956）				（1949）				（1956）			
1957	P		-16.1	1951	P		157.1	1957	P		30.8
1958	T		-16.9	1952	T		14.1	1958	T		8.8
1960	P		6.3	1957	P		130.0	1961	P		121.6
1961	T	42.1	7.1	1958	T		7.0	1963	T		40.2
1969	P	482.5	45.1	1960	P	72.5	7.0	1965	P		8.7
1970	T	8.8	4.8	1963	T	72.7	-31.8	1967	T		4.0
1973	P	29.8	30.1	1965	P	18.3	8.9	1970	P	29.4	16.2
1975	T	23.6	-30.4	1967	T	43.9	-20.1	1971	T	24.9	-2.6
1977	P		4.5	1969	P		49.6	1973	P	56.1	11.6
				1972	T		59.4	1975	T	25.0	-5.3
				1973	P		3.6	1978	P		18.6
				1975	T		-35.7				
				1977	P		2.8				

资料来源:《国外经济统计资料(1949—1978)》,中国统计出版社 1981 年版,第 133、第 140 页。

机床、电站设备、电机、汽车以及金属制品等机械工业,成熟期前多为正值型正周期性波动部门,成熟后,在经典周期中多为对称型正周期性波动,在增长型周期中又多为正值型正周期性波动部门(见表3-7)。

棉纺工业周期波动类型随生命周期变化比较典型,在其成熟以前,基本上是正值型正周期性波动,成熟期基本上是对称型正周期性波动,衰落期则基本上为负值型正周期性波动,有时也表现为负值型逆周期性波动(见表3-8)。

造纸、印刷及食品工业在经典周期中多为对称型正周期性波动部门,在增长型周期中则多为正值型正周期性波动部门。

二战后才真正发展起来的电子工业,迄今为止,是一个比较典型的正值型正周期性波动部门(见表3-9)。

部门周期波动差异的原因

我们已经看到,部门间周期波动方向、类型以及幅度的差异是经济波动导致产业结构变动的直接原因。那么,我们现在需要回答,是什么因素决定着部门间波动方向和波动幅度及波动类型的差异?换句话说,什么因素导致各部门的周期波动与整个经济的波动在方向和幅度上存在着偏离呢?

1. 产品需求的收入弹性的不同

某一行业或部门之所以出现波动,总的来看,原因有两方面:一是对该部门产品的需求发生变化,二是该部门产品的供给发生变化。如果从经济周期角度来研究问题,那么,部门波动几乎总是需求波动引起的。而影响需求的主要力量是收入,或者说需求主要是收入的函数,$D_i = f(Y)$,这里D_i是对第i种产品的需求,Y是收入。每种产品的需求函数是不同的,同是增加(减少)一定量的收入,不同产品需求的变化是不同的,不仅有的产品需求增加,有的产品需求减少,有的产品需求不变,而且即便是产品需求同样增加或减少,其增减的幅度也是不一样的。上述内容,用专门术语来讲,就是产品需求的收入弹性[①]不同。总需求的波动正是通过收入弹性这个中介,以不同的强度传递和分布到不同部门中去的。[②]

当经济的周期运动处于扩张阶段时,无论是工人的工资收入,还是厂商的利润收入以及政府的财政收入都趋于增加。劳工、厂商以及政府都将根据自己的消费偏好,增加各自的购买和支出。这时,由于产品的收入弹性不同,因收入增加引致的需求变动也不同。在需求满足因子为1的情况下(即不考虑供给的时滞和供给满足需求的程度),随着收入的增加,产品的生产会出现不同的变动:生产扩张的部门,其比重一般也随之增加;生产收缩的部门,其比重一般也随之减少;同是扩张部门,扩张幅度大的行业和部门,比之扩张幅度较小的行业和部门,其所占份额也就增加较多。

当经济系统处于低潮时,工人收入因失业增加而减少,厂商收入因开工率下降、价格跌落而减少,政府税收也因课税对象——各种个人收入和厂商收入,及需要课税的交易活动——的减少而减少。随着收入的下降,各级收入主体会相应地缩减他们的各种消费开支。由于产品的收入弹性不同,不同产品、行业和部门需求减少的程度也不相同,从而因收入下降而引致的产品生产下降也就不同。收入弹性大的部门,

---

① 收入弹性是需求的收入函数 $D_i = f(Y)$ 的一次导数,$D_i' = [f(Y)] = \frac{\Delta D_i}{\Delta Y'}$,即收入弹性是需求改变量与收入改变量的比值,其符号一般为正。

② 具体论述,请参见马建堂:《周期波动与结构变动——论经济周期影响产业结构的机制》,《经济研究》1988年第6期。

其产出的下降幅度大于产品收入弹性小的部门。这样,产出下降幅度较大的部门,其所占份额在收缩阶段减少;相反,产出下降幅度较小的部门,其所占份额在收缩期会上升。

总之,因产品收入弹性的差异,各部门对总需求和收入波动的反应也就不同。于是,在需求和收入的一般波动中蕴含着各个部门不同的反应,从而导致产业结构的相应变动。这一机制可简示如下:

经济波动(收入波动)$\xrightarrow{\text{收入弹性差异}}$产业结构变动

用矩阵表示,则为

$$\triangle NI \rightarrow [D_i][S_i] \rightarrow [S_i]_{t+1} \neq [S_i]_t$$

其中,$\triangle NI$ 代表国民收入变动,$[D_i]$为收入弹性矩阵,$[S_i]$为产业结构矩阵,$i=1,2,3\cdots\cdots n$,t 与 $t+1$ 为时间坐标。①

这样,通过收入弹性我们就能解释同是消费品,为什么耐用消费品的波动幅度大于一般消费品,从而为什么与一般消费品相比耐用消费品在消费资料部门总值中所占份额在扩张期上升,收缩期下降。我们也能解释同是矿产品,为什么钻石的波动幅度要大于煤。原因就在于耐用消费品的收入弹性大于一般消费品,钻石(奢侈品)的收入弹性大于煤(一般产品)。这样,当收入增加时,收入弹性大的耐用品增长幅度大于收入弹性小的一般消费品。同样,当收入减少时,耐用品减少的幅度也大于一般消费品的减少幅度。因此,扩张阶段和收缩阶段,耐用消费品与一般消费品的结构值会发生相反的运动。

表3-10和表3-11是我国若干行业和若干消费品的收入弹性。

从表3-10我们推论出,在我国仅就工业而言,凡弹性系数大于1

① 由于若干市场经济国家实行"逆风向"而动的宏观政策,各国政府往往出于刺激经济、克服萧条的目的,在财政收入减少时也不削减支出,甚至增加支出。这样,政府的收入弹性就会发生较大的变化,但这并不影响我们的结论。

的行业,如机械工业、建材、化工等,其所占产值份额在扩张期增加,收缩期减少,而弹性系数小于1的部门,其产值份额(占工业总产值的比重)一般是在扩张期减少,收缩期增加。

表3-10　我国若干产业的收入弹性

产　业	弹性系数	产　业	弹性系数	产　业	弹性系数
黑色金属工业	0.8069	建材工业	1.4686	其他工业	1.3724
有色金属工业	1.0809	森林工业	0.6172	农业	0.9865
电力工业	0.8542	食品工业	0.9808	建筑业	1.2912
煤炭及炼焦工业	0.7278	纺织工业	1.2498	铁路运输业	1.0927
石油工业	0.6687	皮革及缝纫工业	0.9387	其他运输及邮电业	1.0927
化学工业	1.2385	造纸及文教艺术用品工业	1.2988	商饮物资供销业	1.2234
机械工业	1.8045				

注:收入弹性 $E_i = (\Delta D_i/D_i)/(\Delta NI/NI)$,其中 D_i 和 $\triangle D_i$ 分别为第 i 种产品的需求和需求增量,NI 和△NI 分别为国民收入和国民收入增量。

表3-11　我国几种消费品的需求收入弹性

产　品	收入弹性	产　品	收入弹性	产　品	收入弹性
粮食	1.30	纯棉布	-0.22	照相机	1.19
食用植物油	1.20	呢绒	1.57	电风扇	3.60
猪肉	0.20	绸缎	1.27	电视机	3.55
鲜蛋	1.07	毛线	1.97	录音机	3.98
食糖	0.65	针织内衣裤	0.39	洗衣机	5.58
棉纤混纺布	0.33	手表	1.64	电冰箱	8.67
化纤布	0.89	自行车	0.66		

注:收入弹性 $E_i = (\triangle D_i/D_i)/(\triangle NI/NI)$,其中 D_i 和 $\triangle D_i$ 分别为第 i 种产品的需求和需求增量,NI 和△NI 分别为国民收入和国民收入增量。

从收入弹性值的较大差异,我们也可看到,家电产品在我国具有较高的收入弹性,从而家电行业因收入变动而导致的生产波动也较大,因此其所占产值份额,在其他条件不变的情况下,是扩张期增加,收缩期减少。而纯棉布行业则是一个典型的逆周期波动部门,即收入扩张期,对它的需求反而绝对减少,从而扩张期,其所占份额下降。其他弹性值低于1的产品,仅就消费品工业而言,其所占比重一般也是扩张期减少,收缩期增加。

2. 部门价格需求弹性差异与供给的价格弹性的差异

价格与需求是互为因果、互相影响的一对变量。价格高低不仅影响着对该商品的需求,需求的大小也同时影响着价格的水平。前一种关系我们称之为需求的价格弹性,即 $E_{p_i}=\frac{D'_i}{P'_i}$,其中 $D'_i=\frac{\triangle D_i}{D_i}$,即第 i 种产品的需求变动率;$P'_i=\frac{\triangle P_i}{P_i}$,即第 i 种产品价格变动率。后一种关系为价格的需求弹性,即价格变动率与需求变动率的比值,记为 $E_{d_i}=\frac{P'_i}{TD'}$,$P'_i=\frac{\triangle P_i}{P_i}$,$TD'=\frac{\triangle TD}{TD}$,其中 TD、△TD 分别是总需求和总需求增量。显然需求的价格弹性与价格的需求弹性不是一种倒数关系,即 $E_{d_i}\neq\frac{1}{E_{p_i}}$,因为在需求的价格弹性那里,是某种产品的需求变动率,而在价格的需求弹性那里,是总需求变动率。我们用价格的需求弹性(E_{d_i})来表示第 i 个部门或第 i 种产品的价格对总需求变动的反应率。由于各方面的原因,如人们的消费偏好、产品的供给状况等原因,E_d 和 E_P 在部门之间是不同的。

在经济周期的扩张阶段,消费需求与投资需求扩大,从而总需求增加;在经济周期的收缩阶段,随着消费需求的停滞,尤其是投资需求跌落，总需求也随之下降。总需求的周期性扩张和收缩一般会带来价格水平同向的增加和下降。① 由于部门间价格的需求弹性不同，部门间相应于总需求变动而产生的价格变动方向与变动幅度也不同。价格的需求弹性（E_{d_i}）大的部门，其价格在扩张期上升幅度也较大，衰退期下降幅度也较大；相反，价格需求弹性（E_{d_i}）小的部门，扩张与收缩期间，价格增加和减少的幅度也较小。

部门间价格变动方向和幅度的差异从两个方面影响着部门的波动类型和产业结构。

第一方面是影响着用当年价格表示的部门波动幅度和部门结构。从产业角度表示部门的波动，无非是用实物量（quantity）和价值量（value）两种形式。而表示部门间的比例关系，即产值结构，就只能用价值量，因为不同部门的实物量是不能直接加总和相互比较的。而价值量无非是价格与实物量的积。当使用当年价格来衡量部门波动和部门产值结构时，价格的波动就直接影响着部门的波动幅度和部门结构。在考虑实物量的条件下，价格的需求弹性（E_{d_i}）愈大的部门，其价格波动幅度愈大，这一部门用现价表示的产值波动也就愈大，从而其所占产值份额在扩张期增加，收缩期减少。相反，价格需求弹性愈小的部门，其价格和用现价表示的产值波动幅度愈小，从而其用现价表示的产值份额扩张期减少，收缩期增加。

第二个方面是通过供给弹性影响部门实物波动和用不变价格表示的产业结构。随着部门价格的变动，每个部门都要相应调整自己的生产和供给，我们把相应于部门价格变动率的供给变动率，即供给变动率

① 西方国家只是在20世纪70年代后，由于滥用需求管理政策而引发“滞胀”，价格水平才一度在萧条阶段仍保持膨胀态势。

$Q_i'(\frac{\triangle Q_i}{Q_i})$①与价格变动率 $P_i'(\frac{\triangle P_i}{P_i})$ 的比值,称作供给的价格弹性 (E_{q_i}),$E_{q_i}=\frac{Q_i'}{P_i'}$。

部门间供给的价格弹性是不同的。如不考虑存货的缓冲作用,农作物供给的价格弹性在短期内(短于一个收获季)几乎为零;由于受到资源赋存的限制,矿产品的供给的价格弹性也较小。相反,那些周期短、不太受资源限制的部门,如加工工业,其产品供给的价格弹性就较大。于是,即便不考虑部门价格变动的差异,仅仅因为供给的价格弹性的不同,随着价格水平的周期波动,部门的产出也会发生相应的变化。一般而言,凡供给的价格弹性大的部门,其产出的波动幅度也就较大,供给的价格弹性小的部门,其产出的波动幅度也小。从而,在其他条件不变的情况下,供给的价格弹性大(小)的部门,其所占产出份额扩张期增加(减少),收缩期减少(增加)。再考虑到价格周期波动中不同部门价格变动方向和幅度的差异,部门之间产值波动的差异就更大了。

经济周期中,由价格的需求弹性和供给的价格弹性所传递的周期波动对产业结构的影响机制如下:

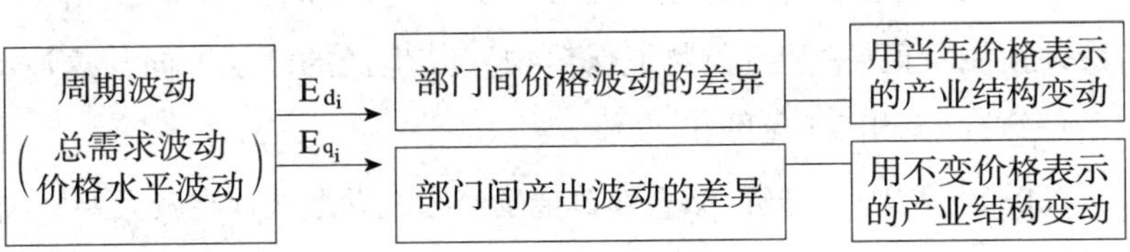

① 一般情况下,用 S_i 表示第 i 个部门的供给,但我们上文已用 S_i 来表示产业比例矩阵,故改用 Q_i 表示第 i 个部门的供给。

3. 产品用途的不同

产品需求的收入弹性、价格弹性和价格的需求弹性以及供给的价格弹性，确实是解释从总量波动（国民收入、总需求、价格水平的波动）到结构变动的得力分析工具。但需要指出，产品需求之所以具有不同的收入弹性和价格弹性，乃至不同产品的价格具有不同的需求弹性，归根结蒂，是由产品用途不同，或者是产品的性质不同引致的。譬如，一般消费品的收入弹性和价格弹性之所以小于耐用消费品，根本原因就在于它们的用途和消费性质不同。一般消费品是用于人们的日常（生存性）需要，故其需求相对稳定，较均匀地分布在时间序列上（即消费的时间函数是线性的），从而收入弹性和价格弹性较小。而耐用消费品一般用于发展和享受的需求，故是一般日常消费满足后的消费，是用"剩余收入"来满足的消费，故其收入弹性都较大。最典型的事例是同属矿产品的煤、钻石和黄金的波动方向与幅度的差异。

煤、钻石和黄金虽同属矿产品，其供给特性相似，但由于用途不同，故波动形式差异也较大。由于煤是主要的能源和工业原料，其生产和需求与工业生产紧密相关，其波动形式与总波动比较相近；钻石消费性质的奢侈性和其较高的收入弹性使得它受收入波动的影响极大，故其波动方向与总波动相同，但波动幅度则大于总波动；至于黄金，由于其特殊的使用价值（一般等价物或保值物），其生产的波动方向与总波动很不一致，甚至相反（见图3－2）。

在图3－2中，南非煤、钻石和黄金生产的波动形式存在较大差异：第一，钻石的波动幅度最大，是最敏感的周期波动部门，金矿生产与煤矿生产波动要小得多。第二，三者之间的波动方向虽不像理论推理的那样截然相反，但也存在较大差异，在a、b、c、d、e、f、g等几条直线所标示的时点上，黄金生产的波动阶段与煤和钻石生产的波动阶段不同，甚至相反。

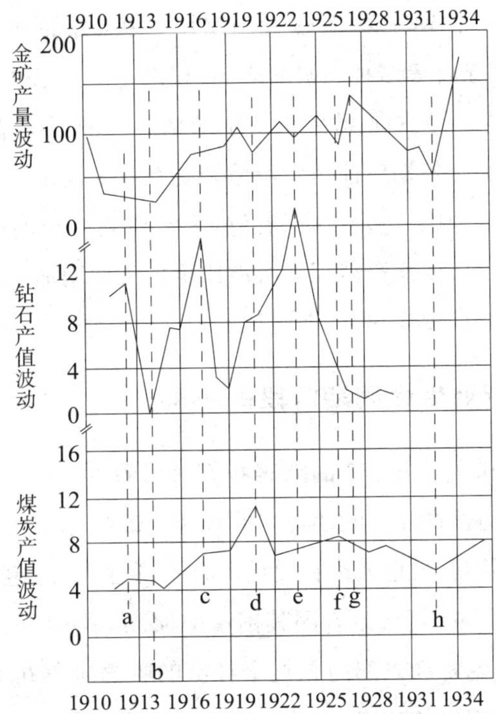

图 3－2　南非黄金、钻石和煤炭生产波动形式的差异

资料来源：根据舒曼的《南非的结构变动与商业同期》第 327—328、第 335 和第 340 页图绘制。

再譬如消费资料与生产资料生产的波动幅度存在着差异，也是由其用途不同引起的。消费资料用于满足人们的各种消费需求，而这种消费需求相对稳定，影响消费需求水平的基本上是收入和消费习惯，而后者在短期内可视为常量，所以收入是影响消费的主要因素；至于生产资料，尤其是用于投资的资本品，主要是满足投资需求的。投资需求较之消费需求其稳定性要小得多，原因有三：第一，投资需求基本上是一种派生或引致需求（还有一种作为人口增长和技术进步函数的自动投资），这种派生需求的稳定性小于初始需求（加速定理）；第二，投资需求决定于投资的预期收益率,这种预期收益率受融资成本、投资环境、管理能力、销售条件等多种因素的影响,其稳定性小于受单一因素影响的消费需求;第三,预期收益率是关于未来的一种预期,故投资需求的不确定性远远大于根据以往消费习惯和既有收入决定的消费需求。正是由于以上几条原因,包含投资物品的生产资料生产的波动要大于消费品的波动,并且,生产资料部类所占比重扩张期增加,收缩期减少,消费资料则是扩张期减少,收缩期增加。

4. 产品所处生命周期阶段的不同

从第二章和本章第一节的图表我们可以看到,几乎每个部门都经历了或正在经历这样几种波动类型的转换。最初,由于部门刚刚诞生,或者其产品在外观、质地或内在设计上有不可替代的优越性,或者引发和满足了一种新的需要,或者因其销量增加,成本不断下降,在这些因素综合作用下,这种新兴部门在整个经济的收缩阶段并不表现为绝对下降,只是增长速度的减缓。所以,处于新兴期的部门大都是正值型正周期性波动部门。

随着部门的不断扩展,该部门开始进入成熟期,成本的水平稳定下来,工艺创新速度放慢,主要技术已被吸收,在社会生产中也已占有了较大份额。这时,在收缩期开始出现绝对下降,亦即转变为对称型正周期性波动。

经过一段较长时间的稳定期后,或者由于出现新的更具竞争性的部门(如石油工业对煤炭工业,公路运输对铁路运输,合成纤维纺织对天然纤维纺织等),或者是自然资源的赋存渐近枯竭,或者对该部门的需求已经饱和或减少,致使该部门不仅在整个周期的衰退阶段绝对下降,而且在扩张阶段也绝对下降,这就意味着该部门的波动类型已转变为负值型了。如果衰退期下降幅度大于扩张期下降幅度,则属于负值型正周期性波动部门;如果前者小于后者,则为负值型逆周期性波动部门。

概言之,部门波动类型的转换是与其生命周期具有密切联系的。新兴期多为正值型波动类型,成熟期多为对称型正周期性波动部门,衰老期多为负值型波动部门。由于部门出现的时期不同,故同一时期内各自所处的生命周期阶段也不同,从而部门间周期波动类型也不同。正是部门间波动类型不同,才使得经济周期中产业结构出现较大的变动。其中一般的规律是:在扩张期,新兴期的部门和成熟期的部门所占份额上升,衰老期的部门所占份额下降;在收缩期,则是新兴期的部门所占份额上升,衰老期和成熟期的部门所占份额下降。

煤炭工业、钢铁工业从正值型正周期性波动部门转变为对称型正周期性波动部门的时间,就欧美发达国家来说,大致在 19 世纪与 20 世纪之交。煤炭工业,英国稍早一些,大约在 19 世纪 80 年代,法国约在 1900 年,美国在 1908 年,德国在 1914 年。生铁工业,英国大约在 1879 年,法国约在 1902 年,美国、德国在 1907 年。钢铁工业稍晚一些,第一个转换期大致发生在 20 世纪初,德国大约在 1908 年,英国在 1921 年,法国在 1932 年,不过美国是个例外,发生在 1885 年。

棉纺工业、铁路运输业从正值型波动转化为对称型波动的时间与钢铁工业相近。棉纺工业的第一次转换,德国是 1908 年,法国是 1914 年,美国是 1921 年,英国稍早一些,是 1879 年(这与棉纺工业在英国最早得到发展有关)。铁路运输业波动类型的第一次转换,法国和德国是 1902 年,美国是 1908 年,英国是 1914 年。

汽车工业波动类型的第一个转换期,美国是在 1921 年,英、法、德都在 1933 年。电视机行业第一个转换期,法国发生在 1965 年,西德是 1967 年,英国是 1956 年,美国是 1951 年。

煤炭工业从对称型波动部门转化为负值型波动部门的时间,法国是在 1959—1961 年,西德是 1957 年,英国是 1953 年。棉纺工业从对称型波动部门转向负值型波动部门的时间,美国是 1966 年,英国是 1955 年。铁路运输业波动类型的第二次转换,英国是在 1954 年。①

5. 部门投资期限和资本系数的差异

投资活动是把"双刃剑",它既增加着需求又增加着供给。投资是作为需求起作用,还是作为供给因素起作用,取决于时间。一般说来,投资的即期效应或现期效应主要是需求效应,其远期效应或后期效应则是一种供给效应。②

作为需求因素的投资的波动对产业结构的影响有以下两种形式:一是投资的波动将导致投资品生产部门的波动。投资的不稳定(加速原理)将导致投资品部门所占份额在扩张期增加,收缩期减少。二是投资阶段对产业结构的影响。也就是说,在投资前期,主要是土建工程,从而建材需求较大,建材部门扩张幅度较大,而投资后期主要是设备安装、资本物品(机器设备)需求迅速增加,从而机械制造工业扩张幅度较大。对于第一种影响形式,我们将在第八章中结合我国的情况做进一步的说明。对于第二种影响形式来讲,这一方面确实值得做进一步的研究,但从微观推到宏观,更确切地说从具体的一项投资推广到投资扩张期的全部投资,推论能否成立,尚无把握。这要取决于:(1)投资项目的开工期是不是一种不间断时间函数,或者说是不是密集于某一时点;(2)投资期限是否一致。

投资作为供给因素对产业结构的影响,包含以下三个方面:一是投

---

① 波动类型转换期的确定,是参考《主要资本主义国家经济统计集(1848—1960)》(世界知识出版社 1962 年版)和《国外经济统计资料(1949—1978)》(中国统计出版社 1981 年版)的有关工业产量表计算和确定的。

② 在哈罗德和多马的长期动态增长模型中,投资的这种双重性能得到了某种程度的揭示。他们认为,为了实现某一时期的充分就业,需要增加投资来提高有效需求。但是本期投资到下期要形成生产能力,为了实现下期的供求均衡,实现长期的充分就业,就必须再次扩大下一期的投资。

资的部门结构,即投资资金在部门间的分配将影响部门的资产结构和产值结构。二是上面所提到的投资期限对产业结构的影响。下面我们假定投资分配没有部门差别(即不考虑投资结构的影响),来研究没有部门差别的投资波动如何因投资期限的差异而导致部门间产出波动的差异,从而引致产业结构的变动。

假定存在着Ⅰ、Ⅱ、Ⅲ三个部门,每个部门的投资都等于 A 单位,且每一单位的投资能力形成 b 单位的生产能力。再假定Ⅰ、Ⅱ、Ⅲ三个部门的投资期限,从项目开工到建成分别需要 1 年、2 年和 3 年,那么,如果不考虑其他因素的影响,今后三年部门结构将发生下列变化(见表 3－12)。显然,部门投资期限的差异使得这三个部门的生产能力从而产值波动幅度不同,同时其生产能力及产值结构也发生了相应的变化。基年,三部门生产能力比值(如果每单位生产能力提供的产值不变的话,也即三部门产值比值)为Ⅰ∶Ⅱ∶Ⅲ,第一年为(Ⅰ+ Ab_1)∶Ⅱ∶Ⅲ,第二年为(Ⅰ+ Ab_1)∶(Ⅱ+ Ab_2)∶Ⅲ,第三年为(Ⅰ+ Ab_1)∶(Ⅱ+ Ab_2)∶(Ⅲ+ Ab_3)。

表 3－12　部门投资期限差异对产业结构的影响

部门	总投资	形成系数	新增生产能力部门结构			总生产能力部门结构			部门波动(%)		
			第一年	第二年	第三年	第一年	第二年	第三年	第一年	第二年	第三年
Ⅰ	A	b_1	Ab_1	0	0	Ⅰ+ Ab_1	Ⅰ+ Ab_1	Ⅰ+ Ab_1	$\frac{Ab_1}{Ⅰ}$	0	0
Ⅱ	A	b_2	0	Ab_2	0	Ⅱ	Ⅱ+ Ab_2	Ⅱ+ Ab_2	0	$\frac{Ab_2}{Ⅱ}$	0
Ⅲ	A	b_3	0	0	Ab_3	Ⅲ	Ⅲ	Ⅲ+ Ab_3	0	0	$\frac{Ab_3}{Ⅲ}$

现实生活中,由于重工业、基础产业的投资期限长于轻工业和一般

加工行业，所以，在不考虑后续投资的条件下，本期投资在中近期将作为供给因素影响部门间波动幅度和产业结构。其影响方向是：轻工业和一般加工行业的产值增加幅度和产值份额，起初可能大于重工业和基础产业；然后是重工业和基础产业的产值增加幅度和产值份额赶上并超过轻工业和一般加工行业；最后，它们的增长幅度和部门比重又近似于投资前的格局。

投资作为供给因素影响产业结构的第三个方面或第三种形式是部门间资本系数的差异。① 所谓资本系数是指新增（边际）资本与新增（边际）产出的比例，即$\frac{\triangle K}{\triangle Y}$。由于新增资本等于投资，资本系数$\frac{\triangle K}{\triangle Y}=\frac{I}{\triangle Y}$，即每增加一元产值需要的投资。在上例中我们假定部门间形成系数 b 相等和生产能力不变，这意味着资本系数（资本生产率的倒数）相等和不变。实际上，农业与工业间、工业与服务业间、重工业与轻工业间、现代工业与传统工业间资本系数是不同的，差异很大，因为这些部门的资本有机构成、技术装备率都不同。正是由于部门间资本系数不同，在不考虑投资构成的条件下，投资的波动会导致部门产出波动的不同，从而导致产业结构的变化。我们仍然借用上述三部门的例子。假定Ⅰ、Ⅱ、Ⅲ部门的资本系数分别为 1、2、3，那么在不考虑投资期限差异的条件下，投资期结束后，同是 A 单位的投资，导致的产值增

① 无论是哈罗德—多马模型还是新剑桥模型，都假定一个不变的全社会的资本系数。在索洛等人的新古典增长模型中，虽然资本系数因生产要素相对价格的变化而变化，但仍然假定存在一个全社会资本系数。实际上这些假定都是不实际的，即不存在一个全社会资本系数（除非从平均数的角度去理解），更不存在作为常数的资本系数。因为作为平均数的社会资本系数的固定取决于两个条件：一是每一个企业的资本系数都不变，二是所有企业之间、行业之间的资本比例和产值比例（加权数）不变。显然，这两个条件都是绝对无法满足的。

量则分别是 A、$\frac{A}{2}$和$\frac{A}{3}$，于是三部门比例由过去的Ⅰ∶Ⅱ∶Ⅲ，变为(Ⅰ+A)∶$\left(Ⅱ+\frac{A}{2}\right)$∶$\left(Ⅲ+\frac{A}{3}\right)$（见表 3－13）。

从这个角度看，在不考虑投资结构的条件下，仅仅部门间资本系数的差异，也会使投资波动导致部门间产出波动的差异，从而引起产值结构的变动。其变动的一般方向是，在部门间投资相等的条件下，资本系数小的部门由投资扩张带来的产值扩张幅度较大，从而其所占产值份额在扩张期增加，资本系数大的部门由投资扩张带来的产值扩张幅度较小，从而其所占产值份额减少。

表 3－13　部门间资本系数对产业结构的影响

部门	投资量	资本系数	新增产值	总产值
Ⅰ	A	1	A	Ⅰ＋A
Ⅱ	A	2	A/2	Ⅱ＋A/2
Ⅲ	A	3	A/3	Ⅲ＋A/3

6. 部门反应速度或敏感程度的差异

如果我们把部门的周期波动理解为部门对总的经济气候（繁荣、危机、萧条、复苏）的反应的话，那么，某一时点上部门波动方向和波动幅度的差异，与部门对总经济气候的反应速度存在着非常密切的联系。对经济气候敏感的部门，在扩张期率先扩张，衰退期率先收缩。相反，对经济气候欠敏感的部门，扩张与收缩都相对滞后。至于不敏感的部门，则对扩张与收缩几乎没有反应。这样，不仅在周期阶段上部门的波动幅度不同，而且产业结构也发生着相应的变化。扩张初期，周期敏感部门所占份额增加，欠敏感和不敏感部门所占比重降低；扩张后期，敏感部门和欠敏感部门所占份额又趋向平衡。相反，收缩初期，敏感部门所占份额减少，欠敏感部门和不敏感部门所占份额增加。收缩后期，敏感部门与欠敏感部门所占份额又趋于平衡。①

由于现代经济周期大都是由投资波动引致的，或者是由投资波动放大的，②所以，对经济气候反应速度快慢的一条重要线索是离投资品生产的远近。直接生产投资品的部门对经济气候反应最为敏感，感应速度最快；因为投资是预期收益的函数，而预期收益实际上是人们对未来经济气候的一种预期，决定这一预期的有目前银根的松紧、贴现率的高低、订货的多少、股市的高低等等。经济环境一旦发生变化，首先就会通过金融市场（最敏感的市场）的变动影响预期收益，从而影响投资品的订货、销售及生产。这样，生产投资品的部门，如机器设备、基本建筑材料（如钢铁、水泥）的生产，最先感受到经济气候的变化。当经济状况好转时，投资预期收益增加，对投资品的需求迅速扩张，当生产投资品的厂商的存货不敷需要且订货日增时，投资品生产部门开始扩张。在投资品生产的带动下，与投资品有直接后向联系的部门，如冶金、采矿、能源、原材料、交通等部门也随之相继扩张。这些部门的扩张导致就业的增加、工人收入的提高以及财政收入和厂商收入的提高。随着这些收入的相继支出，与投资品部门没有直接前、后向联系的部门，如消费品工业、生活服务业也开始扩张，从此，整个经济便步入高涨

① 在米契尔和伯恩斯的周期定义中，实际上就包含着周期波动与结构变动密不可分的意思。他们认为，在任何时期总有部门在扩张，也有部门在收缩。从萧条进入复苏是扩张部门个数超过收缩部门个数。当处于扩张状态的部门数达到最大时，经济便处于高涨期。然后扩张部门个数开始减少，收缩部门则开始增加。当收缩部门个数超过扩张部门个数时，经济便处于萧条阶段，当收缩部门数达到最大时，经济处于低谷。既然经济的周期波动是扩张部门与收缩部门数量的相对变化，那么周期波动本身就是结构变动。请参见伯恩斯、米契尔：《商业周期测量》（英文版），全国经济研究所1946年版。

② 关于经济周期的理论模型，无论是马克思的“投资物质基础说”、曼德尔的“利润率下降说”、熊彼特的“创新说”、萨缪尔森—汉森的“加速—乘数原理”，还是卡尔多、希克斯、福累斯特的各种动力学模型，无一不把投资放在一个极其重要的位置，把投资波动作为周期波动的“原罪”来看待。

阶段。

或者当投资扩张引致的经济高涨受到某种短期不可增加的资源的限制，或者因某一银行倒闭而出现金融市场动荡，或者因突然而至的战争、政变，预期收益率突然下降，未来的不确定性大大加强，于是投资活动急剧减少，随后投资品部门率先开始收缩，然后因投资品生产部门对其上游产品需求下降，故其上游产业，即与投资品有后向联系的部门，如冶金、矿山、能源、交通等部门随后收缩。最后，因这些部门的收缩导致的工人的减少和工人收入的下降会导致消费支出的减少，从而引致消费品工业和服务业的收缩。这样，整个经济活动就进入衰退阶段。

如果以上分析成立的话，那么我们就可以说，投资品以及与投资品有直接前后向联系的部门是周期敏感部门，与投资品生产没有直接联系的消费品工业、服务业及其他部门是周期欠敏感部门。前一类部门在扩张期尤其在扩张前期，其所占份额增加，后一类部门所占份额下降。在收缩期尤其是收缩前期，前一类部门所占份额下降，后一类部门所占份额上升。

部门敏感程度或反应速度的差异还表现在部门的管理体制和部门的市场结构方面。部门的市场结构对部门周期波动类型的影响，我们将在后面分析，这里我们仅简略谈谈因部门管理体制不同带来的部门敏感程度的差异。这点对于根据部门的地位确定部门管理方式的国家更具有现实意义。一般说来，由政府计划而非市场来决定企业生产方向和生产数量的部门，或者说政府直接管理的企业占部门企业总数比例高的部门，对经济气候的反应速度较慢和敏感程度较低，而市场导向的部门或市场导向的企业占部门总数比例高的部门，对经济气候的反应速度较快和敏感程度较高。从而一般地说，扩张前期，计划导向部门所占份额下降而市场导向部门所占份额上升，而在收缩前期，计划导向部门所占份额上升，市场导向部门所占份额下降。

7. 部门市场结构或竞争程度的差异

以上的分析，撇开了部门间市场结构的差异。实际上，各个部门所面临的市场结构是不同的。有的部门处于近乎完全垄断状态，即该部门只有一个厂商（独家垄断）或这个厂商占据了该部门产量或销售的绝大部分；有的部门处于近似完全竞争状态，即该部门存在如此众多的厂商，以至于每一个厂商都不能影响该产品的价格；大多数部门则处于完全竞争和完全垄断之间，或者为寡头垄断，或者为不完全竞争。我们在这里把部门内部各厂商之间的相互关系及其所占市场份额称作部门的市场结构。

在部门内部，具有不同地位的厂商的行为，特别是对周期波动的反应是不同的。

对近于完全竞争的部门来说，厂商是按照一条外在的近乎水平的价格（亦即它的边际收益曲线）与它的边际成本的交点来决定它的生产规模，即它的生产规模位于边际成本等于价格的那一点（见图3－3）。当经济气候发生变化时，对该产品的需求曲线（即价格）发生变动，然后厂商根据变化了的价格调整其产量，即高涨期价格上涨，厂商增加其产出，收缩期减少其产出，但无论扩张或收缩时，其产量总是位于价格与边际成本的交点。由于（近于）完全竞争的部门的价格具有较大的弹性，扩张期价格的上涨能消除一部分过度需求，收缩期价格下降则引发一部分需求，这样，价格的弹性就减缓了产量与失业的波动。

对于绝对垄断和近于绝对垄断的部门来讲，由于垄断厂商能够掌握和决定产品的价格，结果其生产行为及对周期波动的反应都发生了较大的变化。就生产行为讲，垄断企业的产出量低于完全竞争下的产出而价格则远远高于完全竞争价格(见图3－4)。①

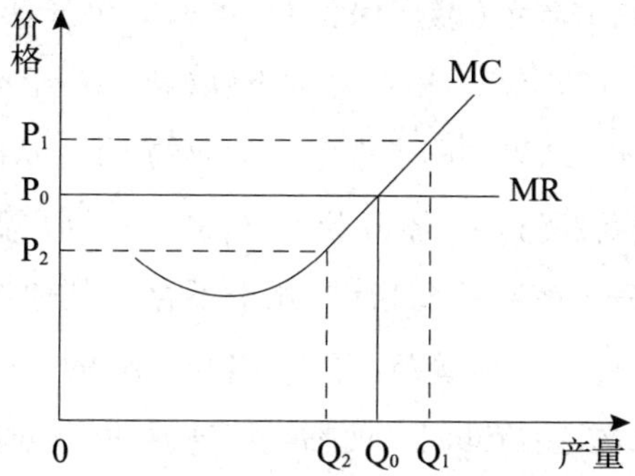

图3－3　完全竞争部门的生产、价格及对周期的反应

其中,MC、AC分别是垄断厂商的边际成本与平均成本,D是受控制的需求曲线,MR为垄断厂商的边际收益。在垄断部门,生产量Q_m位于MR与MC的交点B,而不是平均成本最低的Q_0点,价格P_m等于通过B点的垂直线与D相交的F点,高于完全竞争下的P_0点,阴影部分是垄断利润。

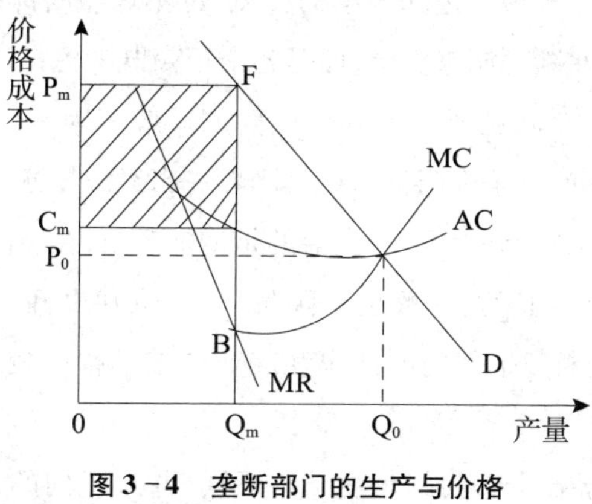

图3－4　垄断部门的生产与价格

---

①　亚当·斯密早在1776年就尖锐地指出:“垄断者使市场存货经常不足,从而使有效需求永远不能得到充分供给,这样,他们就能以大大超过自然价格的市价出卖他们的商品,而他们的报酬,无论是工资或是利润都大大超过其自然水平。”见《国民财富的性质和原因的研究》,商务印书馆1972年版,第56页。

当经济开始衰退时，垄断部门的厂商为了维持垄断利润往往不是降低价格，而是减少产量（减产保价）。本来如果降低价格的话，还可以通过吸收一部分需求来缓解产量的下跌（需求等于价格乘以产量）。现在由于价格刚性，结果加剧了产量和就业的下降，从而使垄断部门下降幅度大于非垄断部门。当经济开始复苏时，垄断厂商又往往倾向于提高价格（对于完全垄断厂商来讲，几乎不存在其他部门的厂商借高价之机进入的威胁），这样垄断部门产出与就业的扩张幅度往往又低于其他部门。总之，垄断部门在面临经济气候的变动时，主要考虑的是维持垄断高价，这是其周期反应的一大特征。

垄断竞争部门（或称作不完全竞争）一般存在若干（几个或十几个）势均力敌的厂商，这时的价格既不像完全竞争部门那样完全是一种外生变量，也不像垄断部门那样完全由垄断厂商自行调整，而是这些厂商采取"博弈"行为的结果。各自的生产数量也不像完全竞争部门那样简单地位于价格与边际成本的交点，也不像垄断部门那样由垄断厂商根据最大垄断利润来决定，而是各个厂商既考虑自己的收益，又考虑自己的市场份额，还要考虑其他厂商的反应等因素后的兼顾决策。一般说来，在垄断竞争部门价格更具刚性。当经济复苏并渐趋高涨时，价格往往不动，或稍许上涨，更主要的是增加产出；在经济开始衰退时，垄断竞争部门中的厂商一般也不降价，或降价甚少，而主要是调整产出。① 这样，垄断竞争部门的产出和就业的波动幅度较之前两类部门更大。

总之，由于各个部门的市场结构不同，并且不同的市场结构下有

---

① 由于现代经济生活中，近于完全竞争和近于完全垄断的部门毕竟是少数，大部分为垄断竞争部门，所以垄断竞争下的企业的行为成为比较典型的企业行为。这点在理论上的反映就是，西方现代经济理论开始认为，首先对供求做出反应的是产量，而非价格。非价格信号变动的优先性及对资源配置的影响，已成为西方微观经济学的"最新进展"。

不同的周期反应行为，所以具有不同市场结构的部门具有不同的周期波动类型。至少从逻辑上来讲，竞争程度高的部门的产出和就业波动幅度较小，在扩张阶段比重相对减少，在收缩阶段比重相对增加；垄断程度高的部门，产出与就业波动幅度大，在扩张阶段比重上升，在收缩阶段比重下降。至于垄断与竞争部门的确定，谢佩德提供了一些资料。

一般说来，西方发达国家制造业的垄断程度较高，大约有一半以上的行业，其集中率超过 70%，不少行业甚至近于寡头垄断和独家垄断（见表 3－14）。这方面的例子有电子计算机工业和汽车工业。IBM 公司竟占了美国整个计算机工业销售额的 75% 以上。美国汽车工业则被通用、福特、克莱斯勒和美国汽车公司四家完全占有。其中通用汽车公司一家就占了一半以上。采矿业中，由于资源赋存的特点，垄断程度较高。交通、邮电和公用事业等自然垄断行业，其垄断程度也极高，特别是城市公用事业几乎完全是独家垄断。建筑业垄断程度稍低，多为一些地方性和专业性（如住宅建造、公路修建、桥梁建设）的寡头垄断。商业中的零售业和个人服务业是垄断程度最低的部门，而批发业的垄断程度则较高。这又从另一个角度解释了制造业、原材料工业波动幅度为什么大于商业、服务业，钢铁、汽车等行业波动幅度为什么大于食品工业、纺织工业，以及为什么前者所占份额相对于后者份额而言，扩张期增加，收缩期减少。

表 3－14　美国 1966 年各工业组的集中程度

工业集中率（%）	成衣工业 23.0	家具工业 34.0	木制品工业 43.0	纺织工业 44.0	造纸工业 44.0	皮革工业 44.0
工业集中率（%）	杂品制造业 48.0	橡胶及塑料工业 49.0	金属制品工业 51.0	机械工业 55.0	食品工业 55.0	印刷及出版业 56.0

（续表）

工业集中率(%)	电机工业 61.0	仪器及仪表工业 67.0	石油及煤产品工业 68.0	化学工业 71.0	建材工业 71.0	金属工业 75.0
工业集中率(%)	卷烟工业 83.0	运输器材工业 83.0	总计 60.0			

资料来源:谢佩德:《市场势力与福利经济学导论》,商务印书馆1980年版,第164、第165页。

第四章　周期波动引致结构变动的机制

第三章讨论了部门间周期波动形式存在差异的原因，从而部分地解释了周期波动过程中部门结构变动的原因。本章讨论经济周期这种典型的总量变动如何通过一些中间传递机制转化为结构变动，即研究总量波动影响产业结构变动的传递机制。同时，尝试解决宏观理论的中观化。正是因为这些中间机制，宏观的总量变动才具体化为中观的部门变动，而这正是传统宏观理论所欠缺的。①

国民收入波动—收入结构变动—产业结构变动

经济周期的主要内容是国民收入总量波动。扩张阶段，预期资本收益提高，经济活动活跃，就业增加，从而国民收入增加。同时，国民收入增加，引致投资活跃，资本品的需求迅速扩大，就业进一步增加，从而引致经济活动和国民收入的再一轮扩张。当国民收入和就业扩张到一定限度时，由于投资过度引致资本品供给不足（哈耶克），或者是再生产的某一比率遭到破坏（马克思），或者是利润率的较大幅

① 意大利籍剑桥学派代表人物之一的帕森内蒂（Passinitty）是第一个试图把总量（动态）分析与结构分析结合起来的学者〔见帕森内蒂：《经济增长与结构变动》（英文版），1983〕。然而他的尝试主要侧重于多部门的动态增长模型，并没有涉及总量变动如何转化为结构变动。

度下降（曼德尔），或者是资本预期收入的陡跌（萨缪尔森），或者是战争或自然灾害等外部突变，导致投资骤然减少，市场需求下降，存货增加，开工率下降，失业增加，从而国民收入扩张过程中断，转入收缩阶段。

以上所发生的既是国民收入总量波动的基本过程，也是宏观经济理论和大部分周期学说对国民收入变动过程的说明。然而，经济周期波动所引起的国民收入变动并不仅限于此，除去以上所述的总量波动外，国民收入内部结构在周期波动中也发生着有规律的变动，并借此引起产业结构相应的变动。

我们按收入主体将国民收入（NI）划分为工薪收入（W）、厂商（税后）利润（P）和各级政府的税收收入（T），有

$$W + P + T = NI \tag{4.1}$$

下面，我们先来考察国民收入内部结构在扩张期与收缩期的一般变化及其对产业结构的影响，然后再对扩张期和收缩期做更细的划分。

我们知道，扩张阶段，国民收入总量不断增加，同时随着就业的增加、开工率的提高，工薪、利润和税收都在增加，然而国民收入的结构却发生了变化，因为W、P和T的增长速度不同。同样，收缩阶段，在国民收入减少（或增长速度放慢）的同时，W、P和T的份额也发生了相应的变化。①

我们先来看看税收T及税收份额T/NI的变动。税收在税率类型

① 国民收入另一种最常用的分类是C+I，即划分为消费和投资（或积累）。如此分类的国民收入在经济周期中也呈现出有规律的明显变动，即一般而言，消费份额在扩张阶段减少，在收缩阶段增加（其微观机理是边际消费倾向递减），积累份额则是在扩张阶段增加，收缩阶段减少。国民收入内部结构的这种变动，引致产业结构发生如下变动：生产资料生产，尤其是投资品生产所占份额扩张期增加，收缩期减少；消费资料部门所占份额的变动正相反。这方面的变动较明显，上文也有所涉及，故不再赘述。

上一般分为以下三类:(1)比例税,即税率不随课征对象数量(价值或实物量)的变动而变动,这种类型的税收有营业税、增值税和产品税等,大部分流转税都是比例税;(2)累进税,即税率随着纳税对象数量的增减而同向增减,如公司所得税、个人所得税及遗产税;(3)累退税,即税率随着纳税对象数量的增减而反向变化,不过这种类型的税收实际生活中较少使用。我们把比例税和累进税记为 T1、T2,并有

$$T1 + T2 = T \tag{4.2}$$

由于税收是经济活动的增函数,所以 T1、T2 都随国民收入的增加而增加,而 T2 的增加幅度则大于 NI。结果,作为 T1 和 T2 之和的总税收 T 在 NI 中所占份额,在扩张期增加,即 T/NI 在扩张阶段是增函数;而在收缩阶段,由于 T2 减少的幅度大于国民收入(NI)的下降幅度,从而税收在国民收入中所占份额 T/NI 在收缩阶段是减函数。

在西方市场经济国家,正是借助于税收份额这一变动特性而把税收尤其是 T2 作为国民经济活动的稳定器,即用来减缓社会总支出的波动。扩张期,政府通过税收份额的提高和盈余财政来限制社会总需求的膨胀,防止出现过度繁荣;在收缩期,税收份额的减少,既可刺激私人投资和个人消费,又可借助赤字财政来扩大需求,防止萎缩。

如果不考虑 T 的份额的变动,利润在国民收入中所占份额(P/NI)的变动,可以由以下两个等式决定:

$$\frac{P}{NI} = 1 - \frac{W}{NI} \tag{4.3}$$

$$P/NI = P/K \cdot K/NI \tag{4.4}$$

其中,K 为资本总量,P/K 为利润率,K/NI 为资本系数。等式(4.3)表明,利润份额与工资份额负相关(这是一个定义等式);等式(4.4)则表明,利润份额与利润率和资本系数成正比。在短期经济波动中,K/NI

可近似地看作常数，①这样，周期波动中利润份额的变动则主要地取决于利润率的变动。如果利润率提高，利润份额就增加，反之，利润份额就减少。这样，周期波动中利润份额的变化，就转化为利润率的变动。

根据理论分析和统计资料，一般说来，利润率在扩张阶段上升，在收缩阶段下降。

从理论上讲，第一，经济波动主要是投资波动引起的，而投资又是利润率的函数。投资的增加总是利润率（实际的或预期的）增加的结果，投资的减少也总是利润率下降的缘故。所以说，经济波动总与利润率的变动联系在一起。利润率上升带动经济活动由复苏步入高涨，利润率的下降则导致经济的衰退和停滞。对此，比利时的马克思主义经济学家厄尔奈斯特·曼德尔做了非常出色的说明。他说："在这个意义上，平均利润率的循环运动毫无疑问地是资本主义生产循环运动最清楚的表现形式，它最终总结了生产过程和再生产过程各个阶段的矛盾发展。"②曼德尔认为，经济的高涨，只有在利润率提高的情况下才有可能，而增长的利润率又反过来为市场的扩张和经济扩张的加强创造了条件。但是，当这种过程达到一定界限的时候，已经提高了的资本有机构成和工人消费不足的限制，都必然会降低利润率，并使市场产生一

---

①　资本系数只能在近似的意义上看作常数。第一，资本系数的大小，要取决于生产要素相对价格的变动。生产一定的国民收入，需要劳动和资本这两项要素，但其使用比例在一定的技术限度内则取决于劳动价格与资本价格（工资率和利率）的相对水平。一旦工资率和利率发生变动，那么劳动与资本的结合比例就发生变化，其方向是较少使用相对昂贵的要素，一直到变动后的劳动边际产品与资本产品相等时为止。这样，生产要素价格的变化就影响生产要素的结合比例，进而影响资本系数（同样也会影响劳动系数）。美国经济学家索洛也正是较早地认识到这点，并据此解决了哈罗德—多马模型中的"刀刃式"增长问题。这也是他荣获1986年诺贝尔经济学奖的原因之一。第二，如同我们曾指出过的，社会资本系数是全部企业、行业个别资本系数的加权平均数，从而只要某个企业或行业的资本系数变化，或者它们之间的产值比例发生变化，社会资本系数就一定是可变的。伯恩斯在《1870年后美国的生产趋势》中，据此对萨缪尔森—汉森加速原理进行了批评。

②　曼德尔：《晚期资本主义》，黑龙江人民出版社1983年版，第599页。

种生产过剩的危机。利润率的下降导致投资的缩减,这又使经济陷入衰退。衰退中资产的贬值和越来越高的失业率,又会使资本生产率和利润率再度回升。加之产量下降和存货的渐渐枯竭又使市场有所恢复。这些回升迹象又重新刺激投资活动,并逐渐带动经济走出萧条,步入高涨。曼德尔在这里阐述的虽然是利润率的上升与下降带动经济的扩张与收缩,但也说明了扩张阶段利润率上升、收缩阶段利润率下降这一事实。

第二,扩张阶段,随着订货的不断增加,企业开工率即生产能力利用率提高,于是,分摊在单位产品上的固定成本(如折旧)减少,从而利润率提高。从产出角度看,随着开工率的提高,资本的劳动生产率提高,从而利润率提高。收缩阶段,随着订货和销售量的减少,企业存货增加,开工率下降。这时,由于折旧及管理费用等固定成本的摊提,以及库存成本(如占用流动资金贷款的利息、仓库租金及产品养护费等)的增加,单位产品的成本上升,资本设备的生产率下降,从而利润率下降。这一传递关系可用下面的等式来表示:

$$\frac{P}{K}=\frac{Y}{Z}\cdot\frac{Z}{K}\cdot\frac{P}{Y} \tag{4.5}$$

其中,Z 为潜在生产能力,Y 为实际生产能力或实际产量,Y/Z 为生产能力利用率,Z/K 为潜在资本生产率,P/Y 为产值中利润份额。在扩张阶段,等式右边三项(尤其是 Y/Z)的值提高,收缩阶段,这三项(特别是 Y/Z)的值降低,从而利润率扩张期上升、收缩期下降。

第三,价格变动与工资变动时滞的作用。扩张阶段,随着需求的增加和存货的减少,价格将逐渐上涨。价格上涨后,工资一般并不会马上增加,从而最初是利润和利润份额的增加。经过一段时期后,工人开始感到价格上涨,从而要求增加工资以分享价格上涨所带来的利润。于是因扩张而增加的国民收入部分地转化为工资,利润份额开始减少,资本的投资冲动也开始减弱。国民经济逐渐由扩张转为收缩,价格水平开始回落,这时工资往往不能随价格的下降立即下降,从而利润额和利润份额率先下降。然后才是因开工率降低、失业工人增多引致的工资率的下降。总之,因工资变动滞后于价格变动,所以扩张期先是利润份额的增加,收缩期则首先是利润份额的下降。

上面关于利润率和利润份额的周期变动规律,也为实际资料所证实。如法国经济学家纪东通过对19世纪法国周期变动中物价、工资和利润变动的研究,提出了如下的结论:高涨期,物价平均上涨17%,工资上涨12%,利润增加40%—200%;萧条期,物价下降16%,工资下降3%,利润下降14%—38%。① 这意味着实际工资和工资份额扩张期减少,收缩期增加,相反,实际利润和利润份额则是扩张期增加,收缩期减少。表4-1是B. S. 伯南克(Bernanke)和J. L. 鲍威尔(Powell)所给出的美国四个代表周期中生产水平与实际工资变动情况。该表清楚地表明:扩张期,工资增长的幅度大大小于整个生产水平,从而工资的份额

表4-1　美国整个制造业生产水平与实际工资的周期变动比较

周期	谷底与高峰值之比		从谷底到高峰上升幅度		从高峰到谷底下降幅度	
	生产水平	实际工资	生产水平	实际工资	生产水平	实际工资
Ⅰ	0.50	0.76	100.0	31.6	50.0	24.0
Ⅱ	0.62	0.78	77.4	28.2	38.0	22.0
Ⅲ	0.81	0.93	23.5	7.5	19.0	7.0
Ⅳ	0.90	0.98	11.1	2.0	10.0	2.0

注:Ⅰ为1929年3季度至1933年1季度;Ⅱ为1937年2季度至1938年2季度;Ⅲ为1973年4季度至1975年1季度;Ⅳ为1981年3季度至1982年4季度。

资料来源:伯南克和鲍威尔:《工业劳动市场的周期行为》(英文版),载戈登编:《美国商业周期》,全国经济研究所1986年版。

① 纪东:《经济波动》(法文版),第94页。

减少,利润的份额增加;收缩期,工资的收缩幅度大大小于生产的下降幅度,从而工资份额增加,利润份额减少。

图4－1、表4－2是美国战后时期非金融公司产业周期不同阶段上利润率的波动。

表4－2中的A和B为扩张期,C为收缩期,利润率在A阶段达到最高峰,产量则扩张到B阶段之末(即B、C之交点)才达到最高峰。虽然利润率没能在整个扩张期一直增加,但其在整个扩张期(A+B)中的平均水平仍然明显高于收缩期(C)的水平。

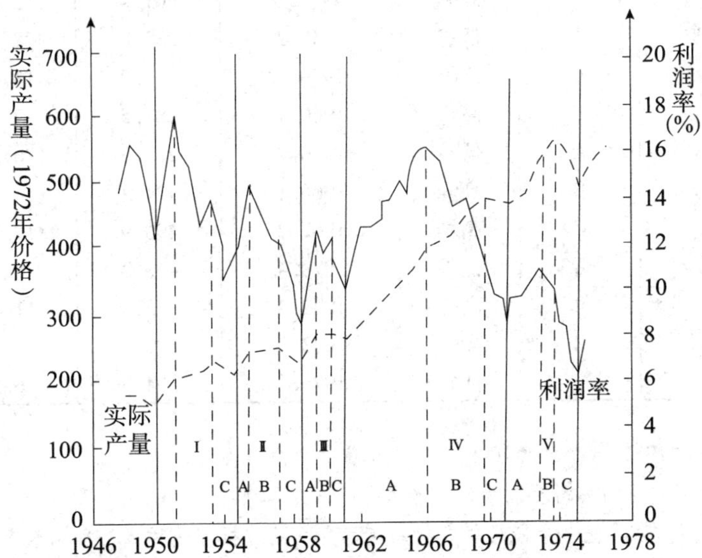

图4－1　战后时期非金融公司产业的产量和利润

资料来源:转引自《现代国外经济学论文选》第6辑,商务印书馆1984年版,第170页。

最后再看看工资和工资份额W/NI周期阶段上的变动。

上文对利润份额的分析,实际上已经讨论了工资份额在经济周期中的变动特征。因为NI＝W＋P,W/NI＝1－P/NI,所以与利润份额的波动相反,工资份额是扩张期减少、收缩期增加。我们只讨论一下工资份额如此变动的其他原因。

表 4-2　美国战后产量和利润率周期

周期序号	周期阶段	关键点	时期(年、季)	实际产量 Y[a]	利润率 P[b]
Ⅰ	A	低谷	1949.4	160.4	11.5
	B	高峰	1950.4	211.3	17.4
	C	高峰	1953.2	237.0	13.3
Ⅱ	A	低谷	1954.2	218.6	11.1
	B	高峰	1955.2	250.5	14.7
	C	高峰	1957.1	261.4	12.2
Ⅲ	A	低谷	1958.2	232.8	8.7
	B	高峰	1959.2	278.7	13.4
	C	高峰	1960.1	287.5	12.5
Ⅳ	A	低谷	1960.4	273.9	10.2
	B	高峰	1966.1	421.7	16.3
	C	高峰	1969.2	490.9	12.5
Ⅴ	A	低谷	1970.4	466.3	8.7
	B	高峰	1972.4	522.5	11.1
	C	高峰	1973.3	577.4	10.1
		低谷	1975.1	504.5	6.5

a 按 1972 年价格以 10 亿美元为单位的国内净收入。

b 调整过的公司利润加作为资本存量% 的净利息。

资料来源:托·韦斯科普夫:《马克思主义的危机理论和战后美国经济中的利润率》,载《现代国外经济学论文选》第 6 辑,商务印书馆 1984 年版,第 171 页。

第一,劳动力市场周期变动的特点。从代数关系上看,工资份额(W/NI)取决于工资率(单位劳动的工资)和生产每一单位国民收入所需劳动,即劳动系数,或劳动生产率的倒数:

$$W/NI = W/L \cdot L/NI = W' \cdot 1/A \quad (4.6)$$

其中,$W' = W/L$,$A = NI/L$,L 为投入劳动总量,A 为劳动生产率。在扩张阶段，尤其是扩张前期，由于剩余劳动力较多，工资水平较低，在开工率开始提高时，往往并不先增加就业，而是延长劳动时间或增加劳动强度，即充分利用原有的劳动力。这意味着扩张期 W 的增加幅度往往小于 L，从而工资率 W′ 降低。

更为重要的是等式(4.6)右边的第二项(L/NI)。随着经济的复苏和扩张，开工率提高，工时利用率也随之提高，这样劳动生产率不断增加。提高的劳动生产率(降低的劳动系数)和下降的工资率共同作用的结果，使工资份额在扩张阶段，特别是扩张前期有所减少。

相反，在衰退阶段，随着开工率的降低，工时利用率从而劳动生产率降低，而工资率则由于下列因素的影响而往往降不下来。第一，工会对工资水平和就业水平的影响。现代西方国家，工会已成为一支强大的社会制衡力量。在工会的作用下，工资和就业对市场变动的灵敏度下降，具有一定程度的黏滞性。结果，在收缩阶段，就业量不能充分减少，而劳动投入量 L 却大大减少。而工资往往是就业量的函数，而非投入量的函数，结果 W 的降低幅度小于 L 的降低幅度，从而工资率反而上涨。上涨的工资率和下降的劳动生产率，使收缩阶段工资份额反而上升。第二，社会主义国家，由于工资水平和就业量直接受国家计划控制，而不是经济景气的函数，从而工资的刚性更强。尤其是在收缩阶段，就业与工资往往不会相应下降，因此我们上面揭示的工资份额的周期波动规律更适合社会主义国家。①

综上所述，扩张阶段，在国民收入增加的同时，利润份额和税收份额都倾向于增加，而工资份额则趋于下降。这些收入的支出会转化为

① 较之西方市场经济国家，社会主义国家的财政支出与投资品部门的联系更加紧密。特别是在集中体制下，大部分投资都是由国家财政支持的。比如，1969 年前，财政基本建设支出占全部财政支出的 35%—45%，并一度在财政盘子的安排上把 40% 作为一个理想比例(所谓的“二、三、四”)。

不同类型的购买力。由于这些支出（利润支出、工资支出和财政支出）的购买对象不同，从而收入结构的变动会以支出结构和需求结构为中介，引致产出结构继而产业结构的变动。结果，与利润支出和财政支出相联系的生产资料部门，特别是投资品部门，扩张幅度较大，从而其所占份额增加。而与工资支出相联系的消费资料部门扩张幅度较小，从而其所占份额减少。收缩阶段，在国民收入总量减少的同时，利润份额、税收份额减少，工资份额增加，以它们为来源的支出份额也发生相应变动，使分别满足由这些支出派生出的需求的部门也发生相应的变动。与利润相联系的生产资料部门，特别是投资品部门下降幅度最大，所占份额减少，而与工资相联系的消费资料部门下降幅度较小，所占份额上升。对与税收相联系的部门来说，除非政府采取激烈的赤字财政，其所占比重一般也是减少。

整个过程如下表所示：

周期阶段	NI 总量变动	NI 结构变动		支出结构变动		产业结构变动	
		类型	变动	类型	变动	部门	变动
扩张阶段	增加	工资	减少	消费支出	减少	消费资料部门	减少
		税收	增加	非经常支出	增加		
		利润	增加	生产支出	增加	生产资料部门	增加
收缩阶段	减少	工资	增加	消费支出	增加	消费资料部门	增加
		税收	减少	非经常支出	减少		
		利润	减少	生产支出	减少	生产资料部门	减少

价格波动—价格结构变动—产业结构变动

经济周期在表现为实物量波动的同时，也表现为价格水平的波动，某些特殊资产的价格，如股票行市，是反映经济波动的极为敏感的指标。20 世纪 70 年代初以前，价格水平的周期反应形式是扩张期上涨，收缩期下降。随着经济的复苏,固定资产投资渐趋活跃,投资品需求增大,投资品存货告罄,于是投资品价格逐渐上涨。在投资扩张的带动下,整个社会就业增加,收入提高,从而消费品需求增加,消费品价格也开始上涨。投资扩大了收入,收入导致消费扩张,消费增加又引致投资增加,结果是扩张阶段总需求的不断扩张和物价的缓缓上涨。而当因某种原因使投资骤降时,扩张便被收缩所代替。投资萎缩,消费品价格下降,整个物价水平呈现一种跌势。①

然而,经济周期中价格变动并不仅限于物价总水平的波动,价格结构或相对价格也会相应地发生变动。因为并不存在一个独立于具体产品价格之外的总价格,作为宏观经济理论研究对象的总价格,实际上是个别价格的加权平均。个别价格水平的变化决定了价格总水平的波动,个别价格波动幅度的差异则决定了价格结构的变化。凡是扩张期上涨幅度大,或收缩期收缩幅度小的部门或商品,其相对价格和相对利润率也较高。

商品经济下,利润是厂商生产的目的,从而部门扩张与收缩是利润率的函数,②即 $y = f(P')$。在扩张期,虽然大部分部门都处于扩张状

---

① 从 1973 年起,西方世界经济周期在收缩阶段具有"滞胀"的特征,即衰退期国民经济增长停滞的同时,价格仍高居不下,且不断膨胀(西方经济学界有人称之为菲利普斯曲线向右上方移动,有人称之为价格黏性增强)。对于衰退期价格居高不下的原因,西方大多数经济学家一般归之为工会势力增强导致的工资刚性。如美国经济学家戈登认为,战后价格黏性增加的原因有三:第一,战后工会力量的增强使集中地议定长期工资合同更为有利;第二,厂商对国家干预政策的迷信和依赖,使得厂商不急于马上根据需求变动来降低工资与价格;第三,战后,周期波动较小的商业、服务业就业比重增加,从而价格与工资水平对周期波动的反应减弱(见戈登编:《美国商业周期》"导言",第 20 页)。实际上,价格衰退期膨胀的原因,主要是西方国家奉行凯恩斯主义的膨胀政策,结果不仅没能消除衰退,却使价格水平上涨。

② 卡莱茨基模型 $I/K = \rho P/K$(I 为投资,K 为资本存量,P 利润,ρ 系数)从另一方面揭示了部门扩张是利润率的函数。在卡氏模型中,左方是积累率或投资率,它与经济增长率保持一定的正相关关系,右方则是利润率。从而利润率提高将通过积累率的提高,带来部门扩张速度的加快。卡氏模型从利润是扩张的源泉角度对我们的行为方程式 $y = f(P')$ 做了很好的补充。

态，但相对价格高的部门，相对利润率也高，故其扩张幅度也大，相对价格低的部门，相对利润率也低，从而扩张幅度也较小。故前者的比重上升，后者的比重下降。

在收缩期，虽然大部分部门都在收缩，然而由于各部门价格下降幅度不一，各部门利润率的变动情况也不一样，从而各部门的收缩幅度也不同。价格下降幅度大的部门，利润率下降幅度也大，从而部门收缩幅度也大；而价格下降幅度小的部门，相对价格和相对利润率上升，故部门下降幅度较小。结果前者所占份额减少，后者所占份额上升。这样，价格总水平的周期波动，经过相对价格和相对利润率的变化，就转化为产业结构的周期性变动。

价格周期波动引致产业结构变动的机制，除去上述的相对价格和相对利润率这一形式外，还有生产要素相对价格，即利率—工资比值变动所传递的产业结构变动。

利息和工资是特殊的价格，它们（特别是利息）不仅也有明显的周期波动，①而且，一般说来，与总经济波动同向，②即扩张期，利息和工资水平增加，收缩期，利息与工资水平下降。图 4－2 和表 4－3 是美国利率在扩张及收缩阶段的波动情况。其波动的一般形式是：从扩张期的第Ⅱ阶段始，利率开始上涨，到峰点时，利率最高，然后开始下降，一直持续到扩张期的第Ⅰ阶段（扩张前期利率较低是经济萧条步入复苏的重要原因，因为，在其他条件不变的情况下，利润率与利率成反比）。

---

① 在实行集中计划体制的社会主义国家，由于对工资实行直接控制，所以工资的周期波动不甚明显，如我国社会总产值波动与工资波动的相关系数只有 0.37。

② 在货币动态理论看来，利率不仅具有周期波动，而且是经济波动的原因。该学派的代表维克塞尔用市场利率与自然利率的失衡来解释经济的波动。据称，当市场利率高于自然利率时，投资缩减，经济进入收缩过程。反之，当市场利率低于自然利率时，投资增加，经济进入扩张阶段。见维克塞尔：《资本与利息》，商务印书馆 1982 年版，第 86、第 97、第 121 页。

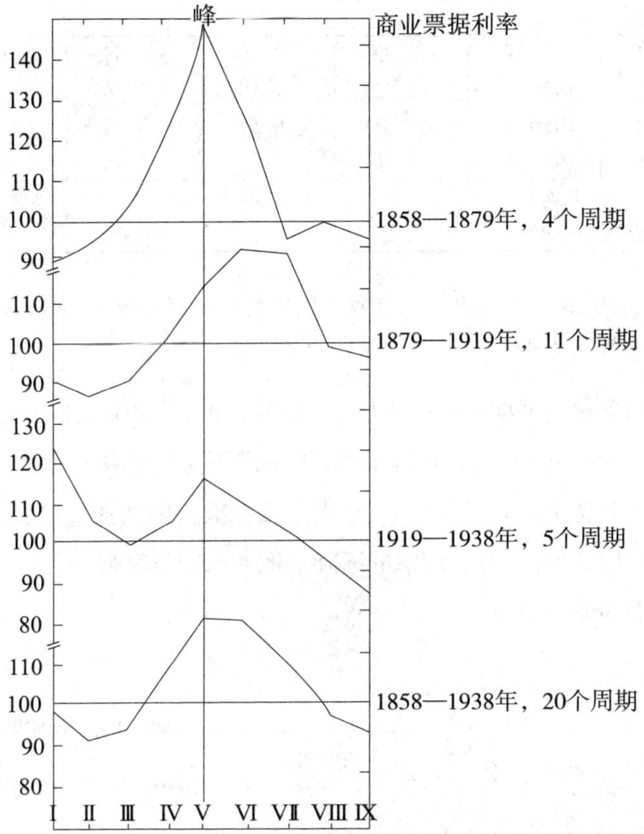

图4－2　1858—1938年短期利率一般周期波动形式

资料来源：转引自戈登编：《美国商业周期》，第562—563页。

表4－3　美国战后利率的周期波动

商业周期		短期利率变动率(%)		长期利率变动率(%)	
高峰	谷底	收缩	扩张	收缩	扩张
1948. Ⅰ	1949. Ⅳ	－0.2	5.25	－0.19	0.47
1953. Ⅱ	1954. Ⅱ	－0.99	2.32	－0.31	1.38
1957. Ⅲ	1958. Ⅱ	－2.24	2.36	－0.28	0.65
1960. Ⅱ	1961. Ⅰ	－1.06	5.61	－0.19	3.44

（续表）

1969. Ⅳ	1970. Ⅳ	-2.32	2.69	0.65	0.70
1973. Ⅴ	1975. Ⅰ	-2.42	7.69	2.18	3.04
1980. Ⅰ	1980. Ⅲ	-4.61	6.57	-0.23	3.20
1981. Ⅲ	1982. Ⅳ	-7.40		-2.36	
扩张期平均			4.07		1.64
收缩期平均		-2.65		-0.09	

资料来源：B. M. 弗里德曼：《商业周期中的货币、信贷和利率》，载戈登编：《美国商业周期》（英文版），第406页。

与利息这一周期反应敏感度较高的特种价格相比，工资的周期波动相对平缓一些，尤其是在收缩期，工资的下降远不像利率那样剧烈，其原因在上文中已有所涉及：一是工人谈判能力的加强，二是长期工资合同的应用，三是工时利用率的下降。图4-3是美国战后工资率在经济周期中的波动情况。

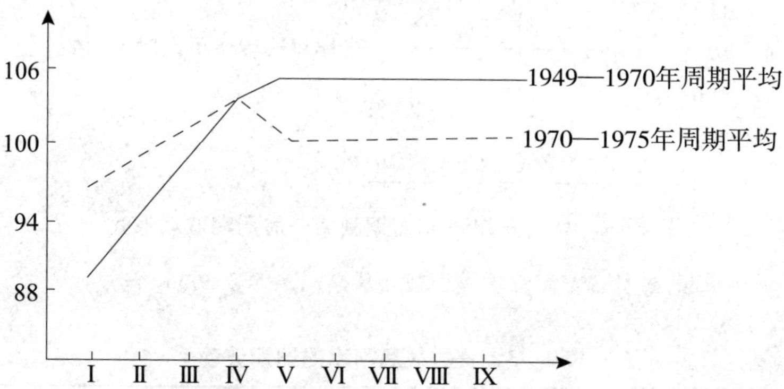

图4-3　美国战后工资率周期变动

注：Ⅰ—Ⅴ为扩张阶段，Ⅴ—Ⅸ为收缩阶段，Ⅴ为高峰。

资料来源：转自霍·谢尔曼：《马克思主义的经济周期理论》，载《现代国外经济学论文选》第6辑，商务印书馆1984年版，第130页。

由于利率及工资分别是奖金与劳动的价格，所以利率及工资的高低直接影响着厂商所使用的劳动与资本的比例（其原则是在技术所容许的范围内，使生产一定量产品所需要的劳动费用与资金费用最低）和有机构成不同的部门的扩张与收缩程度。我们把工资与利率的比值（工资/利率）称作生产要素比价。当生产要素比价提高时，厂商倾向于多使用资本，从而有机构成趋于提高。这时资本品的需求增大，在扩张期，这将使资本品生产部门以较快的幅度扩张，在收缩期，则将使资本品生产部门以较小的幅度收缩。从另一个角度看，由于资本相对低廉，生产要素比价较高，将使资金密集部门有一个较大的增长，而劳动密集部门扩张幅度较小（扩张期），或者使前者收缩幅度较小，使后者收缩幅度较大。两方面因素共同作用的结果，将使资金密集部门所占份额增加，而劳动密集部门所占份额下降。

当生产要素比价降低时，厂商倾向于多使用劳动，于是，一方面或者是因就业扩大，消费资料部门扩张速度较快（扩张期），或者是因就业减少幅度较小，消费资料部门收缩幅度也较小（收缩期）；另一方面，生产要素比价降低，会使劳动力密集部门成本相对较低，从而或者是扩张期扩张幅度较大，或者是收缩期收缩幅度较小。结果是劳动密集部门所占比重提高，资本密集部门所占比重降低。

以上所分析的是生产要素比价的两种变动方向及所引致的部门结构的变动。现在，根据图4－2和图4－3的形状，我们可以得出生产要素比价以及由其引致的结构变动的大致规律：

（1）在扩张前期（Ⅰ—Ⅱ），利率往往比较稳定，甚至下降，而工资率开始上涨，故生产要素比价趋于上升，从而资金密集部门增长幅度往往大于劳动密集部门，资金密集部门比重有可能增加。

（2）在扩张后期（Ⅲ—Ⅳ），由于接近充分就业，工资率上涨极快，生产要素比价趋于上升，故不利于劳动密集部门的扩张，结果往往是资金密集部门扩张幅度较大，所占份额也趋于增加。

(3)在收缩前期(Ⅴ—Ⅶ),虽然工资也表现为一定刚性,不能随开工率降低而充分下降,但这时,特别是在Ⅴ—Ⅵ阶段,由于并发的金融恐慌和银根紧张,利率水平相对较高,所以,资金密集部门在收缩初期下降幅度往往较之劳动密集部门更大,故前者的比重往往下降,而后者所占比重趋于上升。

(4)在收缩后期(Ⅶ—Ⅸ),由于工资刚性,工资水平虽有所下降,但下降幅度不大,而利率由于衰退前期紧张的银根已松弛下来,同时,投资机会也较少,故资金相对过剩,利率水平较之扩张期下降幅度甚大,从而生产要素比价趋于上升。结果,往往是劳动密集部门(大都是中小企业居多的部门)下降幅度更大,从而较之劳动密集部门而言,资金密集部门所占份额趋于上升。

综上所述,在以上四个阶段(扩张前期、扩张后期、收缩前期、收缩后期)中,有三个阶段是资金密集部门的比重增加,只有一个阶段是劳动密集部门比重增加(危机期间,即收缩前期)。于是整个社会的有机构成缓缓提高,单位产值所需的劳动渐渐减少,其结果便是劳动力从直接生产部门转向服务业,即第三产业所占比重提高。

我们把以上分析简示如下表:

周期阶段	扩张前期	扩张后期	收缩前期	收缩后期
利率	略微下降或持平	上涨 +	上涨或持平	下降 – –
工资率	略微上涨	上涨 + +	下降	下降 –
生产要素比价	上升	上升	下降	上升
资金密集部门比重	上升	上升	下降	上升
劳动密集部门比重	下降	下降	上升	下降

储蓄—投资率波动—储蓄结构变动—产业结构变动

由于储蓄是收入的函数,所以,伴随着收入的周期波动,储蓄也存在着周期波动。特别地，由于边际储蓄倾向一般大于 1，①所以储蓄的波动幅度要大于收入的波动幅度，从而储蓄率（储蓄/收入）在经济周期中不是一个常数。一般说来，储蓄率在扩张阶段提高（储蓄倾向大于 1），在收缩阶段下降。储蓄率这种周期变动形式的原因，主要是由消费性质决定的。具体说来，第一，消费的稳定性（相对于收入而言），第二，消费的滞后性，即消费总是在收入取得后才得以进行。

以上所述消费和储蓄的性质是宏观经济理论中储蓄函数及消费函数的研究内容，也已为经验和统计所证实。然而，宏观经济理论也往往到此为止。实际上，经济周期中不仅储蓄量与储蓄率发生波动，而且储蓄结构（指不同储蓄主体在储蓄总额中所占比重）和储蓄率结构（不同主体的储蓄率比值）也发生相应的波动。现在，我们将储蓄结构分解一下，令 Y_i 为主体 i 的收入，S_i 为这一主体的储蓄，Y 为总收入，S 为总储蓄，从而 Y_i/Y、S_i/Y_i 和 S/Y 分别为主体 i 的收入份额、储蓄率和社会总储蓄率，于是我们有第 i 个主体储蓄份额的下列等式：

$$\frac{S_i}{S}=\frac{S_i}{Y_i}\cdot\frac{Y_i}{Y}\cdot\frac{Y}{S} \tag{4.7}$$

由于我们研究的是结构性问题，Y/S（总储蓄率倒数）对各个主体是共同的，故我们可以暂且假定为常数。于是储蓄份额主要取决于各个主

---

① 然而，边际储蓄倾向并不总是大于 1，当收入水平（Y）不足以维持最低的生活需要时，边际储蓄倾向甚至小于 0，即出现负储蓄。如下图所示，当收入 $Y < Y_1$ 时，边际储蓄倾向为负。图中阴影部分为负储蓄，即债务。

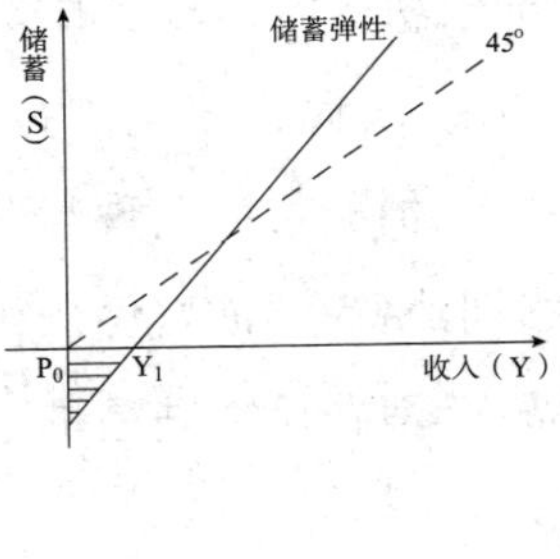

体的储蓄率和收入份额。收入份额周期变动及其对产业结构的影响，在第一节已做过分析，所以，这里主要分析某一主体储蓄率的周期变动及其所引致的储蓄结构变动。

由于边际储蓄倾向是递增的，那么不仅不同收入阶层的储蓄率不同，而且不同收入阶层的储蓄率变动率在同一周期阶段上也是不同的。一般说来，高收入阶层的储蓄率变动率较大，低收入阶层的储蓄率变动率较小，也就是说，高收入阶层的储蓄率在收入扩张期提高的幅度大于低收入阶层储蓄率的提高幅度，同时，前者在收入收缩期的下降幅度也大于后者。由式(4.7)我们可推论出，高收入阶层的储蓄份额扩张期增加，收缩期减少，而低收入阶层恰是扩张期减少，收缩期增加。下面我们用一例子来说明这一变动特征(见下表)。

周期阶段	收入阶层	原收入水平	原储蓄水平	储蓄倾向	边际储蓄倾向	收入增长率%	新增收入	新增储蓄	储蓄率	储蓄变动率(%)
扩张阶段	高	100	80	0.8	0.92	10	10	9.2	81.1	+1.38
	中	60	36	0.6	0.66	10	6	3.96	60.5	+0.83
	低	20	8	0.4	0.42	10	2	0.84	40.2	+0.50
收缩阶段	高	110	89.20	0.811	0.92	10	-11.0	-10.12	79.88	-1.50
	中	66	39.93	0.605	0.66	10	-6.6	-4.36	59.93	-0.94
	低	22	8.84	0.402	0.42	10	-2.2	-0.92	40.0	-0.50

储蓄率结构，进而储蓄结构〔根据等式(4.7)〕的如此变动，将从以下两方面影响产业结构的变动：首先，通过消费支出结构的变动影响产业结构。由于消费率等于(1-储蓄率)，所以，在经济周期的各个阶段，不同收入阶层的消费率、消费份额出现与储蓄率、储蓄份额相反的波动，即高收入阶层扩张期消费率、消费份额相对下降，收缩期相对上升，而低收入阶层的消费率、消费份额则是扩张期相对上升，收缩期相

对下降。由于高收入阶层与低收入阶层的消费结构不同,消费率结构和消费份额的变化,使消费结构也发生相应的变化。在其他条件不变的情况下,扩张期高收入阶层的消费品(商品Ⅱ)或多为这一阶层消费的商品需求的增长率低于低收入阶层的消费品(商品Ⅰ)或多为低收入阶层消费的商品的需求增长率;收缩期,由于高收入阶层的消费率和消费份额相对上升,低收入阶层的消费率和消费份额相对下降,从而商品Ⅱ的需求减少率小于商品Ⅰ的需求减少率。①

在需求的拉动下,产业结构也会发生相应的变动,即生产商品Ⅱ的部门在扩张期的增长幅度小于生产商品Ⅰ的部门增长幅度,在收缩期的收缩幅度要小于生产商品Ⅰ的部门的收缩幅度,从而扩张期生产商品Ⅰ的部门所占份额增加,生产商品Ⅱ的部门份额减少,收缩期生产商品Ⅰ的部门所占份额减少,生产商品Ⅱ的部门所占比重增加。以上分析可用下表简示:

周期阶段	收入阶层	储蓄率变动率	消费率变动率	消费份额相对变动	商品Ⅰ需求变动	商品Ⅱ需求变动	Ⅰ部门变动方向	Ⅱ部门变动方向
扩张阶段	高	+ +	– –	–	+	–	+	–
	低	+	–	+				
收缩阶段	高	– –	+ +	+	–	+	–	+
	低	–	+	–				

① 这里的逻辑结论不能直接与实际情形等同起来。因为,第一,需求结构与产业结构的变动是若干因素共同作用的结果,而这里的结论是在假定其他因素不变的前提下只考虑储蓄率结构这一因素而得出的。第二,收入变动引起储蓄率、消费率变动的同时,消费总量同时在发生作用。如扩张期,由于高收入阶层储蓄率提高得更快,高档消费品似应增长得稍慢,然而,由于随着收入水平的提高,(1)低收入阶层对高档消费品的需求在增加,(2)高收入阶层高档消费仍在增加,(3)低档消费品的收入需求弹性较小等几方面原因,所以,在实际生活中,高档消费品(近似于商品Ⅱ)的需求也许比低档消费品(近似于商品Ⅰ)的需求增长得更快。当然,这一差异并不意味着逻辑分析的失误。

储蓄率结构和储蓄份额变动影响产业结构的第二个方面不如第一方面确定，但其影响强度肯定大得多。这方面是指工资收入储蓄率、利润收入储蓄率和财政收入储蓄率变动对产业结构的影响。

由于这三类收入和支出性质的不同，我们必须分别定义这三种收入主体的储蓄。

对于工资收入而言，储蓄 S_w 即消费后剩余。对于利润收入而言，储蓄 S_p 是指净利润扣除厂商生活消费后的部分，在会计等式中，S_p 也即等于投资。对于财政收入而言，储蓄 S_g 是财政收入减财政支出，即财政盈余。仅就 S_w 与 S_p 而言，如果不考虑储蓄向投资的转化，上面所谈的储蓄率结构及由此引致的消费份额变动对产业结构的影响，在这里照样适用。① 现在，需要另做分析的是储蓄中用于投资的那一部分。厂商的储蓄率在扩张期提高，收缩期相对减少。② 由于厂商的储蓄率即投资率，所以投资需求扩张期增加，收缩期减少，从而投资品部门扩张期比重增加，收缩期比重减少，而非投资品部门扩张期比重减少，收缩期比重增加。

至于 S_g，它不宜与 S_w、S_p 比较大小，因为它们不是同一性质的储蓄，也不服从边际储蓄倾向大于 1 的定律。S_g 的大小主要取决于：(1)政府的财政政策；(2)财政收入与财政支出的相对刚性。如果政府实行赤字财政，则意味着政府的储蓄率为负，消费率大于 1，于是整个周期特别是收缩期，政府支出较为集中的部门下降幅度较小，其所占比重增加；如政府实行盈余财政，那么，收缩期政府财政支出缩减幅度比财政收入下降幅度还大，从而政府支出较为集中的部门下降幅度更大，所占份额减少。

---

①　工薪阶层相当于低收入阶层，厂商相当于高收入阶层，前者的储蓄率低于后者（马克思甚至假定工人的储蓄率为 0）。

②　注意，就储蓄率绝对水平看，任何时期，厂商的储蓄率都大于工人的储蓄率。

财政收入与财政支出的相对刚性系指财政收入变动率与财政支出变动率的比值。当相对刚性大于1时,意味着扩张期财政收入的增长幅度大于财政支出增长幅度,收缩期财政收入的下降幅度也大于财政支出的下降幅度。这时,政府储蓄率S_g扩张期上升,收缩期下降,从而产生一种扩张期限制政府支出集中部门增加和收缩期限制政府支出集中部门下降的力量。而当相对刚性小于1时,则意味着政府储蓄率S_g在扩张期降低,收缩期上升,从而在扩张期会促进政府支出集中部门的扩张,收缩期则加剧政府支出集中部门的收缩。相比之下,只有当相对刚性大于1时,政府的财政才有助于经济系统的稳定,有助于熨平经济周期。

经济主体行为对从总量波动到结构变动的传递

以上三节,乃至前几章对于周期波动对结构变动影响的分析,基本上都是从客体的角度展开的,也就是撇开人——经济活动主体——的行为,来分析作为人的活动结果的客观经济现象——周期波动与结构变动——之间的联系。

这种分析方法几乎是现代经济理论的基本方法特征。然而,只采用这样的方法是不够的。因为从历史唯物主义的角度看,社会经济活动是人为了满足自己的特定需要,使用一定的劳动手段,对劳动对象进行加工的过程,也就是说,社会经济活动是在某种信息的导引下,在特定的权力空间内,基于一定的动机而发动的经济行为的总和。而经济机制也就是由人的行为所媒介着的经济要素之间联系链条的耦合。[①]所以,离开人的行为,经济活动就无法进行,离开人的行为,经济联系的链条就会中断。只要我们稍加分析,就可以看出,在每一个经济规律和

① 见马建堂:《企业行为与经济机制》,《经济研究》1986年第2期。

经济机制后面，都潜含着人的行为媒介，价格机制是这样（随着价格的变动，人们会改变他的生产和消费），恩格尔趋势是这样（收入提高，人们会改变他的消费结构），劣币取代良币规律是这样（人们为了利用两种汇率而获利，便兑进市场价格高于官定价格的金属货币，并将其铸为金属块），总量波动导致结构变动的机制也是这样。概括地讲，从行为学的角度看，周期波动影响产业结构的过程，也就是人（生产者、劳动者和消费者）对经济环境变化所做出的比较规范的反应，是人们根据信息变化（如存贷变动、价格变化、利润率升降、银根的宽松与紧张等），调整自己的生产行为、交易行为、投资行为和消费行为的结果。下面我们从消费者、劳动者、厂商和政府这几个行为主体的角度，考察人的行为如何媒介、传递着周期波动对结构变动的影响。

1. 厂商行为。我们先来构造一般的厂商行为模型。[①] 如果不考虑制度规定的话，决定厂商行为的因素有三：一是信息；二是利益；三是权力。[②] 信息决定厂商如何行为，利益决定厂商愿否行为，权力决定厂商能否行为。由于我们这里的任务是研究经济周期如何影响企业行为进而影响产业结构的，所以，赋予利益和权力要素一般假定，而集中力量分析信息的周期变动，即假定厂商行为的主导利益是利润，是争取利润最大化，权力空间则是厂商自主地从事法律允许范围内的产、供、销，自主决定生产什么、生产多少和为谁生产。

一般说来，当市场需求旺盛、库存减少、价格上涨时，企业扩大其生产，当预期资本收益增加时，增加其投资。当生产、投资扩大的企业数或其所占的生产份额超过生产、投资下降的企业数或其所占的生产份

---

① 参见马建堂：《双重体制下的企业行为》，《中青年经济论坛》1986 年第 1 期。

② 当分析不同制度和体制下的企业行为时，制度规定就有了非常重要的意义。它不仅成为独立的变量，而且也规定着信息、利益和权力的性质及量纲。如在中央集中计划体制下，信息是计划，而在市场机制下，信息主要是价格。

额时，经济开始复苏，而当扩张企业数或扩张企业所占生产份额最大时，达到周期高峰。然后，生产、投资扩张的企业数开始减少，收缩过程也就开始，当这一数值最小时，经济进入谷底。这意味着，经济的周期波动是多数企业生产与投资行为的集合。现在要回答的是，企业生产与投资行为的扩张与收缩在导致总量波动的同时，如何又带来结构的变动。产生这一变动的机制有二：

其一，企业之间生产与投资行为的差异。第三章已表明，不同企业由于生产的产品的性质不同、所在部门垄断程度不同、对经济环境变化的判断及反应不同等原因，对经济周期的反应强度和感应速度存在着差异，从而企业生产与投资的变动幅度不同。于是，在扩张期（收缩期），当某一部门扩张（收缩）幅度大于平均波动幅度的企业占主导时，该部门的扩张（收缩）幅度较大，反之，当扩张（收缩）幅度小于平均波动幅度的企业占多数时，该部门的波动幅度较小。这样，部门的周期反应就有了差异，部门结构也随之变动。可以这样说，微观企业行为的共同性（扩张抑或收缩）构成了宏观总量波动，而微观企业行为的差异（方向与程度）构成中观结构变动。在这里，企业行为既是总量波动与结构变动的微观基础，也是总量波动引致结构变动的中介。

其二，部门利润率的变动将导致企业存量资产和流量资产的部门间转移。由于企业的目标是利润的增加，而价格又是主要的行为信号，所以，周期波动中价格结构的波动将使部门间利润率发生相应的变动。当利润率的变动超过一定阈值，即转移后的收益减去资产的行业间转移所花费的成本仍大于未转移前的收益时，资产的行业间或部门间转移就会出现。① 最易进行的是流量资产的转移，即投资结构的调整，而后是存量资产的转移。无论是流量调整抑或存量调整，都直接影响、改

① 参见马建堂：《论产业结构调整方式的转换》，《学术界》1987年第3期。

变着部门间资产结构。

存量资产转移的实质是改变资产的利用方向或生产方向，可以有，也可以没有资产的空间转移。存量资产转移的形式有如下几种：(1)多种经营，即当原所在行业销售不振、开工率不足或风险太高时，在维持原有生产方向的同时，又生产其他产品或从事其他方面的经营。(2)转产，即停止生产需求减少、利润率下降和不复具有竞争力的产品，转而生产其他产品。这是一种比较典型的资产行业间转移。(3)破产，即因负债过度或其他原因，停止生产和相应的经营活动。这是以减少某一行业累积资产的形式来调整部门间资产结构。(4)兼并或资产的买卖，这也是资产利用方向的转换。

无论是流量调整，还是存量调整，都会通过资产结构的变动，直接导致产业结构的变化。

2. 劳工行为。我们这里的劳工行为主要是指劳工在劳动力市场上的行为，包括就业方向的选择和工资水平的要求等。①

劳工行为的利益动机是工资的增加，权力空间是自由择业的权力，②信息则是工资率的变动③。

劳工行为导致产业结构变动的形式有二：其一，劳动价格或工资率的变动将影响厂商对就业量的需求，从而影响各部门的就业量。由于(1)部门间工资率变动幅度不一致，(2)部门间劳动力市场结构或劳资关系的对立程度不一致，(3)部门间厂商对工资率的反应弹性不一致，各部门间就业水平波动方向及幅度也就不一致，从而用就业结构表示的产业结构也就发生相应的变动。其二，随着部门工资率及部门劳动

① 已就业的劳动数量和企业内劳动方向的调整属于企业行为的内容。

② 从这个意义上讲，集中计划体制下没有完整意义上的劳工行为，从而丧失了一种微调机制。

③ 影响工资率的不仅有工资水平，还有投入劳动量。

需求的变动，劳工为了使其工薪收入最大化，在其技能所容许的范围内，将尽可能地流向工资率较高的部门。① 细分起来，劳动力的部门间流动有两种情况：一是失业工人的再就业，这时就业结构调整的个人目标是就业；二是在职工人的流动，这种就业结构调整中的个人动机主要是工薪收入的增加。然而，不论哪一种流动形式，劳工这种主动或被迫的流动都将导致就业结构的变动，特别是在衰退前期和扩张前期，随着就业市场的收缩与回复，部门间工资率的差别将导致就业结构较大程度的改变。

3. 消费者行为。所谓消费者行为系指消费者为使自己收入的效用最大，而对消费数量和消费结构的调整。决定消费者行为的信息主要是消费品价格（我们假定质的差异也同一化为价格的差异，即按质论价），更确切地说是平均效用费用，②即满足消费者一定量效用而需支付的价格。

消费者行为变动从以下几方面影响产业结构：

第一方面是通过商品的收入价格来影响。如果不考虑商品效用的变化，③那么，一般说来，扩张期，随着收入的增加，高档商品的收入价格（商品价格/收入，即相对购买力）降低，人们购买高档消费品的能力

① 当然，实际生活中影响劳动力移动的因素很多，如职业的社会重视程度、劳动岗位的工作环境、住地与工作地的距离及交通条件、工作单位的社会关系，等等。

② 因为消费者选择商品并不仅仅考虑价格，特别是在选择不同类商品时，价格就不再是主要的比较依据了，因为不同产品的效用不同。如彩电价虽高，但仍属紧俏商品；原因就在于，消费者赋予了彩电较强的满足效用能力，或较大的效用值，故其单位效用价格就不高了。

③ 实际上，只有当效用是指商品的客观效用即使用价值时，它才不会随周期波动而变化。然而，在这里，这种无法加总的效用不在研究之列。只有满足消费者需求的能力，或者说消费者对消费品满足需求能力的评价，才能加总，从而才是我们所指的效用。这种主观效用会在经济周期中发生变化，其变动规律是：生活必需品的效用随收入增加而减少，而非必需品的效用随收入增加而增加。当然，这种主观效用也只能比较，而不能绝对加总，正因为如此，福利经济学对效用的研究由最初的基数效用论发展到序数效用论。

增强，于是高档消费品需求增加得较快，故生产高档消费品的部门比重增加。收缩期，高档商品的收入价格上涨，故高档消费品需求下降幅度更大，于是高档消费品的生产份额减少。低档商品生产的份额变化恰好相反。

第二方面是通过收入份额的变动来影响。上面曾提到的不同阶层的收入份额有其不同的周期变动特征。这种收入份额的周期性变动也会影响产业结构的变化，其中介是产品的收入弹性不同。随着周期波动中收入份额的变化，各收入阶层会相应地调整自己的消费结构，从而导致产业结构的变动。

第三方面，也是最常见的方面，是消费品比价的变化。周期波动中，产品的比价也会发生变化（见第二节），消费者会根据自己的偏好和收入预算限制来调整商品消费量和消费结构。一般说来，需求价格弹性高的商品，其波动幅度要大于价格弹性低的商品，从而前一种商品生产趋于扩张期份额增加、收缩期份额减少，后一种产品的份额变动则相反。

总之，在周期波动中，消费者将根据收入的波动、价格的变动来调整自己的消费结构，并通过消费对生产的影响，拉动产业结构的变动。

本章先后论述了收入份额、价格比价、利润率结构、储蓄率结构以及人的行为对从总量波动到结构变动的传递的影响。这些论述虽然是以比较完善的市场机制为前提，但对任何商品经济特别是对体制改革后的社会主义经济都是适用的。当然，集中的计划体制将使某些传递机制不太有效，或者更确切地讲，某些机制借以作用的条件不具备。例如，由于集中计划体制下的价格管制，周期中的价格波动不明显，从而价格结构变动这一中介机制作用有限。再譬如，集中计划体制下，几乎不存在任何自主的存量调整，所以，企业行为对产业结构的微调作用也不明显。这些我们将在第四篇中做具体的分析。

第二篇
短期波动与产业结构变动

在本篇中我们认定短期波动影响结构变动的机制基本同于中期波动，而专门分析存货波动这一短期波动的主要内容对产业结构的影响。

第五章 存货波动与产业结构变动

前四章我们依次讨论了经济周期中产业结构变动的形式、部门周期波动差异的原因和总量波动引致结构变动的机制。在那里，我们虽然是以中期波动为既定的研究对象和立论的前提，然而，所阐述过的产业结构变动形式，以及总量波动到结构变动的机制对短期波动也是基本适用的。所以，在本章中，我们主要从前面没有涉及的短波的角度，研究一下以存货波动为主要内容的短期波动①对产业结构的影响。

存货、存货分类与存货波动的原因

所谓存货是指因某种原因停留在从生产到消费之间若干环节上的产品，即生产出来而尚未被最终消费的产品，包括(1)生产者的原材料、半成品和产成品库存，(2)各级商业组织的库存，(3)个人消费者尚未消费的商品，以及(4)一切在运输途中的产品，即

$$社会总存货 = 社会生产 - 社会最终消费$$

---

① 经济运动的长波、中波、短波是相对的。现在，随着由经典周期向增长型周期的转变，中周期波长逐渐缩短(平均长度约为五年)。所以，现在一些学者结合经济波动的内容来定义长波、中波和短波。譬如厉以宁教授定义短周期为主要同市场商品可供量和企业存货量变化有关的周期，中周期是主要同产业结构和产业结构调整有关的周期，长周期是主要同社会经济结构的重大变化有关的周期(见厉以宁：《社会主义经济周期假设》，《经济研究》1987 年第 9 期)。我们则把短周期定义为由存货变动引起的生产、投资及其他经济变量的波动。

让我们将这一公式稍做展开和证明。

假定消费者的消费物品全来自于商品性购买（如果消费者还生产商品，这时他将作为生产者另行处理），那么，t 时期的存货增量就等于购买减去消费，即

$$\triangle S_t^c = P_t^c - C_t^c \tag{5.1}$$

其中，$\triangle S_t^c$、P_t^c和 C_t^c分别是消费者 c 在 t 时期的存货变动、购进和消费。

商品销售者（商业组织）t 时期的存货变动，则等于商业购进（P_t^m）减商业销售（D_t^m），即

$$\triangle S_t^m = P_t^m - D_t^m \tag{5.2}$$

由于商业销售等于消费者购进，即 $D_t^m = P_t^c$，故我们有

$$\triangle S_t^m = P_t^m - P_t^c \tag{5.3}$$

生产者存货在 t 时期的变动，等于生产（Y_t^p）减生产者的销售（D_t^d），即

$$\triangle S_t^p = Y_t^p - D_t^p \tag{5.4}$$

由于生产者销售等于商业购进（假定生产者之间没有直接买卖关系），那么，(5.4)式可写为

$$\triangle S_t^p = Y_t^p - P_t^m \tag{5.5}$$

社会总存货$\triangle TS_t$等于生产者存货加商人存货，再加消费者存货，即

$$\triangle TS_t = \triangle S_t^p + \triangle S_t^m + \triangle S_t^c \tag{5.6}$$

将等式(5.5)、(5.3)和(5.1)代入(5.6)，得

$$\begin{aligned}\triangle TS_t &= (Y_t^p - P_t^m) + (P_t^m - P_t^c) + (P_t^c - C_t^c) \\ &= Y_t^p - C_t^c \end{aligned} \tag{5.7}$$

我们在本章中主要分析生产者（厂商）存货的变化，所以，请读者记住等式(5.4)。

对于厂商或企业而言，由于它既生产从而销售商品，又消费从而购进商品，所以，只要企业的生产与销售之间、购买与消费（生产性消费）

之间存在着不一致，包括数量与时间上的不一致，存货就会出现。也就是说，在 t 时间内，只要（1）所购买的原材料、燃料和零配件不立即和全部生产性地消费掉，（2）生产出的产品不立即和全部销售出去，就会产生存货。显然，无论从购买与消费、生产与销售的时滞看，还是从信息的不确定看，以及从生产的过程性角度看，企业存货的存在是必然的。从另一个角度看，在现代商品经济下，存货不只是一个被动的结果，而且也是一种主动的行动，如存货可以维持生产与供给的正常进行（储备功能），存货可使拥有者取得一定利益（投机功能）。所以存货是以必要的资源闲置形式，保持社会再生产的顺利进行。

存货可划分为许多不同的类型。①

根据存货所处的再生产环节，我们将其划分为生产者存货、商人存货和消费者存货。商人存货又可划分为批发商存货、零售商存货。生产者（企业）存货又可划分为投入存货和产出存货。

根据企业对存货数量的满意程度，企业存货又可分为：（1）目标存货或意愿存货，这是企业为了利润最大化目标而愿意持有的存货；（2）实际存货；（3）意外存货，即实际存货偏离目标存货的那部分存货。故根据定义我们有

$$实际存货 = 目标存货 + 意外存货$$

从企业行为角度看，短期波动也可以视为厂商调整自己的实际存货水平，以便使意外存货趋于 0 的过程。当意外存货 >0 时，企业将收缩生产；当意外存货 <0 时，企业将扩大生产。

下面我们在存货分类基础上，具体分析存货波动。

---

①　关于存货周期波动行为的激烈争论，除去存货行为本身的不确定以外，也与一些学者忽视存货的不同类型有关。例如，人们一般认为库存有缓冲的功能，但这只是对产出库存而言的。A. S. 布兰德（Blinder）、D. 霍尔茨-依肯（Holtz – Eakin）与 B. T. 麦克洛姆（Mecallum）关于存货波动形式的激烈争论，关键就在于没有区分企业存货的类型。

如果我们把存货(这里主要指产出存货)看作生产与销售的失衡,那么,存货波动是由生产和销售的波动引起的。如果(1)销售不变或下降而生产增加,或(2)生产增长速度大于销售增长幅度,或(3)生产下降幅度小于销售下降幅度,则存货增加;反之,如发生和(1)、(2)、(3)任一种情形相反的变化,存货就会减少。从这个角度看,凡是影响生产与销售的因素,都会在某种程度上影响库存。

但是,如果我们把存货作为一个相对独立的,并且有缓冲、套利以及联结生产与消费的能动因素,那么就存在着直接影响存货波动的因素。这类因素主要是库存成本和库存收益。

库存成本包括实际成本和潜在成本。实际成本有(1)库存占用的流动资金的利息,(2)库房租金或建造库房所需资金的利息,(3)库存产品的耗损和各项维护费用。潜在成本有库存产品的贬值(或因货不对路,或因风格、式样过时)及库存所需全部资金的机会成本。库存成本愈高,存货愈趋向于减少,在存货收益不变的条件下,库存成本的周期波动会带来相反的存货波动。

库存收益包括套利收益和保障收益。套利收益是指购进加运营费用小于销价而产生的收益,保障收益是指保证正常的再生产秩序而产生的收益在库存成本不变的情况下,库存收益增大,则存货量增加。目标存货水平就是边际库存成本等于边际库存收益那一点(如图5-1)。其中,MIC为边际库存成本,MIR为边际库存收益。当实际存货水平大于或小于目标存货水平(即MIC不是处于最低点)时,厂商就会调整自己的存货水平。在库存调整时,目标存货并非是一个不变的量。譬如拿商业库存来讲,在经济扩张阶段,商人将预期未来的商品价格要提高,从而库存收益会因未来销价与即期进价的差距扩大而增加;同时,随着存货的增加,单位存货的成本可能降低(在图5-1中,是MIC和MIR向右移动),从而目标库存将从Q_0增加为Q_1。相反,在收缩期,未来的价格会下降,从而预期收益会减少,同时萧条会使销售呆滞,从而库存成本提高(图 5－1 中的 MIC 和 MIR 向左移动),于是目标存货由 Q_0减少为 Q_2。

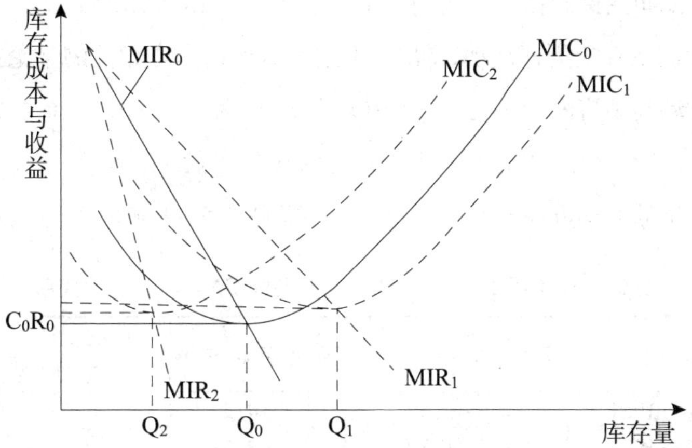

图 5－1　目标库存的决定

存货波动的类型和原因

人们一般认为存货的功能是保证生产和消费的正常进行,防止生产和价格水平的过分跌荡。① 那么,为了实现这一功能,存货的周期波动形式必定(至少从逻辑上应该)具有这样三个特点:第一,存货变动与销售变动负相关,即扩张阶段,随着销售的渐趋活跃,存货逐渐减少,收缩阶段,随着销售的下降,存货将趋于增加;第二,由于生产 = 销售 + 存货,且销售与存货反向波动,因此,生产的波动率必定小于销售的波动率;第三,存货波动方向与整个经济的周期(或米契尔的"reference

① 国外存货理论将这一功能称为稳定/缓冲库存(smoothing/buffestock)。国内对库存的功能也大致持同样的看法。如厉以宁教授在《社会主义政治经济学》(商务印书馆 1986 年版,第 203 页)中认为,持有库存是为了"保持生产经营过程的正常进行"。

cycle")波动方向相反,即经济从复苏进入高涨,存货减少,经济从高峰跌进萧条,存货则增加。然而,所观察到的事实与这一逻辑推论并不完全一致。如布兰德和霍尔茨-依肯用月度和季度资料,分析了美国1929—1982年间的存货周期波动,得出了上述逻辑推论完全相反的结论:第一,存货波动与销售波动之间并不存在着负相关,而是一种相关系数较低的正相关;第二,生产波动不是小于而是大于销售波动;第三,存货波动与经济总量的波动方向不是相反,而是一致(见表5-1和表5-2)。①

表5-1　美国1920—1982年衰退期间GNP与存货的变动

时期	实际GNP变动(%)	存货变动(%)	存货变动占GNP变动(%)
1920—1921	-3.6	-4.2	117
1923—1924	1.5	-3.7	—
1926—1927	10	-0.8	—
1929—1932	-32.0	-5.6	18
1937—1938	-3.1	-2.9	94
以上为年度数			
以下为季度数			
1948:4—1949:4	-7.2	-13.0	183
1953:2—1954:2	-20.2	-9.2	46
1957:3—1958:1	-23.0	-10.5	46
1960:1—1960:4	-8.6	-18.5	209
1969:3—1970:4	-7.3	-12.3	168
1973:4—1975:1	-60.7	-38.0	63
1980:1—1980:2	-35.0	-1.6	5
1981:3—1982:4	-45.1	-38.8	86

资料来源:转引自A.S.布兰德、D.霍尔茨-依肯:《美国1929年后的存货波动》,载戈登编:《美国的商业周期》(英文版),芝加哥大学出版社1986年版,第185页。

① 笔者分析了我国1984—1988年的存货波动情况,结论与此相同。参见拙作《论工商季节波动》,《经济研究》1989年第11期。

表 5－2　美国 1929—1983 年间实际 GNP 变动的分解

时期	生产或收入变动	销售变动	存货变动	销售变动与库存变动相关系数	生产变动/销售变动	库存变动/销售变动
1929—1983	3123.7	284.7	41.8	0.38	1.11	0.015
1947—1983	1746.3	1327.1	318.7	0.73	1.32	0.03
1929—1946	5992.9	5935.3	29.5	0.03	1.01	0.005
1929—1941	1335.1	1109.6	28.0	0.62	1.22	0.025

资料来源：同表 5－1，第 188 页。

表 5－1 否定了我们第三个推论，即存货波动与一般经济周期并不方向相反。表 5－2 否定了我们第一个与第二个推论，即销售与存货的波动方向并不相反和生产的波动幅度不小于销售波动幅度。于是，在这里，感觉、逻辑和实际情况竟然产生如此大的冲突与差异，问题出在哪里？一方是建立在活生生感觉与经验上的铁的逻辑，一方是以统计资料为基础的实际验证，同时，推理的过程也是正确的。所以，问题只会出现在借以观察、推理的对象与统计证实对象在范围上的差异。是分析对象的不一致，是未能将周期波动形式不同的存货类型分而论之，导致了冲突的出现。所以，要正确地把握存货的波动形式，必须分别研究不同类型的存货。

1. 商业存货

从等式(5.2)得知，商业存货等于商业购进－商业销售，也等于商业购进－消费者购进。所以分析商业存货在经济周期中的变动形式，关键在于分析经济周期中商业购进与消费者购进的变动关系。扩张阶段，如果商业购进增长速度大于消费者购进增长速度，则商业存货增加，反之，则商业存货减少。在收缩阶段，如果商业购进下降速度大于消费者购进下降速度，或者商业购进增长速度慢于消费者购进增长速度,商业存货减少,反之,商业存货增加。

先让我们看看扩张阶段,商业购进与消费者购进的相对变动。

扩张阶段,随着经济活动的活跃和收入的增加,商业购进和消费者购进一般都趋于增加,并且前者的增长速度往往要大于后者。原因是:第一,商人购销商品的动机是盈利最大化。面对扩张期日益增长的需求和渐渐上涨的价格,无论从保证销售的角度,还是从尽量降低购进价格的角度(因为扩张阶段 t 时价格低于 t+1 时价格),商人都倾向于,至少在扩张前期,增加自己的购进。而对消费者来说,他购买商品不是为了套利,而是为了满足自己的消费需求,从而他对价格的敏感程度低于商人。在消费者看来,由于收入与价格在扩张期同时增加,产品相对价格(产品价格/收入)并没有上涨,或不像价格上涨得那样快。这就决定了扩张期消费者增加购买的欲望远不如商业组织那样强烈。更为重要的是,消费需求是相对稳定的,比较均匀地分布在时间坐标上,这就使消费者购进稳定得多。第二,从购进扩张的能力方面看,由于商业组织有专门的库存设施,拥有专门的调整存货的资金,所以有较强的增加购进的能力,而消费者几乎不拥有任何专门的库存设施与资金。所以从库存扩张的能力看,也意味着商业购进增长速度大于消费者购进。这两方面综合作用的结果,便是商业库存在扩张期增加。

收缩阶段,由于需求和收入的作用,商业购进和消费者购进往往趋于减少,但前者的下降幅度要大于后者。第一,消费需求相对稳定,它的时间函数几乎是个常数。再加之消费者又几乎没有存货可资利用,所以,消费者购进在收缩期下降幅度较小。而商人的购进是利润的函数,随着经济的停滞、需求的下降,增加库存的成本和风险上升,于是商人会较大幅度地减少或停止新的进货。第二,收缩阶段,商品价格趋于下跌,这时,继续购进货物不仅会带来价格的损失(未来价格低于即期价格),原有库存也会面临贬值的风险。于是,商业组织往往不仅会停止新的进货，而且会急于出清原有的存货。这些因素的共同作用，使商业存货在收缩期趋于减少。

总之，由于商业购进（也即企业销售）波动幅度大于消费者购进（亦即零售）波动幅度，①故商业存货的波动形式与一般经济活动相同，即扩张期增加，收缩期减少。

2. 企业存货

如果说商业存货因其用途的单一性——供销售用——从而具有确定的周期波动形式的话，那么，企业存货则因其用途的二元性——供生产性消费和销售用——而不像商业存货那样具有确定的周期波动形式。② 所以，为了阐明综合性的统计数字下掩盖着的企业存货波动形式的差异，我们首先分别考察企业投入存货和企业产出存货的周期波动形式。

投入存货是指企业在某一时点上拥有的原材料、燃料、零部件和备用工具的总和。投入存货变动是指两个时点上投入存货的差额。投入存货在量上等于企业购买 - 企业消费。③ 所以投入存货在经济周期中

① S. 库兹涅茨在他的博士论文《1919—1925 年美国批发贸易和零售贸易的周期波动》（埃戴非公司，1926）中，通过对美国批发贸易和零售贸易波动的统计分析，得出了厂商销售波动幅度最大、批发销售波动幅度次之、零售贸易波动幅度最小的结论。这与我们的分析是一致的。

② 在这方面我们不能同意库兹涅茨（1926）和布兰德、霍尔茨-依肯（1984）的观点，即企业存货与企业生产同向波动的结论。他们武断地得出这样的结论，在方法论上有这样几个缺陷：第一，他们没有区分投入存货和产出存货，没有看到它们在功能和波动形式上的差异。这一缺陷在库兹涅茨 1926 年的著作中更是明显，他所论及的企业存货，基本上是产出存货。第二，所得出的结论是不同类型的企业存货周期形式的平均或综合，而非分类的企业存货波动形式。即便是企业存货总量波动与企业生产波动正相关，我们也不能说投入存货和产出存货必然都与企业生产正相关。

③ 我们假定，企业所有的投入全是由其他厂商提供的。不过，在数量上，是否做这样的假定不影响企业存货的数量，因为自产自用的投入品计算入产出存货中。

的变动形式，依赖于企业购买和企业消费的相对变动。由于在这里，购买和消费是同一个以利润为目标的主体，所以不能像商业存货那样可以分裂出决定购买和消费的不同内在力量。因此，在很大的程度上，企业投入存货是由外部力量决定的。

让我们从最理想的情形开始。如果企业随时能够从市场上购进它生产所需要的一切投入，且企业能保持一个稳定的投入系数 r（投入存货/生产规模）的话，那么，投入库存（S_I）为

$$S_{It} = r \cdot \bar{Y}_t \tag{5.8}$$

其中，S_{It}、$\bar{Y}_t$分别是 t 时的投入存货和生产规模。这时，投入存货与生产正相关：扩张时，存货增加；收缩时，存货减少。

即便在这种条件下，还有一个投入品价格（P_I）周期波动的问题。投入品价格一般扩张期增加，收缩期下降。企业为了减少投入库存支出（$P_I \cdot S_I$），即避免投入品价格提高的损失，往往会在价格较低的扩张前期增加购买，而在扩张后期减少购买。所以，投入库存大都是在扩张前期增加，扩张后期减少。至于库存扩张的起点，则是提前购买产生的收益大于因此而增加的支出那一点，即

$$(P_{It+i} - P_{It}) \cdot \triangle S_I > (1+\alpha+\beta)^i \triangle S_I \tag{5.9}$$

其中，$\triangle S_I$为存货增量，P_{It+i}是远期存货价格，P_{It}是即期存货价格，α 是利率，β 是租金率及其他成本率（每元库存所需其他成本）。等式（5.9）所确定的扩张购买点如图 5－2 所示。其中，$(1+\alpha+\beta)^i$是提前购买成本，它向右下方倾斜意味着在价格扩张期购买愈早（即购买与消费的时滞愈大），成本愈大。（$P_{t+i} - P_t$）是提前购买的收益，它向右下方倾斜意味着购买愈晚，收益愈小。在 N 点，$(P_{t+i} - P_t) = (1+\alpha+\beta)^i$，这意味着从 N 点始，提前购买投入品的收益大于成本，于是投入

存货从 N 点开始增加，即投入系数不再是一个稳定的常数。这说明，仅仅加入投入品的价格波动这一因素，投入存货扩张期增加、收缩期减少的波动形式就要受到较大的限制。

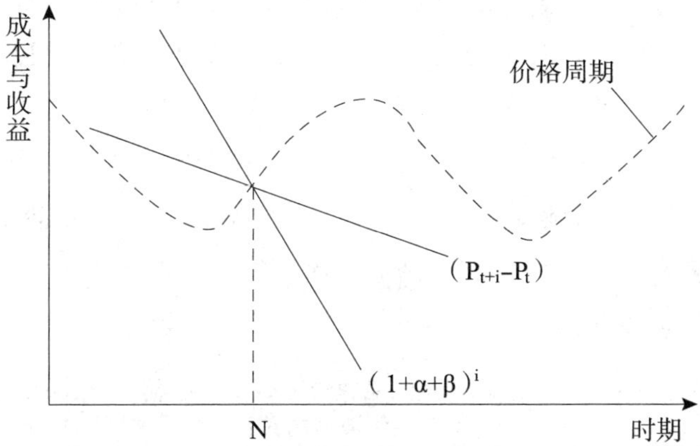

图 5－2　企业投入购买扩张点的决定

现在，我们再加入购买难度（ø）这一因素，即企业并不能按照生产的需求随时可购买到相应的投入品。这时，企业为了其生产的顺利进行，就会在周期的任何阶段，购买它所能承受的投入存货，而不考虑由此带来的库存成本增加。这是科尔奈所强调的短缺经济中的囤积现象。购买难度愈大，购买和库存成本对库存量决定的影响愈小，囤积倾向就愈强烈。这时也就没有确定的投入存货波动形式可循。

我们再加入一个投入品供应的季节性问题。如果企业所需原料的生产从而原材料的供应是季节性的，且企业生产不能保持一个稳定的节奏，那么投入存货的波动形式很可能是这样的：扩张期存货减少，收缩期存货增加（累积）。

总之，扩张期投入存货增加、收缩期投入存货减少的波动形式只是理想条件下的一种情形。现实生活中，由于投入品价格的变动、购买难度、投入品供应方式（在计划经营中，这一因素的影响极大）以及原材料供应的季节性等因素的影响，投入存货的波动形式就不这样确定和单一了。R. H. 布劳盖特（Blodgett）1935 年所提供的一些统计资料可用于我们这一结论的证实（见表 5－3）。从该表中我们可以看到，投入存货没有一个确定的波动形式。有的产品投入是扩张期减少、收缩期增加，有的是扩张期增加、收缩期减少，有的甚至没有明显的周期波动。

现在再让我们来考察一下产出存货的波动形式。

产出存货是企业某一时点上待售的产成品的总和，在量上等于企业生产减去企业销售。因此，企业产出存货的变动是企业生产与企业销售相对变动的结果。

表 5－3 美国不同投入品存货波动与企业生产波动和整个经济波动的关系

投入存货种类	使用该原料的企业生产周期			整个经济的周期		
	扩张期	收缩期	整个周期	扩张期	收缩期	整个周期
化工纸浆	－100	0	－100	－100	－33	－33
原盐	＋50	0	0	＋100	＋33	＋100
原油	＋100	0	＋100	＋50	－50	－50
锡	＋50	0	－50	＋50	0	＋25
原棉籽油	－33	＋33	－33	－100	－100	－100
新闻纸	0	－100	－100	0	－100	－100
铁矿砂	－100	－100	－100	－50	－100	－100
原粮（小麦）	—	—	—	0	－100	－50
原棉	－50	0	0	－50	－33	－50
兽皮	—	—	—	＋33	＋33	＋33
原糖	0	－100	－100	0	－100	－100

注：＋100 表示完全正相关；－100 表示完全负相关；0 表示不相关。

资料来源：转引自布劳盖特：《商品存货的周期波动》（英文版），宾夕法尼亚大学出版社 1935 年版，第 27 页。

我们还是从最理想的条件开始。假定企业的产品总是能够顺利地销售出去，并且产品库存与销售保持着一个稳定的比例（产出存货/企业销售），那么，产出存货（S_0）等于销售（D）乘产出存货系数 e，即

$$S_{0t} = e \cdot D_t \tag{5.10}$$

那么，随着扩张期 D_t 的增加，收缩期 D_t 的减少，产出存货相应地增加和减少，这时，生产、销售和存货的波动方向和波动幅度均相同。然而，实际上，e 并不是一个常数，而且有明显的周期波动。如果 e 扩张期增加，收缩期减少，那么产出库存波动与一般周期同向，波动幅度大于销售的波动幅度，这时，库存波动将放大生产的波动。如果 e 扩张期减少，收缩期增加，且它的变动是能抵消 D_t 的相反变动的话，库存则在扩张期减少，收缩期增加，并且有稳定生产的功能。

从这个角度看，产出库存的（设计）功能也影响着产出存货波动形式。如果是为了销售的平稳，防止销售的过度波动，那么随着生产的扩张与收缩（收缩到低于销售水平），库存就会扩张期增加，收缩期减少。反之，如果库存是为了平稳生产，那么，随着销售在扩张期的增加和收缩期的减少，库存就会表现为扩张期减少，收缩期增加。

影响产出存货波动形式的因素除去上述的存货系数 e 和存货功能外，还有存货的性质。当因产品的物理性质或因消费偏好的多变，产品不易或不能保存时，企业生产波动幅度往往大于销售，从而产出存货往往是扩张期增加、收缩期减少，适于保持一定的过剩生产能力，而非产出存货的部门也具有这样的特点。反过来，如果产品适宜于长期保存，如酒类和某些机械、五金类产品，那么，产出存货在收缩期就不是减少，而往往是增加。

决定产出存货波动形式的第四种因素是市场类型，即是消费者主

权,还是生产者主权。当是消费者主权时,生产是为了消费,是按需定产(按订货量定产出量),这时,产出存货波动很小。反之,如果是生产者主权,是生产刺激消费,这时销售滞后于生产,从而往往是扩张期产出存货增加,收缩期产出存货减少。

表5－4　美国产出存货波动形式的多样性

产出存货名称	与生产周期相关度			与一般经济周期相关度		
	扩张期	收缩期	整个周期	扩张期	收缩期	整个周期
新闻纸	－100	－100	－100	－100	－100	－100
水泥	＋100	－100	＋100	0	－50	0
搪瓷浴缸	—	—	—	－33	－33	－33
锌	－33	－100	－100	－33	－100	－100
橡木地面材料	0	0	0	0	－50	－50
棉织品	－33	－33	－33	0	0	0
精炼棉籽油	－50	0	＋50	0	－50	－100
普通砖	－33	－33	－33	－33	－33	－33
皮革	－100	＋33	－33	－100	＋33	－33
薄钢板	－50	－100	－100	0	－100	－100
炼乳	－100	－100	－100	－100	0	－100
精炼糖	＋100	＋100	＋100	＋100	＋100	＋100
印书用纸	＋100	0	0	＋100	－100	＋33
乙烷	＋100	－100	＋100	＋100	－100	0
面粉	＋100	＋100	＋100	＋100	＋50	＋100
棉制成衣	－33	＋100	＋100	－33	＋33	＋33
冻猪肉	＋100	＋100	＋100	－33	＋33	＋33
针织品	＋100	－100	0	＋100	0	＋100
汽油	—	—	—	＋100	－50	0
车轮内胎	＋100	－33	＋100	＋100	＋33	＋100

资料来源:同表5－3,第60、第70页。

最后一个因素是企业销售产出的对象类型。如果购买企业产品的是个人消费者,其购买波动幅度一定小于企业生产,从而企业产出存货扩张期增加,收缩期减少。如果是商人购买的话,由于商人进货的目的是营利,且调整库存的能力较强,从而商人购买波动幅度不一定小于企业的生产,从而与商人交换产品的企业的产出存货波动,不像销售对象是个人消费者的企业的产出存货的波动那样确定。

总之,产出存货的波动形式是多因素综合作用的结果,哪种因素的影响大,产出存货波动形式就向这一力量作用的方向倾斜。由于部门之间、企业之间不同因素作用的强度不同,起主导作用的因素也不同,各部门、各企业的波动形式也往往不同,从而使产出存货波动形式具有不确定性。这一结论也被布劳盖特同一著作的统计资料所证实(见表5－4)。

存货波动对产业结构变动的影响

存货意味着生产与销售在数量及时序上的分离,存货变动意味着生产波动与销售波动的不一致。特别是当部门之间存货的相对水平与波动形式不同时,产业结构就会发生相应的变化。

1. 存货使生产部门结构与销售部门结构出现差异

当我们撇开存货来研究周期波动时,实际上是假定生产(GNP或总产值)等于销售(或总支出),从而用产值表示的产业结构及产业结构的波动完全等于用销售额表示的产业结构及产业结构波动。但是,生产并不一定等于销售,从而用产值表示的产业结构不一定等于用销售额表示的产业结构。两者如要相等,除非满足这样一个条件,即各部门的存货系数(存货/生产)在任何时候总是相等①。显然这个条件几乎无法得到满足。

在部门间产值结构既定的条件下,即 Y_i/Y_j 一定时,根据 $\frac{D_i}{D_j}=\frac{(1-s_i)Y_i}{(1-s_j)Y_j}$,我们可以做出这样几个推论:

第一,存货较大的部门,其用销售额表示的份额较小,即该部门在总销售额中所占比重小于其产值所占的比重。

第二,不管在经济扩张期还是收缩期,s_i 增加快于社会平均存货系数 s_t 的部门,其销售份额表示的部门比重趋于减少。这一结论在该部门的产值份额增长速度小于 s_i 增长幅度的条件下,仍然成立。相反,s_i 减少速度大于 s_t 的部门,其销售份额不断增加。

第三,当 $\frac{Y_i}{TY}$ 和 $\frac{s_i}{s_t}$ 都在变化,但其变动方向相反时,谁的变动幅度更大,谁就决定销售份额的变动方向。销售份额与产值比重($\frac{Y_i}{TY}$)成正比,与库存系数($\frac{s_i}{s_t}$)成反比。

---

① 证明:用 Y 表示生产,D 表示销售,S 表示存货,s 表示存货系数且 $s=\frac{S}{Y}$。由于 $Y=D+S$,所以第 i 个部门的生产可表示为 $Y_i=D_i+S_i=D_i+s_iY_i$,整理得 $(1-s_i)Y_i=D_i$,$Y_i=\frac{D_i}{1-s_i}$。第 i 部门在总生产和总销售中所占比重为 $\frac{Y_i}{TY}=\frac{D_i}{1-s_i}\Big/\frac{TD}{1-s_t}=\frac{D_i}{TD}\cdot\frac{1-s_t}{1-s_i}$,其中 TY、TD 和 s_t 分别为总生产、总销售和社会平均存货系数。当 $s_i=s_t$ 时,$\frac{Y_i}{TY}=\frac{D_i}{TD}$,即只有各个部门的存货系数都相等时,各个部门用产值表示的份额才会都等于用销售额表示的份额(上文曾用 r 表示投入存货系数,$r=\frac{\text{投入存货}}{\text{生产规模}}$,e 表示产出存货系数,$e=\frac{\text{产出存货}}{\text{销售}}$,一般地 $s\neq r+e$,除非,销售 = 生产)。

从表5－5我们可以看到:(1)所需原材料和半成品的生产凡是带有明显季节性的,如原棉、小麦、粗糖,存货系数就高;(2)凡是作为下道生产环节主原料的产品,特别是经过加工后减重很大的产品(如矿砂),存货系数也较高。所以,钢铁部门、纺织部门的销售份额一般小于其产值份额。表5－6则表明,易耗品的产出存货系数较低,如新闻纸、糖、酒精、面粉、猪肉、汽油等,而半耐用品和耐用品,如上等皮革、软硬头饰、砖、车胎、成衣等,其库存系数较高,这说明前者的需求波动幅度较小,比较稳定,生产与销售的离差较小,后者的需求波动幅度较大,从而销售的偏离往往较大。由此可以推论出:(1)生产耐用品的部门,其用销售额表示的部门比重小于用产值份额表示的部门比重,生产易耗品的部门,其用销售额表示的部门比重大于其用产值表示的部门比重;(2)由于劳动手段大都为耐用品,故生产劳动手段的部门(机械工业)的存货系数大于生产劳动对象的部门(如原材料部门)和生产生活日用品的部门(如食品工业、纺织工业)的存货系数。

表5－5　1919—1932年间投入存货系数值及相对位次

投入存货名称	位次	投入存货/生产消费	投入存货名称	位次	投入存货/生产消费
化工纸浆	1	0.24	粗糖	6	0.94
原盐	2	0.54	新闻纸	7	1.11
原油	3	0.56	小麦	8	2.68
锡	4	0.67	铁矿砂	9	3.93
原棉籽油	5	0.74	原棉	10	11.20

资料来源:同表5－3,第45页。

表 5－6 1919—1932 年存货波动中产出存货系数值及其相对位次

产出存货名称	产出存货/生产	位次	产出存货名称	产出存货/生产	位次
新闻纸	0.24	1	水泥	1.56	11
精制糖	0.51	2	搪瓷浴缸	1.58	12
书籍用纸	0.60	3	锌材	2.05	13
酒精	0.65	4	橡木地料	2.14	14
薄钢板	0.72	5	棉制成衣	2.14	15
面粉	0.79	6	车轮内胎	2.22	16
棉制品	0.85	7	精制棉籽油	2.36	17
冻猪肉	1.20	8	普通砖	3.13	18
针织品	1.27	9	软硬头饰	4.07	19
汽油	1.44	10	上等皮革	4.73	20

资料来源：同表 5－3，第 52 页。

2. 存货波动形式的差异对产业结构的影响

如果我们在上面分析的是库存系数的大小对产值结构和销售结构的影响的话，那么，我们现在则把库存作为产值的一个构成因素，来分析存货波动的形式对产业结构的影响。

存货波动形式影响产业结构的第一个方面，是存货波动方向的差别对产业结构的影响。从我们在第二节对存货波动形式的分析，我们知道，存货波动形式分为三类：一类是存货波动方向与经济周期波动方向相同的正向波动型，一类是存货波动方向与一般经济波动方向相反的逆向波动型，最后一类是存货没有明显波动的零波动型。对于存货正向波动型部门而言：经济扩张期，库存增加，从而在其他条件不变的条件下，产值（GNP 或总产值）增加幅度较大（GNP = 生产 + 存货），故该部门产值份额增加；收缩期，存货减少，GNP 下降幅度也较大（即生产和存货同时下降），故该部门产值份额减少。对于存货逆向波动型部门而言：扩张期存货减少，在该部门生产增长速度与全社会生产增长速度相同的条件下，其 GNP 增长幅度较小（生产增长，但存货减少），产值份额也就相对下降；收缩期，其库存增加，GNP 下降幅度较小，故其产值份额相对增加。对于存货零波动型部门而言：其产值份额完全取决于生产的波动方向和波动程度，即该部门的存货对周期阶段上的部门比重没有影响。产业结构的这一变动过程如表 5－7 所示。

表 5－7　存货波动类型对产业结构的影响
（条件是生产波动幅度相等）

存货波动类型	扩张阶段		收缩阶段	
	存货波动方向	产值份额变动方向	存货波动方向	产值份额变动方向
正波动部门	增加	增加	减少	减少
逆波动部门	减少	减少	增加	增加
零波动部门	不变	不变	不变	不变

存货波动类型影响产业结构的第二个方面是同一波动类型内部存货波动幅度的差异。一般而言，所有正波动部门中，存货波动幅度小的部门，其产值份额与逆波动部门相比，虽然在扩张期增加，收缩期减少，但与同一波动类型部门中存货波动幅度大的部门相比，其产值份额却是扩张期减少，收缩期增加；在所有逆波动部门中，存货波动幅度小的部门的产值份额，与正波动类型部门相比，扩张期减少，收缩期增加，然而与本类型中波动幅度大的部门相比，其产值份额却是扩张期增加，收缩期减少。所以，表 5－7 可以具体化为表 5－8。

表 5－8　存货波动类型和波动幅度对产业结构的影响

存货波动类型	扩张阶段		收缩阶段	
	存货波动方向	产值份额波动方向	存货波动方向	产值份额变动方向
正波动类型（Ⅰ）				
其中				
大幅度波动部门（$Ⅰ_1$）	增加＋＋	增加＋＋	减少－－	减少－－

（续表）

小幅度波动部门（$Ⅱ_2$）	增加＋	增加＋	减少－	减少－
逆波动类型（Ⅱ）				
其中				
大幅度波动部门（$Ⅱ_1$）	减少－－	减少－－	增加＋＋	增加＋＋
小幅度波动部门（$Ⅱ_2$）	减少－－	减少－	增加＋	增加＋
零波动类型（Ⅲ）	不变	不变	不变	不变

注："＋"表示增加，"＋"的个数表示增加幅度；"－"表示减少，"－"的个数表示下降幅度。

根据布劳盖特的资料，我们将存货波动的部门分类及波动幅度列表如下（见表5－9）：

表5－9　存货波动类型的部门分类及其波动值（%）

$Ⅱ_1$	波动值	$Ⅱ_2$	波动值
炼锡业	149.2	砖窑业	47.9
搪瓷浴缸	131.3		
薄钢板	89.5	炼乳业（罐装）	29.8
炼乳（散装）	63.2		
橡木地料	57.6	高级皮革	20.4
水泥业	57.5		
精炼棉籽油	52.1	棉制成衣	15.2
$Ⅰ_1$	波动值	$Ⅰ_3$	波动值
酒精	72.4	针织品	23.2
汽油	63.0	软硬发饰	25.0
冻猪肉	48.4	书籍用纸	24.3
精制糖	45.0	棉制成品	15.5
车轮内胎	34.9	面粉	5.4

注：$波动幅度=\frac{\left[\left(\frac{高峰值-第一个低谷值}{第一个低谷值}\right)+\left(\frac{高峰值-第二个低谷值}{第二个低谷值}\right)\right]\times 100\%}{2}$

资料来源：根据布劳盖特：《商品库存的周期波动》（英文版），宾夕法尼亚大学出版社1935年版，第66、第84页数据计算。

附录　季节变动与产业结构变动

从波动的长度来看，季节变动无疑是一种重要的经济波动。所以，美国全国经济研究所的专家们，如米契尔、库兹涅茨、伯恩斯，把季节变动看作经济波动的几种形式之一。伯恩斯甚至认为，季节波动也是一种商业波动，也应算作商业周期。① 然而，如果我们把经济因素引致的经济波动称作经济周期的话，这种由自然因素（气候）引起的经济波动自然不宜与存货波动这样的周期波动相混淆，这就是我们将季节变动与产业结构变动的影响放在附录中论述的主要原因。

1. 季节变动和季节变动的衡量

库兹涅茨曾在《工业与商业中的季节变动》一书中，对季节变动下过一个经典性的定义："季节变动是因气候和季节的原因引起的经济活动的变动。"②我们认为，所谓季节变动，是由气候和人文习惯的季节变化③所引起的某些部门生产活动和人们消费行为的变动，以及由此产生的经济活动在年度内的有规律的变化。

季节变动对经济活动的影响不是独立的，或者说，在统计指标上直接反映出来的经济运动，包含着长期趋势、季节变动、中期波动和随机事件在内的若干因素的共同影响。所以，要明确经济活动的季节变动，

---

① "随着经济波动研究的进步，我们关于经济波动的名称应加以改变。'趋势周期'和'商业周期'同是商业中的周期，经济活动中的'季节周期'同样也是如此。"见伯恩斯：《1870年后美国的生产趋势》（英文版），全国经济研究所1934年版，第247页。

② 库兹涅茨：《工业与商业中的季节变动》（英文版），全国经济研究所1933年版，第23页。不过季节变动分析的开创者是杰文斯（Jevons）。这点库兹涅茨也是承认的。参见库兹涅茨：《生产与价格的长期运动》（英文版），第59页。

③ 如春节、圣诞节等节日导致客运的季节波动。

首先就要采用相应的统计手段,把其他变量的影响排除掉。其大体步骤是:第一步,排除长期趋势的影响,即用长期增长函数对原始样本进行处理;第二步,将第一步的结果消除月份天数差异,即月份实际数值×平均天数÷实际天数;第三步,消除周期波动的差异,将若干年份同月份数相加,然后求月份的平均值;第四步,对上一步的结果求12个月移动平均数;第五步,计算第三步结果对第四步结果的偏离。这样就可以计算出每一种产品的一般季节变动模式。根据库兹涅茨的计算:美国谷物和牲畜的供给高峰是从早秋到冬季;矿产品的生产高峰是在夏末和秋季,库存高峰则滞后数月;半成品和最终产品的生产高峰是在3月和10月,谷底则在7月和12月。[①] 当然,季节变动模式不会永远不变,随着(1)经济重心地理位置的改变(对大国来说尤其重要,如苏联经济重心从欧洲部分向亚洲部分的转移,我国经济重心从沿海向内地的扩散)、(2)消费习惯的变化(如夏令食品向冬季的扩散)和(3)科技进步对自然条件限制的缓解(如温室蔬菜生产),经济的季节变动模式也会发生相应的变化。

2. 季节变动对产业结构的影响

季节变动对产业结构的直接影响表现在以下几个方面:

第一,季节变动导致人们需求的季节性变化,从而通过需求对生产的影响改变着产业结构。譬如,在夏季,饮料食品行业迅速扩张,其所占份额增加,而在冬季随着需求的萎缩,其所占份额下降;取暖用品行业则是冬季扩张、夏季收缩。季节的变动不仅通过人们的消费变动来影响产业结构,而且还会带来存货的周期波动。为了满足某种产品需求旺季的到来,就要在淡季增加库存,而这种存货波动,如同在第五章

① 见库兹涅茨:《工业与商业中的季节变动》(英文版),第372—416页。

考察的那样,也会影响产业结构。

第二,季节变动直接影响一些部门的生产。气候的季节变化直接影响着一些部门的生产条件,如农业、建筑和采伐等部门,从而使这些部门的产出出现季节变动。同时通过一系列投入—产出链条,影响下游部门的生产与存货,从而导致产业结构出现季节性变动。

季节变动影响产业结构的第三个方面是部门间在季节变动时序和波幅上的差异。存在季节变动的部门与不存在季节变动的部门相比,这种季节性的产值、就业和销售的波动,自然会引起它们的产值份额、就业份额和销售份额的季节变动。同时,即便在季节变动部门中,它们之间变动的时序和幅度也不一样。例如,在 t_0时进入高涨阶段的部门,与在 t_0时尚未进入高涨阶段,或已越过高涨阶段的部门相比,其结构份额增加;同时在 t_0时进入高涨阶段的部门中,高涨幅度大的部门,其所占份额更大。这样,由于部门波序和波幅的差异,随着季节的演进和交替,整个产业结构就会不断发生有规则的季节变动。

根据部门生产与销售季节变动的特点,我们可以把社会生产活动分为四种类型的部门。第一类是生产存在季节变动而对其产品的需求相对平稳的部门,如各种种植业和水力发电部门。第二类是产品的需求存在较大的季节变动,而产品的生产相对平稳的部门,如服装业。第三类是产品的生产和需求都存在季节变动的部门。这类部门的特点是产品不能或不宜保存,如饮料业、客运业等。第四类是生产与销售都不存在明显季节变动的部门,如机械工业。

季节变动无论对生产者、消费者和社会来讲,都是一笔负担,因为季节变动会带来资源的闲置。首先,部门生产的季节变动意味着生产能力(固定资产及劳动力)的闲置。部门间季节变动时序的不同以及劳动力的部门间移动,虽可在一定程度上减弱劳动力的闲置度,但不会完全消除劳动力的季节性闲置。同时,劳动力从季节性收缩的部门流向季节性扩张的部门本身就产生了劳动力的流动与再就业费用。其次,生产与需求的季节变动导致库存增加。为了适应需求的季节变动,减少生产的过度跌宕,就要增加产出库存;为了适应某一部门的季节变动,以这一部门的产品为主要投入的部门为了消除过度波动,就要增加投入库存;而对那些需求存在季节变动而产品又不能或不宜于储存的部门来说,就必须增加生产能力的储备。这些库存虽然都是社会所必需的,但的确是社会资源的一种闲置,是社会经济运动的“死荷重”。①

从这个角度看,由季节变动引致的产业结构变动,既不像长波中的结构变动那样,是以产业新陈代谢为内容的产业结构高度化,也不像中期波动中的结构变动那样,是对失调的产业结构的一种否定性调整,而是社会资源的一种损失。为了减少季节变动带来的损失,需要采取以下措施:第一,加快科技进步步伐,减轻自然条件对生产过程的影响;第二,提高生产要素流动性,减少资源尤其是劳动力的季节性闲置;第三,实行多种经营策略,减缓需求的季节变动对企业生产的影响。

---

①　这又一次说明那种武断地认为经济波动是经济的自我组织,是从无序走向有序的观点是多么地简单和轻率。

第三篇
长期波动与结构变动

长期波动同其他类型的周期波动一样，也以其特有的方式影响和改造着产业结构，从而产业结构的演变轨迹也深深地留下了长波作用的印痕。揭示长波影响产业结构的方式和产业结构在长波中的变动规律，构成本篇的主要内容。其中，第六章首先介绍和评介各种长波理论，然后在此基础上揭示长期波动的实质；第七章研究长周期中产业结构变动的特点。

第六章　长波与长期波动的实质

长波与长波研究

如果说18世纪末机器的出现使商品生产具备了突然扩张的能力，并奠定了中期波动的物质基础，从而使一些经济学家在19世纪初开始感到经济的中期波动的话，那么，随着物质财富的不断累积，尤其是物质基础结构的扩展，这种以机器为基础的商品生产经过一个世纪的发展后，就逐渐展现出长期波动的特点，从而在19世纪末20世纪初，一些经济学家观察到资本主义发展中存在着长度大致为五六十年的长波。

根据杰文斯的介绍，英国人哈莱德·克拉克（Hyde Clarke）是第一个发现资本主义经济发展存在着50—60年长期波动的人。① 克拉克在刊载于英国1847年《铁路年鉴》上的文章《物理经济——决定饥馑与恐慌时间的物理规律的初步研究》②中指出，1793年恐慌与1847年恐慌之间是一个长度为54年的经济波动时期，这一时期包含5个10—11年周期。但是，克拉克只是通过比较1793年和1847年这两个比较

---

① 在谁是第一个长波发现者的问题上，无论是20世纪30年代的库兹涅茨（《生产与价格的长期运动》，第201页），还是70年代的曼德尔（《晚期资本主义》，第122页），抑或是80年代的冯·杜因（《经济生活中的长波》，第59页），都提到了由杰文斯转述的克拉克的文章，但只有冯·杜因认为克拉克是长波的发现者。库兹涅茨将这一发现归功于冯·盖尔德伦，熊彼特则归于斯皮索夫（Spiethoff）（《商业周期》第1卷）。

② 见杰文斯：《商业危机和太阳黑点》，载《通货与金融调查》，伦敦，1884年。

严重的恐慌期,而将其划分为一个特殊的长期阶段,并没有解释长期波动的原因,只是认为这种长期波动现象应该借助于名为“物理经济学”的科学。也许正是由于这一原因,克拉克并没有像基钦和朱格拉那样获得以自己姓名为周期命名的殊荣。

帕尔瓦斯(Parvus),原名亚历山大·以斯瑞尔·哈尔潘德,是第一个试图弄清长期波动原因的马克思主义经济学家。① 他于1896年发表了一篇文章。当他在对农业萧条的研究中试图用农产品的生产与供应状况来解释价格的波动时,发现了50—60年的长期波动。他认为长期扩张或涨潮的原因是世界市场的扩张,而世界市场的扩张则是由于(1)技术状态的变动、(2)货币市场扩张和(3)殖民地的扩大。当这几种扩张现象消失时,经济就进入长期萧条或落潮阶段。② 需要提及的是,帕尔瓦斯是第一个阐明了长波不同阶段上中期波动特征的学者。他认为:在长波的涨潮阶段,规则性的周期(中期波动)的扩张变得有力,而收缩和衰退则缩短;在长波的落潮阶段,中期扩张变得无力,而危机时间则延长。这一思想大都被康德拉季耶夫所接受。③

不过,帕尔瓦斯的著作还谈不上是一种长波理论。主要原因是他没有解释波动转折点为什么会重复出现;同时,他错误地把19世纪60年代看作实际上从1850年开始到1873年结束的扩张阶段的发端。正是由于这些不足,在长波思想史上,帕尔瓦斯没有得到他应得到的评

① 长波的发现与马克思主义者是联系在一起的。然而,自从康德拉季耶夫在苏联受到批判以后,马克思主义者对长波就持否定态度了。对此,曼德尔感慨不已。其实,使马克思主义学者望而却步的真正原因,是马、恩、列、斯对资本主义生产方式运动规律的描述与长波暗含着资本主义不断地由落潮进入高涨的观点相矛盾。

② 见杜因:《经济生活中的长波》(英文版),乔治·阿兰和埃温出版社1983年版,第60、第61页。

③ 见康德拉季耶夫:《经济生活中的长期波动》,载《现代国外经济学论文选》第10辑,商务印书馆1986年版,第13页。

价。在杜因看来,完全有理由把长波称作帕尔瓦斯周期。①

几乎与此同时,考茨基也注意到了这一问题。与同时代的学者一样,他把长期繁荣与长期萧条的原因归结为价格的变动,并根据价格波动资料,把资本主义发展划分为两个长波:第一个长波,1818—1949 年为下降期,1850—1873 年为上升期;第二个长波,1874—1896 年为下降期,1897—1910 年为上升期。②

荷兰马克思主义者冯·盖尔德伦(Van Gelderen),笔名佛德(Fedder),是长波理论史中具有重要贡献的一位。他在 1913 年用荷兰文写的一篇文章中,考察了英格兰、美国、比利时、匈牙利和德国的物价指数,注意到 1850—1912 年间存在着明显的长期波动,并把价格的长期上涨与下降和经济的一般波动联结起来,他说:"除去价格水平平均十年的周期外,价格曲线还表明更长的波状运动。"③为了证明他的结论,他还考察了生产、金融、国际贸易和交通等时间序列。当时,由于非价格资料有限,盖尔德伦主要从事价格的历史—统计分析。他的任务主要是寻找能够解释涨潮或落潮的因素。在他看来,经济扩张或者是由于新的领土的获得,或者是由于新产品的出现。然而,经济的扩张同时就埋下了衰退的种子,生产的扩张会受到饱和的市场和短缺的生产原料的限制,从而经济从涨潮转入落潮。④

盖尔德伦虽然是第一个提出经济的长期运动出现扩张与收缩的原因的经济学家,但是,他对低转折点(从收缩开始扩张)的解释是远远不

---

① 杜因:《经济生活中的长波》,乔治·阿兰和埃温出版社 1983 年版,第 63 页。

② 参见金岩石硕士论文:《经济增长的长波——资本主义生产方式动态研究》,第 4 页。

③ 转引自库兹涅茨:《生产和价格的长期运动》(英文版),第 260 页。

④ 参见杜因:《经济生活中的长波》(英文版),乔治·阿兰和埃温出版社 1983 年版,第 62 页。

够的。他没能说明促使经济进入扩张的原因何时和如何发生作用。

不知纯粹是偶然,还是某种不得而知的原因,长波的研究总是和长波运动存在着密切的关系。在1913年,第二个长波的峰年,好几位学者几乎同时独立地发现了价格运动的长波。他们是阿富太林(Aftalion),杜冈-巴拉诺夫斯基(Tugan-Baranowsky)和莱挪(Lenoir)。虽然他们的著作对长波理论几乎没有增添多少新东西,却也表明长波已得到愈来愈多的经济学家的注意。

20世纪20年代初,因第一次世界大战而暂时中断的长波研究重新高涨,其代表是俄国两位世界观截然不同的人物:康德拉季耶夫和托洛茨基。从此,长波就和康德拉季耶夫的名字不可分离了。

尼古拉·迪米奇耶维茨·康德拉季耶夫是一位农业经济学家,曾任克伦茨基政府粮食部副部长,1920年创建危机研究所。他的长波理论是在一战后到20年代初形成的。1922年在题为《战中和战后的世界经济和条件》的文章中,①第一次出现了长波思想,不过这时他对长波是否真正存在还不十分肯定。同事们的反对促使他进一步研究这个问题。1926年,他对1924年冬和1925年春以俄文发表在危机研究所《经济波动论文集》中的《经济生活长周期》一文进行修改后,以《经济生活中的长波》为题,用德文发表在《社会经济与社会经济文献》第56卷,该文的英译本于1935年发表在《经济统计评论》第17期。②

康德拉季耶夫分析了包括价格数列、价值数列和实物量数列在内的36个统计数列,在其中的25个数列中发现了不同于7—11年的中

---

①　他在1923—1925年间还发表了下列关于长波的文章:《关于世界经济和统计的几个争议问题》、《论经济的静态、动态和波动》、《主要经济周期》等。

②　杜因认为康氏在1926年的《经济生活中的长波》中,根本没有提出任何理论说明,只是后来在危机研究所宣读的一篇答疑中才提出了理论解释。参见杜因:《经济生活中的长波》,第64页。

期波动和3—4年的短期波动的长期波动。他的统计方法是:当统计数列的长期趋势不明显时,直接列出实际时间数列;当存在较明显的长期趋势时,则消除其长期趋势,用9年移动平均数对长期趋势的偏离显示其长期波动。康德拉季耶夫的工作主要是统计分析和证实,而没有提出真正的长波理论,所以他的长波思想还只是一种假说。康德拉季耶夫提出的长波划分如下:第一个长周期,上升期1780—1790年至1810—1817年,下降期1810—1819年至1844—1851年;第二个长周期,上升期1844—1851年至1870—1875年,下降期1890—1891年至1914—1920年。①

托洛茨基几乎是和康德拉季耶夫同时提出了长波理论,只不过托洛茨基主要是从政治革命的角度去研究资本主义的发展长周期。1921年6月23日,托洛茨基在共产国际的"三大"第二次会议上做了长篇报告。根据英国《泰晤士》(*Times*)报登载的一份从1776年起的发展统计表,他认为资本主义的发展存在五个加速增长和减速增长的时期:1781—1851年缓慢上升期,1851—1873年高速上升期,1873—1894年萧条期,1894—1913年大繁荣期,1914年后是资本主义毁灭时期。②

康德拉季耶夫和托洛茨基的长波理论标志着苏联当时是长波研究的中心,并达到了最高水平。然而好景不长,从1926年起反对康氏长波理论的文章纷至沓来,随后便是批判升级,撤销职务。1929年苏联百科全书宣布长波论是"错误和反动的"。从此,长波理论在苏联便销声匿迹了。

苏联长波研究的低潮,恰是西方长波研究的高潮。从20年代中后期到第二次世界大战是一个非常活跃的时期。其中出现了对长波理论

① 转引自库兹涅茨:《生产与价格的长期运动》,第26页。

② 见金岩石硕士论文:《经济增长中的长波》,第7页。

的发展影响很大的经济学家——熊彼特。

美籍奥人约瑟夫·熊彼特是战前对长波理论进行深入研究并产生了深远影响的经济学家。他把长期波动同中期波动和短期波动一起看作是资本主义经济发展的一种正常和必然的运动。他首次明确提出基本创新是导致长波运动的关键，基本创新的酝酿（gestation）与吸收的长度决定着长波的长度。熊彼特根据重大创新的密集时期（即技术革命时期）把资本主义的经济发展分为三个周期：（1）工业革命时期：从18世纪80年代到1842年，在这一阶段，纺织工业的创新活动起了主导作用；（2）蒸汽与钢铁时代：1842—1897年；（3）电气、化学和汽车工业时代：从1898年到20世纪30年代。[①] 熊彼特的长周期划分与康德拉季耶夫相同，故熊彼特第一个把长波命名为康德拉季耶夫周期。遗憾的是由于第二次世界大战的爆发，他的创新长波论没有马上受到重视。

其间，先后出现了否定或怀疑康氏周期的著作。如美籍俄人加维于1943年发表了《康德拉季耶夫的长周期理论》，该文在介绍苏联长波理论争论情况的同时，通过论证康氏的统计分析，得出了否定康氏长波假设的结论。[②] 库兹涅茨及全国经济研究所的专家们基本上对长波持怀疑态度，虽然他们提出存在17—25年的周期（库兹涅茨周期）。[③] 譬如库兹涅茨在《生产和价格的长期运动》一书中，虽提出了次级长期运动（secondary secular movement）概念，但他仍然怀疑康德拉季耶夫长周期的存在。他提出来的怀疑理由：一是长波论者缺乏足够充分的理由来证明“长波”的周期长度（perodicity）；二是对于形

---

① J. 熊彼特：《商业周期》第1卷，麦格劳—希尔图书公司1939年版。

② 刊载于汉森和克莱门斯编：《商业周期和国民收入选读》一书。

③ 全国经济研究所的学者们对于库兹涅茨周期的称谓不尽一致，如库兹涅茨本人称为“次级长期运动”，伯恩斯则称作“趋势周期”。

成"长波论"这样一种理论而言,100 年左右的时间所能提供的资料尚嫌太少。①

从二战后到 70 年代初,是长波研究比较沉寂的时期。在苏联,因政治禁区的缘故,长波研究几乎无人问津。在西方,资本主义的长期繁荣则似乎使长波论丧失了它的吸引力。所以这一时期,否定论和怀疑论占了上风。除去上面提到的加维和库兹涅茨外,怀疑论和否定论者还有 W. 费尔纳、R. A. 戈登等。

当然,任何一种重大的理论论争,绝不会存在一边倒的现象。其间也出现了一批肯定长波的理论著作,如法国学者加斯东·安贝的《论康德拉季耶夫长波》(1959)、比利时学者 L. H. 杜布里茨的《总的经济运动》(1947)和《经济运动的哲学》(1959)、美国经济学家罗斯托的《经济成长的阶段》(1962)。

60 年代和 70 年代初西方长期繁荣的终止,再次引起人们对长波理论的极大兴趣,长波研究又开始转入高潮。一大批研究长波的著作问世,并形成新的创新长波论、投资—利润率长波论和相对价值长波论。它们的主要代表人物和著作是西德学者门斯的《技术的僵局》(1975)、荷兰学者杜因的《经济生活中的长波》(1983)、比利时马克思主义经济学家曼德尔的《资本主义发展的长波》(1980)、美国数量经济学家福雷斯特的《增长型周期》(1977)、美国经济学家罗斯托的《世界经济:历史与展望》(1978)、著名发展经济学家刘易斯的《增长与波动》(1978)、荷兰经济学家弗瑞曼编的《世界经济中的长波》(1983)等等。

经济的长期波动是没有国界的,作为其思维形式的长波理论也不会仅限于欧美。从 1982 年起,我国的长波研究也从长期禁锢中挣脱出

---

① 见库兹涅茨:《生产和价格的长期运动》(英文版),第 264 页。

来,在长波研究者的名单中第一次加上了中国学者的名字。他们是张蕴岭的《西方经济战后发展的转折和长周期波动》、张荐华的《关于资本主义经济的长周期理论初探》和查汝强的《论产业革命》。[①] 需要特别指出的是金岩石同志的硕士论文《经济增长的长波》(完成于 1982 年 8 月),这是我国第一部系统论述长波思想史、验证长期波动史和提出马克思主义长波理论的著作。

长波理论模型和长期波动的实质

对于任何长波论者来讲,他的理论倘若成立,都必须回答这样两个问题:(1)长波是否存在;(2)经济运动为何出现长波。对第二个问题的回答又集中在下列两个互相联系的问题上:第一,什么因素或力量决定着长期波动的长度,即长波为何不是 10 年、20 年,也不是 100 年,而恰恰是 50 年左右。第二,什么因素使这种长期波动周而复始,不断出现,即什么力量使长期经济扩张为长期经济收缩所代替,而经济收缩过程又如何和为何创造出它的对立物——经济高涨。如果说由于统计资料的实在性和统计程序的可检验性,从而长波是否存在这一问题较易回答且答案也较一致的话,[②]那么长波的理论说明则因方法的多样性和理论基础的差异而表现出较大的差别。根据对决定周期长波的因素和阶段交替原因的说明,我们把长波理论分为三个大类,每个大类又包含着几个亚类。

---

① 张蕴岭和张荐华的文章都刊登于《世界经济》1984 年第 10 期,查汝强的文章见《中国社会科学》1984 年第 6 期。

② 罗斯托的长波划分是唯一的例外。他根据农产品和其他初级产品交易条件的变化来确定长波阶段。他的第一个和第二个长波起止时间与康德拉季耶夫、熊彼特和曼德尔等基本相同。然而,他的第三个和第四个长波时间的划分却与众不同,甚至第四个长波恰好与众人相反。出现这一差异的原因,我们将在正文中解释。

1. 货币—价格长波论

这一类的长波理论一般有这样两个特点：第一，价格波动是生产波动的原因；第二，价格波动往往是货币供应量变动或资源供给变动的结果。

用价格的长周期来说明整个经济的长周期几乎是最初的长波理论的最大特点。这种理论结构的出现有其相应的原因。第一，当时，经济涨潮与落潮的时期同价格的上涨与下降期十分吻合。1847—1873 年间的经济扩张伴随着 19 世纪 50 年代后加利福尼亚和阿拉斯加金矿发现后的价格上涨，而随之而来的 1873—1896 年间的长期萧条又是与通货紧缩、价格下降联系在一起的。1896 年后的扩张又是和南非金矿和澳洲金矿扩张所引致的价格水平上涨联系在一起。价格周期与经济长周期的高度正相关，自然会使人们把注意力放在价格波动上，并往往把决定价格水平的因素看作长期波动的主要原因。第二，当时，价格的时间数列是最易得到的统计资料。在英国，有非常著名的沙渥白克（Sauerbeck）始于 1818 年的价格指数，至于实物资料既少又不准确。

不过，归为货币—价格学派的长波论者对价格波动原因的解释是不同的，既有卡塞尔、考茨基、盖尔德伦（在某种程度上还包括康德拉季耶夫）等人的黄金—价格波动说，也有维克塞尔的创新、投资机会—价格波动说，还有罗斯托的初级产品供应—价格波动说。

传统的价格长期波动理论往往和黄金生产、人口变动等引致的需求长期变动联系在一起，而罗斯托的长波理论则是与初级产品尤其是能源、原材料的供应变动联系在一起，所以他是供给方面的长波论者。他认为初级产品供求的相对变化，以及由此引起的相对价格（初级产品价格/工业制成品价格）的变动是唯一能持久有效地说明长周期的因素。当初级产品富足时,初级产品的相对价格下降,从而投资不振,世界经济也就进入落潮阶段;而当初级产品供给相对不足、相对价格上涨时,初级部门的投资增加,从而带动整个经济进入扩张阶段。①

由于罗斯托的分析与现实存在着极大的矛盾(二战后到70年代初是持续繁荣年代,而非停滞阶段;能源危机后是停滞的开始,而非扩张的发端),所以他的价格—长波理论几乎很少为人所接受。至于出现漏洞如此明显的理论的原因,在于罗斯托忽视了战后科学技术的发展使初级产品的供给与需求发生了很大的变化,从而初级产品价格与整个价格水平脱节。二战前,价格水平的上涨既刺激了需求的增长,又提高了利润的份额,从而价格上涨往往导致经济扩张。这时,初级产品的运动方向与一般价格水平运动方向基本相同。二战后,随着科学技术的不断进步,单位产品需要的能源、原材料减少,再加之初级产品供给的增加,结果初级产品市场相对疲软,出现了制成品价格格局使发达国家交易条件不断提高的局面,从而支撑西方战后近30年的长期繁荣。1973年能源危机后,能源价格及农产品价格的上涨使西方国家交易条件恶化,成本急剧增加,产品竞争力锐减。于是,初级产品价格上涨不仅没有拉动经济的增长,反而成为经济发展的"死荷重"。结果,1973年后,西方国家大都陷入停滞和衰退。

价格—长波理论虽然看到了价格波动与经济波动的相关表象,然而当他们试图探究长期波动的原因时,就往往在很大程度上陷于表面现象的分析。它既不能揭示决定长波之所以是50—60年周期的物质力量,也不能解释经济波动的转折,于是只好诉诸金矿的发现、自然灾害、战争等外部因素。然而,一旦把重心放在这些外生因素上,那么长期波动的规律性,即外生因素的周期性出现便是一个几乎解不开的死

---

① 罗斯托:《世界经济的长周期和环太平洋时代》,《世界经济》1984年第1期。

结了。[①] 那么,能引起地球气候变化的某种天体运动自然是一种符合逻辑的解释了。

2. 创新—长波学派

如果说价格—长波学派失之于缺少决定经济活动长期扩张和长期萧条的物质力量的话,创新—长波学派在这方面则有其独到的价值。为了确定决定经济长期波动的物质力量,创新学派的学者把焦点对准了创新。他们首先对创新进行分类。如门斯将创新划分为基本创新、激进创新、非常重要的完善性创新、重要的完善性创新、微小创新、微弱的生产与工艺差异。[②] 熊彼特则将创新分为新产品的引入、新的生产方式的运用、新市场的开发等五类。[③] 杜因则把创新区分为创造新工业的主要产品创新、现有工业中的主要产品创新、现有工业中的工艺创新和基础部门中的工艺创新。[④] 他们认为主要创新或基本创新集群的出现是导致经济长期波动的主要力量,基础创新的酝酿(与长期萧条相适应)与吸收(与长期扩张相适应)的时间决定长周期的长度。基本创新集群的酝酿与吸收的不断交替导致长周期的周而复始,具体地讲,新的基本创新导致新的主导产业的诞生,新的主导产业通过前向与后向的波及效应、连带效应,在其他创新的配合下,带动整个经济进入扩张期。经过一段时间的扩张后,基本创新逐渐被充分吸收,建立在基本创新基础上的主导产业进入成熟和下降阶段。增长速度放慢,带动效应转弱,从而经济由涨潮转入落潮。

---

① 从这个角度看,杰文斯的太阳黑子周期论便不难理解了。周期波动是由外部因素决定的,但这种外部因素需要有规律地反复出现。

② 见杜因:《经济生活中的长波》(英文版),第93、第98页。

③ 同上。

④ 见杜因:《创新随时间的波动》,载《现代国外经济学论文选》第10辑,商务印书馆1986年版,第85、第92页。

显然,创新—长波论在说明经济扩张与衰退的原因方面,比价格—长波论深刻和有力得多。它接触到了长期波动的实质——产业革命的出现与交替。然而创新—长波假说要成为一个真正的长波理论,它还必须说明以下两个问题:第一,创新为什么在时间序列上总是不均匀地分布,即密集在某一特定时期?这一问题是经济出现周期波动的关键,因为创新在时间上的均匀分布将熨平经济的波动。第二,如果创新在时间上是非均匀分布的话,那么会密集在哪一阶段?为什么只有创新集群密集在萧条和复苏阶段,长期萧条或低速增长才会终止,才会被长期扩张的高速增长所代替,从而才会出现周而复始的长周期。

如果说在周期性的基本创新导致周期性的长期波动问题上,各家创新—长波理论比较一致的话,那么在基本创新密集在哪一阶段和基本创新群为何周而复始的问题上,则是仁者见仁、智者见智了。

对于创新理论的奠基人——熊彼特来说,他虽注意到了"创新不是在任何时候都随机、均匀分布于整个经济体系内,而是趋于集中在某些部门和它们的周围",①但是,他对创新为什么群集,以及为什么密集于萧条阶段的解释则是苍白无力的。对于前者,他只是哲理性地讲"创新随创新而来";对于后者,他只是思辨地说,萧条创造着繁荣,高涨蕴含着收缩。难怪连直接承袭熊彼特理论的门斯都责备熊彼特"关于创新起源的理论却是空白"。②

门斯试图弥补熊彼特的缺陷。他认为"在拖长的衰退性结构变化(萧条)时期,经济在结构上变得适于基本创新,且基本创新集群。萧条本身是创新高涨的原因。萧条期资本贬值的压力迫使厂商进行创新和使用高涨时没有利用的重大发明"。为了证实这一创新需求压力

---

① 熊彼特:《商业周期》第Ⅱ卷,麦格劳—希尔公司1939年版,第75页。

② 门斯等:《资本价值的变化与创新偏好》,载《现代国外经济学论文选》第10辑,商务印书馆1986年版,第57、第61页。

论,他分析了1740—1960年间每10年所发生的基本创新的资料,得出技术创新集群大都发生在萧条期间。这样,门斯在长波理论的逻辑框架上就是完整的了:基本创新是长期波动的物质力量,基本创新密集在萧条阶段,萧条阶段资本贬值的压力使基本创新得以进行。

然而,弗瑞曼(Freeman)不同意萧条压力是基本创新发动机的提法。他认为,重大创新总是和重大的科技进步联系在一起的。然而科技进步波动的出现是一种非商业活动——科学研究——的产物,它要服从科学技术的发展规律,而不简单地是市场条件的函数。同时,为了把发明应用于生产,需要强有力的需求扩张和经费上的支持。这一切只有在高涨阶段才能得到最大的满足。① 与门斯的萧条压力创新论相比,我们可以称弗瑞曼的观点是基础科学推动与需求拉起创新论。

杜因的观点则介于门斯和弗瑞曼之间,他认为,那种创造新工业的产品创新在萧条阶段肯定能够进行,然而,它们的采用看来更像是在回升阶段。因为,这时,不断增大的需求将使萧条阶段的悲观主义转为更令人乐观的经济前景。而现有工业中的产品创新看来是在萧条和回升阶段被采用,现有工业的工艺创新则是较多地密集在萧条部门(见表6-1)。②

创新—长波论的长处在于,它在一定程度上揭示了长期波动的实质——基础创新基础上的产业革命和由此而来的产业结构的转换,然而,它却没有真正弄清长期波动的直接原因。换句话说,由于创新要服从科技进步的自然规律,因而创新并不具备严格的周期波动形式。同时,由创新到经济波动尚有若干中间环节,这些环节在很大程度上需要靠投资—长波论来弥补。

---

① 贝·克拉克、弗瑞曼等:《长波、发明和创新》,载《现代国外经济学论文选》第10辑,第167页。

② J. V. 杜因:《创新随时间的波动》,载《现代国外经济学论文选》,第93页。

表6-1 长波不同阶段上不同类型创新的倾向

创新类型	萧条	复苏	繁荣	衰退
创造新产业的产品创新	+	++++	++	+
原有部门的产品创新	+++	+++	+	+
原有部门的工艺创新	+++	+	++	+
基础部门的工艺创新	+	++	+++	+

注:“+”代表创新密集程度,个数越多,密集程度越高。

资料来源:转引自杜因:《经济生活中的长波》(英文版),乔治·阿兰和埃温出版社1983年版,第137页。

3.投资—长波理论

由于投资的扩张与收缩是经济上升与下降的直接经济原因,并且存货投资、机器设备投资和建筑物投资的波动能较好地说明基钦周期、朱格拉周期和库兹涅茨周期,这便促使经济学家们从投资方面去寻找长期波动的原因。这方面的代表有荷兰马克思主义者沃尔夫、法国学者阿富太林、美国经济学家福雷斯特、比利时马克思主义经济学家曼德尔,在一定程度上还包括荷兰的杜因。

这方面的说明要成为一种长波理论,同样需要说明以下两个问题:(1)投资周期与经济周期的协调,换句话说,要说明什么样的投资具有50年左右的寿命;(2)这种投资为何会出现扩张与收缩的交替。

对于第一个问题,这派经济学家大都把基础设施投资(如铁路铺设、港口修建、运河开通)和重型设备投资作为决定长期波动的力量。在落潮后期,或者一些基本发明被用于生产过程,或者随着某一地区的开发甚至是战争的爆发,投资机会逐渐增多,投资品订货增加,接着是新兴部门的成长。为了满足新兴部门成长的需要,各种基础设施投资增加。这种基础设施投资由于其不可分性和大规模性,带动整个投资进入一个大规模扩张期(即“资本饥渴期”)。由于消费品部门和资源部门的限制,经过一段长时间的投资扩张后,逐渐进入“资本饱享期”,从而投资活动下降,生产进入长期低速增长阶段。①

J. W. 福雷斯特是用重型设备投资来解释长波的代表人物,其基本思想受马克思的两大再生产部类理论影响很大。他的理论的特点是用系统动力学模型等现代计算手段来解释重型设备寿命对生产资料部门波动的影响。

杜因则把基础设施投资高涨与基本创新、新的主导部门的出现联系在一起。“有些基本的创新将导致新的工业部门出现,……新的部门要求有它们自己的基础结构,对应对资本设备的这种需求,接着出现的是在与创新有关的部门中对产出的需求。……而创新部门的需求下降将加剧资本部门的过度扩张。这两种力量的综合作用就是一个长波的下降。”②

至于对第二个问题,即投资为什么会走出萧条又复归于萧条的解答,则大都集中在投资机会和投资利润的波动上。

维克塞尔是第一个试图把投资的波动与利息、利润和价格联系起来的人,他还首创了货币波动理论。他认为,投资对均衡状态的偏离,取决于市场利率与自然利率的差异。当市场利率低于自然利率时,潜含利润增加,故投资扩张。而当市场利率高于自然利率时,投资收益就会下降,于是投资开始收缩。③ 这一理论虽然简洁,但却离现实太远,因为自然利率是一个无法确定的东西,就等于经济的均衡状态不是一

---

① “资本饥渴期”和“资本饱享期”是格林·克拉克在 1941 年写的一本题为《1960 年的经济学》的书中提出的。他预言 1945—1970 年是一个资本饥渴期,从而投资会逐渐扩张,并带动经济高速增长。有趣的是,作者的预言竟被战后历史所证实。

② 杜因:《创新随时间的波动》,载《现代国外经济学论文选》第 10 辑,第 85 页。

③ 维克塞尔:《利息与价格》,商务印书馆 1982 年版。

个预先确定的状态一样。所以，维克塞尔的理论只能用于事后的解释，并无法运用于事前预测。

熊彼特不但是创新—长波论的开山祖师，同时，他对创新投资的根源的解释也非常深刻。熊彼特把利润看作创新的报酬，把创新看作企业家的职能。这样，利润就成为创新投资的根本动机。具有创新精神的企业家进行创新投资，获得较高的创新收益，其他企业家便纷纷模仿，因此形成创新投资浪潮，并进入扩张阶段。创新一旦普遍散布和充分吸收，那么利润就会消失，投资机会减少，经济运动也就随之进入落潮期。这样，熊彼特的创新理论在为长期波动提供自我创造、自我毁灭的机制的同时，又为投资波动准备了发动机——创新收益。稍感遗憾的是，熊彼特这种思维的闪光虽然照亮了后行人的探索之路，但自身却没能凝聚为完整的理论火龙。对利润的追求这种内在的冲动还要外化为客观的实在波动。这方面的工作是由曼德尔完成的。

马克思主义者对长波的研究在经过几十年的相对沉寂后，曼德尔在帕尔瓦斯和托洛茨基等人的基础上，提出了马克思主义的利润率—投资—长波理论。他认为资本主义生产的目的是追逐剩余价值，从而投资及整个经济的波动只能从利润率的波动中去寻找。对利润率下降导致经济落潮出现的解释，说明曼德尔是一个经典的马克思主义者。技术的进步将提高资本的有机构成，从而不可避免地会使利润率下降，从而在没有新的更有力的因素阻止利润率下降时，资本的投资将下降，经济增长步伐将减缓，即进入长波的落潮阶段。然而，资本主义生产本身不仅会产生出一些因素来阻止利润率的下降，如出现某些节省资本型创新，某种价格低廉的原材料得到大规模开发和应用等，而且还会出现战争、革命、尖锐的阶级斗争、大金矿开发等外部因素。这些外部因素，在曼德尔看来，对于从落潮到涨潮的转折起着巨大的决定性作用，它们或者使剩余价值率突然提高，或者使资本有机构成突然下降，从而使利润率有较大提高，并引发下一轮的扩张。①

需要指出的是，曼德尔对利润率的下降与上升以及其引致的经济长期扩张和长期相对萧条的说明是不同的。他用内生因素来解释利润率的下降和资本主义经济运动由涨潮到落潮的转换，用外生因素来解释利润率的上升和由落潮向涨潮的转变。“资本主义运动规律的内在逻辑能够解释每一次长波的累积性质，一旦它发动起来的话，虽然它也能解释从扩张长波到停滞长波的转变，但它不能解释从后者向前者的转变。”②

逻辑上的这一差异，实际上潜含着经典的马克思主义积累理论和利润率下降规律与现代长期波动不甚吻合，故曼德尔不得不借用外部的力量来暂时克服利润率的下降，以便经济活动能从低潮转入高潮。

综上所述，这三派理论各有所长：创新—长波论强调了长期波动的物质力量；投资—长波论强调了投资的重要作用和投资联结创新与实际经济波动的中介功能；价格—长波论则强调了价格波动和长波的关系，以及初级产品供给对长波的影响。所以，它们在很大程度上是互补的。不过，除去少数几个人，如熊彼特、罗斯托和杜因外，③他们对长期波动的实质——产业革命引发的产业结构变动——涉及甚少，这不能不说是一大缺憾。

---

① E. 曼德尔：《资本主义发展的长波》，剑桥大学出版社 1980 年版，第 21、第 34—36 页。

② 同上。

③ 熊彼特强调长期波动是对产业革命和产业革命后果的吸收。杜因把创新、投资和主导部门的变动作为长周期的原因。罗斯托则是长波论中最彻底的结构学派。

长期波动的实质——产业革命与产业结构重大变动

长期波动不同于短期波动与中期波动，它既不是需求变动引致的存货变动，也主要不是需求波动和营利机会变动引致的产值与就业波动，而是以技术革命为基础的主导部门的彻底更替，是产业结构的深刻变革。如果说在中、短波那里是需求总量变动导致产业结构变动的话，那么在长波这里，我们不能说长期波动导致结构变动，只能说长期波动中的产业结构变动，更确切地说是产业结构的根本变革导致长期经济增长速度的变动。这是长期波动与产业结构变动相互关系的最大特点。

长期波动的最根本动因是科技革命。科学技术的进步有其自身的规律和节奏。当人类对自然的认识积累到一定程度时，便会出现认识的质变——科技革命，然后是在这一质变基础上的继续积累。经济和社会环境的变化则以需求引导和资金供给等多种形式在一定程度上影响着科技进步的方向和速率。当科学技术运动的轨迹与经济生活的周期交叠在一起的时候，亦即当科技革命应用于人类生产活动时，产业革命也就相应地出现了。技术革命和产业革命创造着新的产品、新的需求和新的工艺，从而创造着新的行业和部门。新兴产业通过乘数—加速数机制加快着自身扩张的同时，又通过前向、后向和侧向连带效应，带动上游产业、下游产业和其他有关产业的扩张，通过收入效应带动与自身没有物质、能量和信息交换的部门的扩张。这样，通过投资扩张—收入增加—投资再扩张—收入再增加的多重累积效应和主导部门的多重带动效应，整个经济就进入持续的涨潮阶段。在这一阶段中，一方面是新兴的主导产业及与其紧密联系的产业群的出现，另一方面是与新兴部门、新兴主导产业群有替代关系的部门的衰落。同时，还有部门间物质、动力、信息等交换方式的转变。一言以蔽之，在这一阶段发生了产业结构的巨大变动，出现了产业结构的毁灭性创造。

随着这些科技发明的逐渐吸收，因技术的新旧交替而激发出的经济高速增长的列车，因技术势能的逐渐消失而放慢。更重要的是，主导产业部门的生命周期也在几乎不可逆地演进着，逐渐由新生期经成长期步入成熟期和衰退期。这时，因市场的逐渐相对饱和和创新空间的相对缩小，它的增长功能和带动功能逐渐衰竭，①因而整个国民经济的增长速度放慢，进入长波落潮期。

在落潮期，前期资本过度积累导致的收益递减和需求增长缓慢形成的市场相对萎缩，对于以利润为目的的厂商是一个巨大压力。在这种压力面前，一些创新精神极强的企业家便追寻能够开拓新的市场的创新。一旦某些重大科技进步与企业家的创新需求结合在一起，新的产品和新的部门便会应运而生。这些新产品所带来的较高的利润率将促使众多厂商模仿这一创新。于是，这些新产品的生产迅速扩张。一旦扩张到某一阈值，便会出现新一批带动经济进入涨潮的带头部门，产业结构又进入一个巨变期。总之，衰退期销售的困难和竞争的加剧启动了产品创新尤其是基本创新的机制，从而孕育了下一轮的高涨。涨潮阶段，市场容量扩张，竞争压力减少，部门扩张潜力很大，于是工艺创新成为最主要的创新形式。工艺创新在原有的结构基础上加速了经济的扩张。这种原有部门的扩张本身便潜含着扩张的过度和增长后劲的缺乏，一旦原有的市场开始饱和，下一轮的长期衰退便出现了。所以，从这个意义上讲，长期波动也是产业结构变动的形式。

---

①　这一现象在二战前就已被全国经济研究所的经济学家们所发现，并称其为增长速度减缓规律（the law of retardation）。见库兹涅茨的《生产与价格的长期运动》（1930）和伯恩斯的《1870 年后美国的生产趋势》（1934）。本书第七章还要涉及这一问题。

第七章　涨潮与落潮中的结构变动

参考诸长波专家对长波的划分(见表7－1),我们将历次长波的起止年份和高峰年份(上转折点)确定如下:

第一次长波:从18世纪80年代到19世纪40年代末,高峰年是1825年。峰年以前为涨潮(扩张)阶段,峰年以后为落潮(收缩)阶段。

第二次长波:从19世纪40年代末到19世纪90年代中期,高峰年是1873年。

第三次长波:从19世纪90年代中期到第二次世界大战结束,转折点是1920年。

第四次长波:从第二次世界大战结束到现在,高峰点是1973年。

下面我们就根据这一长波划分,展开我们本章的分析。

表7－1　长波划分简表

作者	第一波		第二波		第三波		第四波		第五波	
	上升	下降	上升	下降	上升	下降	上升	下降	上升	下降
康德拉季耶夫	1780—1801/1817	1810/1817—1844/1852	1844/1851—1870/1875	1870/1875—1890/1896	1890/1896—1914/1920	1914/1920—				
熊彼特	1780—1825	1825—1842	1842—1873	1873—1897	1898—					
曼德尔	1789—1815(25)	1826—1848	1848—1873	1873—1893	1893—1913	1914—1940	1940/1948—1967	1968—		
罗斯托	1790—1815	1815—1848	1848—1873	1873—1896	1896—1920	1920—1933	1933—1951	1951—1972	1972—	

（续表）

杜因			1845—1872	1873—1892	1893—1929	1929—1948	1948—1973			
杜布里茨	1789/1792—1808/1814	1808/1814—1846/1851	1846/1851—1872/1873	1872/1873—1895/1896	1895/1896—1920	1920—1936/1946	1936/1946—1974	1974—		

资料来源：康德拉季耶夫：《经济生活中的长期波动》，载《现代国外经济学论文选》第10辑，商务印书馆1986年版，第11页。熊彼特：《商业周期》第1卷，麦格劳—希尔公司1939年版。曼德尔：《资本主义发展的长波》，剑桥大学出版社1980年版，第105—106页。罗斯托：《世界经济：历史与展望》，麦克米兰公司1978年版，第110页。杜因：《经济生活中的长波》，乔治·阿兰和埃温出版社1980年版，第162页。

历次长波中主导部门的转换与主导产业群的扩大

第一次长波是以蒸汽机为核心的产业革命①的产物。

18世纪中叶，英国的工业，特别是纺织工业（这是从“羊吃人”的圈地运动发展起来的）虽有了很大发展，不过总的来看，这时的英国就像丹尼尔·笛福在《大不列颠各地漫游记》中描写的那样，是一个田园加牧场和手工工场的社会。数量微小的工匠使用着手工工具，进行着以手工劳动为基础的初级分工。这里还没有近代工业，除去农业外，尚没有真正意义上的主导产业②。

① 1867年，马克思在《资本论》第一卷中对产业革命的起因与过程做了非常精彩和详尽的说明。他基本上是把产业革命确定为以机器为基础的生产方式变革。至于产业革命这一概念的使用，还可上溯到1848年恩格斯的《英国工人阶级状况》、1848年约翰·斯图亚特·穆勒的《政治经济学原理》。本书则把产业革命定义为以科技革命为基础的新兴主导产业群的出现，以及引致的劳动方式、部门间联结形式和部门比例关系的重大改变。

② 主导产业是指在产业结构中占主导地位，对整个国民经济的发展起着主导作用的产业。具体说来，它应有以下几个功能：（1）份额功能，在产业结构中占有较大份额；（2）带动功能，对上下游产业有较强的波及效应；（3）增长功能，有较快的增长速度。

在1700年和1719年颁布的对国外织物的禁令的庇护下，棉纺手工业开始较快地发展起来。① 在此期间，行将改变这个行业和其他纺织行业的一些发明要在这一行业中的一些天才工匠手中出现。

引发第一次产业革命的发明物是1733年约翰·凯发明的飞梭。它不仅能织更宽的织物，而且还能织得更快更好。这项发明产生了巨大的后续波动。一个工业中的各个工序，像是若干相互依赖并服从同一节奏的行动的链条。某项技术改进一旦打破这一节奏，整个工艺系统就会出现不平衡，这种失衡将产生巨大的压力去寻求新的平衡——新的发明与革新。这一过程是无限的、永不休止的。于是飞梭的出现所打破的纺与织的不平衡，在短短的几十年中引发了一系列的谋求纺与织的平衡，却又带来新的不平衡的发明：1733年怀亚特的纺纱机，1768年阿克赖特的水力纺纱机，1779年的塞缪尔·克朗普顿的走锭精纺机，1785年卡特赖特的机械织机。同时，"工作规模的扩大和工作机上同时作业的数量的增加，需要较大的发动机构"②，这样，工艺过程之间不平衡导致的工作机功能的飞速发展，又产生了工具机与动力的矛盾。这一矛盾导致了瓦特蒸汽机的出现。这样，在18世纪末19世纪初，一个新兴的主导部门——以机器生产力为基础的棉纺工业出现了。棉纺工业的蓬勃发展不仅开始了英国第一个长波的涨潮阶段，也对英国的产业结构产生了革命性的影响。

"一个工业部门生产方式的变革，必定引起其他部门生产方式的变革，这首先是指那些因社会分工而孤立起来从而各自生产独立的商

① "棉花和棉织品对不列颠岛的居民们完全是一种舶来品。威尼斯商人从东方诸国带回的原棉，在14世纪才出现于法兰德斯。所以，'Cotton'一词最早并不是今天的棉花或棉布，而是指英格兰北部织制的粗毛制品。"——保尔·芒图：《十八世纪产业革命》，商务印书馆1983年版，第153页。

② 马克思：《资本论》第1卷，人民出版社1975年版，第413页。

品，但又作为总过程的阶段而紧密联系在一起的工业部门”①，还有为这一部门提供某种服务的部门。这样，在蒸汽机出现引发的第一次长波的扩张阶段，以棉纺工业为核心的主导产业群就形成了。

首先是机器制造部门这一基础工业的出现。“随着工具机摆脱掉最初曾支配它的构成的手工业形式，它获得了仅由其力学任务决定的自由形式。工具机的各个组织部分日益复杂、多样并且有日益严格的规则性；自动体系日益发展；难于加工的材料日益不可避免地被应用……要解决这些问题到处都碰到人身的限制。这些限制，甚至手工业中的结合工人也只能在一定程度上突破，而不能从根本上突破。”②这样，专门利用机器生产机器的企业的出现，即机器制造业的诞生便是自然的了。

其次，是煤、铁等能源和冶金部门的扩张。随着纺织工业中机器的扩展和对机器性能要求的日益提高，作为机器的骨骼的材料也要发生相应的变革。木材从其物理性能的各个方面来看，都远远不能适应以现代力学为基础的机器的需要了。如果说机械化的开端属于纺织工业的历史的话，那么，它的进步只能通过冶金工业的发展才能实现。从这个角度看，纺织工业机械化的过程亦即冶金工业，尤其是炼铁工业的发展过程。搅拌炼铁、铸钢等发明成为与飞梭纺织机、蒸汽机相伴的一个重要创新链条。

蒸汽机的推广、冶金工业的发展，都对煤炭提出了巨大需求。机器生产方式是建立在对矿物能源的利用基础上的。于是，与材料革命、机器革命相适应，煤炭——这一工业的黑色“粮食”——工业也迅速发展起来。

---

① 马克思：《资本论》第1卷，人民出版社1975年版，第421页。

② 同上书，第420页。

蒸汽机的运用所呼唤出来的发展，使“工场手工业时期遗留下来的交通运输工具，很快又成为具有狂热的生产速度和巨大的生产规模，经常把大量资本和工人由一个生产领域投入到另一个生产领域并具有与新建立的世界市场相联系的大工业所不能忍受的桎梏”①。于是，轮船运输、铁路运输也相继发展起来。而它们的发展又给煤、铁工业的发展创造了条件。

总之，以纺织机械为起点、以蒸汽机为核心的第一次产业革命创造了以棉纺工业为核心，包括纺织工业、冶金工业、采煤工业、早期制造业和运输业等五大部门的主导产业群（见图 7－1）。这样，“一切复杂的现象似乎都是自动朝着一个共同的方向前进着。这些现象的总和即将形成近代的大工业。一种万能的力量、蒸汽的力量，将使它们统一起来并且还要加速它的行动”②。

第二次长波是铁路时代的产物。

铁路狂潮③是从 19 世纪中叶开始的第二个长波的发动机。铁路这条黑色的“巨龙”一方面吞食着无数的钢材、木材机车、货车、建材等，推动着冶金、采煤、机器制造等部门的迅速发展，从而开创了重工业时代，另一方面缩短了市场与原料的距离，降低了工业生产的费用，从而极大地刺激了厂商扩大生产的欲望。于是，整个西欧与北美的生产经过一段时间的停滞后，再次进入经济的高速发展阶段。同时，铁路修建、冶铁和采煤业等重工业群代替纺织工业成为新的主导部门。

---

① 马克思：《资本论》第 1 卷，人民出版社 1975 年版，第 421 页。

② 保尔・图芒：《十八世纪产业革命》，商务印书馆 1983 年版，第 247 页。

③ “报纸支持这种狂热，政府许可这种狂热，人民不惜为它解囊。铁路一时蔚然成风，如火如荼。英格兰的铁路已经打好了蓝图。利物浦—曼彻斯特铁路的利润和百分率被广泛地引证，伦敦—伯明翰铁路的前景和力量都被说得天花乱坠。”——弗朗西斯：《英国铁路史》第 1 卷，1951 年版，第 200 页。

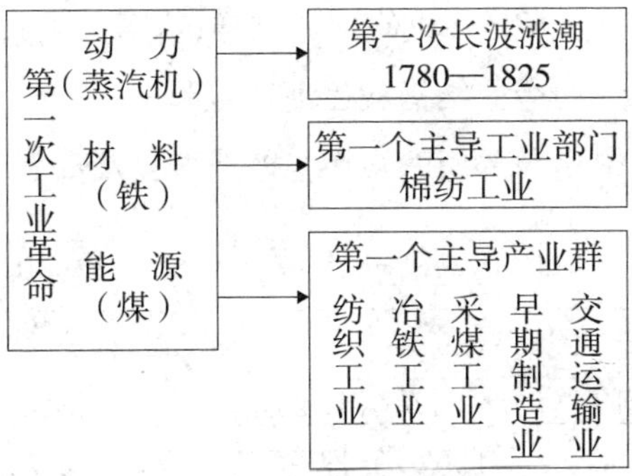

图 7－1　产业革命—长期波动—结构变动之一

英国 1848 年的铁路里程为 4646 英里，1870 年达到 13562 英里，增长了 1.9 倍。同时，对外国铁路事业进行了大量投资，成为世界各国铁路建设的承包者与借贷商。国内外铁路建设的扩张，使英国煤产量由 1850 年的 5000 万吨增为 11200 万吨，生铁产量由 2.9 万吨增至 597 万吨。在 1870 年以前，钢铁工业的三大基本创新——贝塞麦法（转炉炼钢，1856 年）、西门子—马丁法（平炉炼钢，1867 年）和托马斯炼钢法（1869 年）全部完成。

1850 年，美国铁路通车里程为 9021 英里，1860 年达到 30626 英里，增长 2.39 倍。对铁路的投资 30 年内达到 12.5 亿美元。在迅速扩张的铁路需求的推动下，美国钢铁生产增长迅速，生铁从 1850 年的 52 万吨，增长到 1873 年的 260.2 万吨，增长了 4 倍。煤炭从 1850 年的 758 万吨，增加到 1873 年的 5191.7 万吨，增长了 5.8 倍。

在第二帝国统治下的 19 世纪 50—60 年代，法国政坛的稳定为新的工业高涨创造了极其有利的条件。从 1848 年到 1869 年，煤和生铁的产量都增长了两倍。德国的铁路建设开始于 19 世纪 30 年代，从 50 年代起，铁路建设大规模展开，铁路长度从 1850 年的 5822 公里增加到 1870 年的 21471 公里。在铁路建设的带动下，采矿、冶金和机制等重工业迅速发展起来。1860—1870 年间，生产资料增长速度是消费资料增长速度的 1.65 倍(33%:20%)。[①] 这样,从第二个长波起,欧美发达国家以重工业为主的产业结构就逐渐建立起来了。

第二次长波中主导部门的转换与产业群扩展如图 7－2。

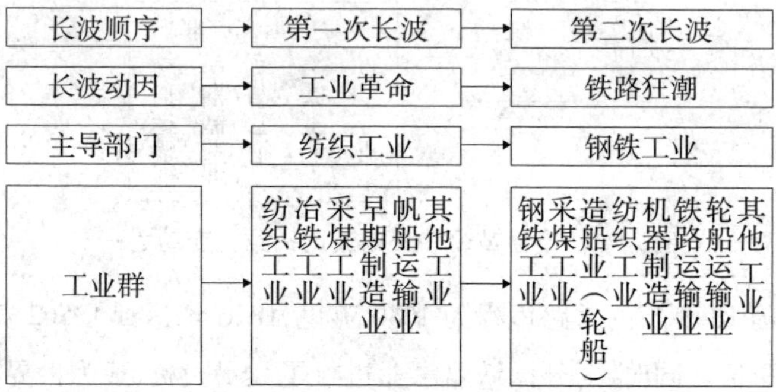

图 7－2　长期波动、主导部门转换与产业群扩大

第二次产业革命推动世界经济进入第三个长波。

第二个长波是建立在铁路狂潮基础上的,它既没有创造出全新的部门,也缺乏深刻的科学技术变革基础。这样,随着铁路密度的提高,每年新建铁路里程增长速度放慢,于是,钢铁、采煤、造船及传统机制工业需求下降。再加之从 19 世纪 70 年代末起,世界经济进入一个价格下降期(见图 7－3),厂商盈利率相对下降,于是整个工业增长速度放慢,进入第二次长波的落潮阶段(见表 7－2)。

然而,经济的停滞促进了创新的进行和聚集(见表 7－3)。经过长时间的孕育,终于在 19 世纪末 20 世纪初发生了以电磁感应定律、有机化学突破为科学基础的第二次科技革命,并在此基础上发展起新一代主导部门——电力及机器制造、化学工业、汽车工业和石油工业等。

① 梵亢、宋则行主编:《外国经济史》第 1 册,人民出版社 1980 年版,第 128—129、第 163—164 页。

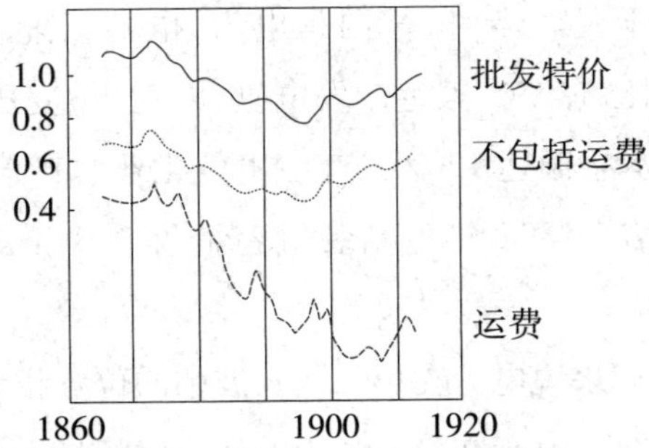

图 7－3　第二次长波落潮中的价格下降趋势

表 7－2　第二次长波中涨潮与落潮阶段增长率对比

国别	涨潮	增长率	落潮	增长率	备注
美国①	1844—1869	1.73%	1869—1894	-1.64%	不变价格年均增长
英国②	1851—1874	2.71%	1875—1893	1.45%	不变价格年均增长
法国③	1850—1870	2.53%	1870—1900	1.13%	不变价格年均增长
德国④	1851—1874	2.99%	1875—1892	0.6%	NNP 不变价年均增长
世界⑤	1850—1873	2.2%	1874—1896	1.4%	人均 GNP 不变价年均增长

资料来源:①转引自戈登:《经济稳定与经济增长》,第 12 页。②、④见米契尔:《欧洲历史统计》,第 407—424 页。③《剑桥欧洲经济史》第 7 卷上,第 289 页。⑤转引自曼德尔:《资本主义发展的长波》(英文版),第 4 页。

在美、英、法、德等国,从 19 世纪末开始,汽车、石油、化工、电力、电机等新兴工业迅速发展起来,并逐渐成长为新的主导产业。

电器、电机和电力工业。随着 19 世纪 70 年代起各种电器的相继发明,电器、电机工业迅速发展。在美国,1880 年建立了第一个发电厂,90 年代,电动机这一划时代的动力工具在工业中得到普遍应用。电力器材产值,1879 年不过 265 万美元,到 1914 年已增至 35943 万美元。在英国,19 世纪 80 年代后出现了电力工业,1919 年全国电站安装容量达 90 万千瓦。当时,德国是电力、电器工业最发达的国家。到 1910 年,德国已有 195 家生产发电机、电动机、变压器等各种电力器材的公司,资本总额达 12 亿马克。电气工业总产值在 1891—1913 年间增加了 28 倍。1894 年电站装机容量仅 3.9 千瓦,1913 年增加为 360 万千瓦。

汽车工业。如果说电力在第二次长波中的位置相当于第一次长波中的煤炭的话,那么,汽车在第三波中的地位就相当于上次长波中的铁路修建和机车、货车制造工业。汽车工业作为一个后向联系极为有力

表 7－3　几个部门中的主要创新

部门	创新内容	时间	部门	创新内容	时间
炼油	热裂化	1913	化工及药品	气化轮胎	1889
	连续热裂化	1920		人造橡胶	1932
	催化剂裂化	1937	钢铁	不锈钢	1913
化工及药品	电木	1910		连续热轧	1923
	玻璃纸	1917	电器	白炽灯	1880
	聚胎	1930		荧光灯	1938
	聚氯乙烯	1932		圆筒形电唱机	1888
	有机玻璃	1935		手摇电唱机	1889
	聚乙烯	1939		真空管	1913
	人造丝	1890		调幅收音机	1920
	黏胶丝	1891		电动扬声器	1921
	醋酸纤维	1920		磁带录音机	1935
	尼龙	1938	汽车	四缸机	1876
	阿司匹林	1899		汽车	1888
				摩托车	1894
	胰岛素	1923		电动汽车	1895
	磺胺药	1932		装配线	1913

资料来源:杜因:《经济生活中的长波》,乔治·艾兰和埃温出版社 1983 年版,第 185—192 页。

的部门，具有极强的带动和波及效应。在美国，从1895年起，汽车制造成为正规的工业生产，进入20世纪后，汽车生产迅速发展。1900年汽车产量为4000辆，1914年增加到568781辆。在英国，1877年发明了四冲程发动机，1895年造出第一辆汽车，到1913年汽车产量已达34000辆。

化学工业。化工部门是第三个长波中主导产业群的材料部门。化学工业在化学领域技术革命的基础上迅速发展起来。特别是德国，1907年，该部门就业人员达17.2万人，比1861年的2.7万人增加了5.5倍，平均每年递增1.04%。德国基本化学产品产量均占世界首位。这样，在与第二次产业革命紧紧相连的第三次长波中，主导部门又发生了相应的转化，工业群得到进一步的扩张（见图7－4）。

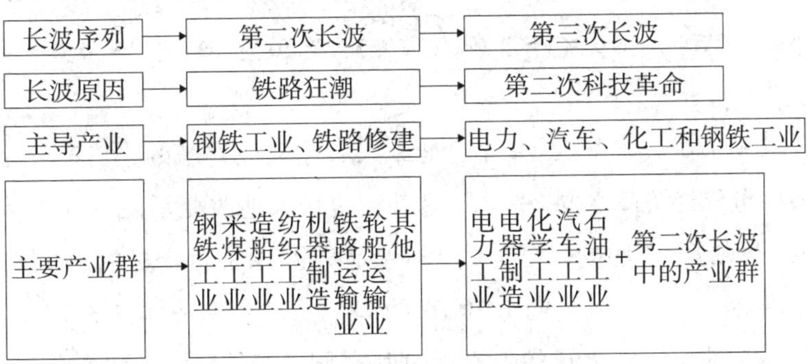

图7－4　产业革命、长期波动、产业扩展

第四次长波是第二次科技、产业革命的继续和深化。

第二次世界大战打破了长期演进的正常秩序和第二次科技革命成果的吸收。1945年后，受到阻遏的创新的深化与传播过程才得以恢复。同时，战争以毁灭的形式，扫除了一部分传统的工业基础，从而使结构调整易于进行。这样，在战后初期，伴随着大规模的固定资产更新而进行的第二次科技革命的深化，世界经济又进入一个约1/4世纪的高涨时期(见表7－4)。同时,在进一步的技术革新和工艺创新的推动下,虽然第二次长波中出现的一些主导部门,如采煤和黑色冶金,其地位相对下降,但另外一些第三次长波中出现的主导部门,如汽车、原油和化工,不仅没有马上丧失其地位,而且还获得了较大的发展,这是第四次长波中产业结构变动的一个重要特点。

表7－4 二战后西方国家工业生产增长速度(%)

国别	年份	增长率	国别	年份	增长率
西德	1951—1960	9.5	英国	1945—1955	4.5
	1961—1970	5.8		1956—1970	2.8
	1971—1977	2.2		1971—1977	0.8
法国	1951—1977	5.3	美国	1949—1960	4.7
日本	1956—1973	13.6		1961—1969	5.9
				1970—1978	3.1

资料来源:《世界经济》第1册,1980年版,第30、第92、第216、第246和第279页。

汽车工业。汽车工业,特别是二战后才发展起来的小汽车工业①是战后世界经济高涨的"引擎",它甚至也极大地改变了人们的生活方式。② 据估算,美国的汽车生产每年要消耗全国钢材产量的1/5,铝的1/2,铅、镍、铜和铜合金的1/10,锌的1/3,天然和人造橡胶的7/10,玻璃的3/4,全国就业人员的1/6,是战后美国经济的三大支柱产业之一。汽车工业在日本的发展更是惊人:1955—1970年,日本小汽车产量从2万辆增加到317.8万辆,增加了158倍。在西德,汽车工业生产占整个

① 小汽车工业的两大创新——自动转输装置和电动底盘分别出现在1948年和1951年。

② 汽车对世界生活方式与文明的影响是那么巨大,以至现在人们都无法想象离开汽车,世界究竟会变成什么样子。从大规模的汽车制造厂到遍布全国的汽车修理店、加油站,从庞大的停车场、宽阔的汽车高速公路到高耸的汽车垃圾堆,从汽车银行、汽车影院、汽车旅馆到汽车凶杀,人们生活的各个侧面都笼罩着汽车的影子。

工业生产的比重由1950年的3.47%上升到1976年的6.88%，所占份额增长了近一倍。

石油化工。在美国，化学工业是二战后增长最快的部门之一，1947—1973年产量增长了7倍多。美国化学工业的产值、劳动生产率和主要化工产品一直占全世界第一位。特别是石油化工这一新兴部门发展迅速。1970年石化产品占整个化工产品的61%，1955—1974年石化工业平均增长率高达8%。在日本，自从50年代中期实行倾斜生产方式以来，化学工业一直是日本现代化的重点。在沿海地区建设了规模宏大的石油精炼厂，以及以石油为基本原料的化工厂。1970年，日本乙烯生产量达310万吨，占资本主义世界的第二位。大型油船、廉价石油、高大的炼油厂和遍地的加油站可以说是日本经济典型的写照。化学工业一直是西德传统的优势产业，1950—1976年间，石油加工工业平均增长速度为11.1%，为所有工业部门之冠。石油加工与化学工业之和所占的份额，1950年为9.12%，1976年增加到14.32%，成为制造业最大的工业部门。

钢铁工业。冶铁工业早在第一次长波中就已成为仅次于棉纺工业的重要部门，在第二次长波中更是典型的主导部门。在第三次长波中，虽然它的相对增长速度有所下降，但仍然是最重要的主导部门。即便在第四次长波中，在涨潮阶段，由于技术、工艺、规模不断创新，①钢铁工业仍是一个具有重要意义的部门。在美国，钢铁工业一直有“支柱产业”之称。特别是二战后，钢铁工业采用了一系列先进技术，包括

① 钢铁工业最重要的两个工艺创新——连续浇铸和顶吹转炉氧气炼钢都是在20世纪50年代初出现的。至于规模上的创新，其他工业更是难望其背，如高炉容积，50年代中后期最大的只有1700—2000立方米，60年代则发展到2000—3000立方米，70年代已高达5000立方米。

提高烧结质量、推行高炉大型化、大力发展吹氧转炉炼钢、连续铸法及连续轧钢等新技术，以及在生产过程中最早并大批使用电子计算机控制，使得钢铁工业继续发展，1953 年钢产量突破 1 亿吨，1973 年达到 1.37 亿吨。在日本，钢铁工业毫无疑问地担当了日本经济现代化主导部门的角色。进入 60 年代后，日本特别加强了钢铁工业的发展。1961—1970 年，新建了八个大型钢铁厂，其中有七个年产钢能力在 1000 万吨以上。到 70 年代初，日本已成为世界最大的钢铁生产国之一。

第四次长波是第二次科技革命与第三次科技革命共同作用的产物。然而，笔者认为，推动战后世界经济进入第四个高涨期的基本力量仍是第二次科技革命，是第二次科技—产业革命的深化和推广。第四次长波涨潮中的主导部门也主要是两次世界大战之间发展起来的汽车、化工、电力和电器工业，以及传统的钢铁工业。也正因此，当随着 1973 年能源危机的爆发，钢铁、汽车、石化工业趋于停滞时，世界经济的高涨也就终止，而转入第四次长波的落潮阶段。不过，第三次技术革命的前潮确也催生了一些新兴工业部门，如电子计算机工业、核能工业、空间技术工业。这些部门发展极为迅速，但由于它们的比重较小（见表 7－5），对国民经济的贡献份额远远小于汽车、化工、钢铁、建筑业等部门，所以尚不能成为主导部门。在 1973 年能源危机后，随着传统部门的停滞，这些新兴部门发展更为迅速（见表 7－6、表 7－7）。产业结构开始向省能、省料的高技术密集方向转变，这些建立在第三次技术革命浪潮上的产业才开始从新兴部门向主导部门转化。在 20 世纪末 21 世纪初，这一过程就会基本完成，那时世界经济就会进入第五次涨潮阶段，并实现主导产业比较彻底的转化。

表 7－5　美国传统工业与新兴工业的比较(1973)

部门	销售额（百万美元）	就业人数（千人）	为汽车工业的%	
			销售额	就业人数
汽车工业	50228	369	100.0	100.0
钢铁工业	25458	509	30.7	137.9
电子计算机工业	7423	155	14.8	42.0
测量和控制用仪器	2942	108	5.9	29.3

资料来源：根据《世界经济》1984 年第 1 期资料计算。

表 7－6　新兴工业化国家和地区新兴产业比重的增加(%)

时间	巴西	新加坡	中国香港	韩国	葡萄牙
1971	4.8	9.0	12.5	6.4	7.7
1978	10.7	29.6	19.1	18.5	13.0

资料来源：转引自魏燕慎：《新技术革命与新兴工业国(地区)经济结构调整》，《世界经济》1984 年第 5 期。

表 7－7　1973 年后美国新旧工业增长速度对比

部门	销售额（百万美元）		就业人数（千人）		1982 年为 1973 年倍数	
	1973	1982	1973	1982	销售额	人数
电子计算机工业	7423	34060	155	351	4.6	2.30
测量和控制用仪器行业	2942	7689	108	131	2.6	1.21
宇航工业	10666	61371	239	687	5.7	2.85
新兴部门小计	21031	103120	502	1169	4.9	2.33
钢铁工业	25453	51907	509	422	2.0	0.83
汽车工业	50228	67770	369	210	1.3	0.57
造船及修理	3959	9382	152	170	2.37	1.12
传统部门小计	79645	129439	1030	802	1.62	0.78

资料来源：李琮：《当前发达资本主义国家的产业结构调整问题》，《世界经济》1984 年第 1 期。

第四次长波中主导部门的转换与主要产业群的扩展情况见图 7－5。

长波序列	第三次长波	第四次长波
长波动因	第二次科技—产业革命	第二次科技—产业革命深化 第三次科技—产业革命前潮
主导部门	电力、汽车、化工、钢铁	汽车、石化、钢铁、耐用消费品
主要产业群	电力工业 电器制造 化学工业 汽车工业 石油工业 + 第二次长波中主要产业群	耐用消费品 宇航工业 计算机工业 原子能工业 合成材料工业 + 第三次长波中主要产业群

图 7－5　第四次长波中主导部门的变化与产业群扩展

总括以上四次长波，我们可以看到，第一、第二和第三次科技革命分别引发或将要引发第一、第三和第五次世界经济增长的长波。而第二和第四次长波则分别是第一次科技革命和第二次科技革命深化和扩展的结果。对第二次长波而言，是铁路狂潮推动了煤铁革命的深化，对第四次长波而言，是第二次世界大战阻缓了第二次科技—产业革命的深化。同时，第二次世界大战中军事需求刺激了电子、航空和原子能方面的创新，从而在第二次科技革命尚未充分释放完其能量前，第三次科技革命（以原子能技术、航天技术、自动化技术、合成材料技术和海洋生物、化学技术为主要内容）已逐渐来临。两股科技潮流的汇合，最终导致战后 20 多年的持续高涨。然而，处于前潮的第三次科技革命所引发的产业毕竟尚未成为主导部门，所以，当 1973 年的能源危机使作为第二次科技—产业革命产物的钢铁、汽车、造船、电机等工业趋于停滞时，新兴的工业部门尚不能阻止传统部门的衰落而引发的落潮。于是，从 1973 年起，第四次长波的涨潮阶段就终结了。然而，经济增长的落潮又进一步刺激了这些以第三次科技革命为基础的新兴工业，如宇航工业、电子计算机工业、遗传工程、合成材料工业的发展。一旦这些新兴工业发展到一定程度，第三次产业革命就会控制整个社会生产，世界经济就进入第五个长波的涨潮阶段，产业结构也会发生重大的改变。

长期波动中部门联结方式的进化

产业结构作为产业、部门和行业之间比例关系和联结形式的统一，它的变动不仅包括主导产业的转换、主要产业群的扩大（第一节）、数量关系的改变（第三节、第四节），而且也包括部门、产业、行业之间联结方式的变化。

自从出现社会分工以后，社会生产就分化为由若干既互相独立又互相依存，相互间进行着物质、能量与信息交换的部门所组成的有机整体。这种部门间的物质、能量与信息交换的形式也就是所谓的部门联结方式。随着长波的交替，部门间联结方式也发生了相应的变化，这一变化既表现在部门间的联系强度与交换方向上，也表现在作为部门间交换内容的物质、能量及信息种类的演进上。

1. 部门间联系强度与交换方向的演进

作为社会生产分工环节的生产部门之间，存在着投入—产出关系，我们模仿里昂惕夫投入产出表的形式，把这种投入—产出关系标记下来，就可以分析部门间联系程度和交换方向的变化（见表 7－8）。

表 7－8　部门间联系强度与交换方向示意

部门	1	2	3	……	j	……	n	最终产品	总产品
1	X_{11}	X_{12}	X_{13}	……	X_{1j}	……	X_{1n}	Z_1	Y_1
2	X_{21}	X_{22}	X_{23}	……	X_{2j}	……	X_{2n}	Z_2	Y_2
3	X_{31}	X_{32}	X_{33}	……	X_{3j}	……	X_{3n}	Z_3	Y_3
……	……	……	……	……	……	……	……	……	……
i	X_{i1}	X_{i2}	X_{i3}	……	X_{ij}	……	X_{in}	Z_i	Y_i
……	……	……	……	……	……	……	……	……	……
n	X_{n1}	X_{n2}	X_{n3}	……	X_{nj}	……	X_{nn}	Z_n	Y_n
实物总成本	W_1	W_2	W_3	……	W_j	……	W_n	$\sum_{i=1}^{n} Z_i$	$\sum_{i=1}^{n} Y_i$

其中,1,2,3……n 为部门序号,Z_i 是第 i 部门提供的最终产品,Y_i 为第 i 部门总产品,X_{ij} 是第 i 个部门生产 Y_i 所需要的第 j 个部门产品量,即第 j 个部门提供给第 i 个部门的产品量,W_j 是第 j 个部门的实物成本即全部非劳动(工资)成本。它们有如下的关系:

$$Y_i = \sum_{j=1}^{n} X_{ij} + Z_i \tag{7.1}$$

$$W_j = \sum_{i=1}^{n} X_{ij} \tag{7.2}$$

$$TY = \sum_{i=1}^{n} Y_i = \sum_{i=1}^{n} \sum_{j=1}^{n} X_{ij} + \sum_{i=1}^{n} Z_i = \sum_{j=1}^{n} W_j + \sum_{i=1}^{n} Z_i \tag{7.3}$$

表 7-8 中,横行关系代表产品分配关系,即第 j 个部门的产品作为投入分别分配给第 i 行所有的部门(j=1,2,3……n)。纵列代表产品集中关系,即该列中所有的部门(i=1,2,3……n)需要第 j 个部门的一定产品,作为生产的投入。(1)如果 $i=j$ 时,$X_{ij}>0$,$i\neq j$ 时,$X_{ij}=0$,则意味着该经济系统是一个互相封闭、自给自足的部门的简单相加,部门之间没有任何的能量与物质交换,产品全为本部门吸收。(2)如果 $i=j$ 时,$X_{ij}=0$,$i\neq j$ 时,$X_{ij}>0$,则意味着该系统是一个联系强度很高的部门,任何一个部门的产品要分配给除本部门外的所有部门,或者说,任一部门的生产,需要除本部门以外所有部门的产品。(3)如果 $i>j$ 时,$X_{ij}>0$,$i<j$ 时,$X_{ij}=0$,意味着第 j 个部门只向序列号比自己大的部门提供产品。这种投入产出关系在图表上的表示就是,在从左下角到右下角的对角线以下的区间内,各部门存在投入关系,而在对角线以上不存在投入关系。如果部门序号按照采掘、初加工、细加工等工艺顺序排列的话,第(3)种情况意味着该经济系统只存在一种由上(游产业)到下(游产业)的投入关系。(4)如果 $i>j$ 时,$X_{ij}=0$,而 $i<j$ 时,$X_{ij}>0$,则意味着第 j 个部门只是对序号比自己小的部门提供投入,即对角线

以上的区间有投入关系。

从第一节的论述我们知道,随着长波的交替,不断涌现出新的部门和主导产业,而且各个部门之间的分工越细,相互之间交换的物质和能量也日益频繁,这样,部门间投入产出表显示出如下的变动趋势:第一,部门增多,投入产出表扩大。第二,部门间联系增加,$X_{ij}>0$ 的部门在部门总数中的比重逐渐增加,同时,第(3)种情况与第(4)种情况并存的情况越来越多。第三,随着材料形式的如此转换(木材—铁—钢—塑料)及其他化工材料、能源形式的转换(柴薪—煤—石油—原子能),部门间交换的主要内容——能源和材料也在扩张中实现着主导形式的转化,从而在投入产出表中表现为联系密集的部门群的增加。为了便于理解这几点内容,我们将第一次长波和第二次长波中部门联系强度及交换方向的变化简单地图示如下(见表 7－9 和表 7－10)。

在第一次工业革命前的农业社会,就物质生产部门来说,只存在着农业和手工业。两者之间基本不存在现代意识上的投入关系(一个部门的产品是另一个部门的直接生产投入),只是农业向手工业提供粮食等生产资料,手工业向农业提供生活资料和少许的简单生产工具。这时的部门联系如下表所示:

部门	农业	手工业	最终产品	总产品
农业	X_{11}	0	Z_1	Y_1
手工业	X_{21}	0	Z_2	Y_2

表 7－9　第一次长波中部门联系强度及方向

	部门	1 采煤	2 机制	3 冶铁	4 农业	5 棉纺	最终产品
1	采煤	X_{11}	X_{12}	X_{13}	0	X_{15}	Z_1
2	机制	X_{21}	X_{22}	X_{23}	0	X_{25}	0
3	冶铁	0	X_{32}	0	0	0	0
4	农业	0	0	0	X_{44}	X_{45}	Z_4
5	棉纺	0	0	0	0	0	Z_5

表 7－10 第二次长波中部门联系强度及方向

部门	1 采煤	2 机制	3 冶铁	4 炼钢	5 铁路 修建	6 造船	7 农业	8 纺织	最终 产品
1 采煤	X_{11}	X_{12}	X_{13}	X_{14}	X_{15}	X_{16}	X_{17}	X_{18}	Z_1
2 机制	X_{21}	X_{22}	X_{23}	X_{24}	X_{25}	X_{26}	X_{27}	X_{28}	Z_2
3 冶铁	0	X_{32}	0	X_{34}	X_{35}	X_{36}	0	0	0
4 炼钢	X_{41}	X_{42}	X_{43}	0	X_{45}	X_{46}	0	0	0
5 铁路修建	0	0	0	0	0	0	0	0	Z_5
6 造船	0	0	0	0	0	0	0	0	Z_6
7 农业	0	0	0	0	0	0	X_{77}	X_{78}	Z_7
8 纺织	0	0	0	0	0	0	0	0	Z_8

在第一次长波中，棉纺工业机械化，近代采煤业、冶铁业和机器制造业发展起来。这时的以棉纺工业为中心的产业群联系强度与交换方向见表 7－9。从中可以看出，第一次工业革命创造出棉纺工业这一主导部门的同时，也创造出棉纺、采煤、冶铁和机制这一联系密集、互相提供产品的产业群。

第二次长波中，部门又有了增加，部门间联系更加密切，并形成了采煤、炼钢和机制重工集团(见表 7－10)。

2. 长波交替中部门间交换的物质、能量、信息形式的演化及空间联系形式的改变

(1)材料。社会产品虽千变万化、百姿千态，但其基本材料却是少数的几种。满足人们需要的产品就是在这种基本材料基础上加工而成的。特别是制造劳动工具的材料，在很长时期内是划分人类演进阶段的标志。在工业革命前的农业社会，充当制造生产工具主要材料的是木材，如纺织工业中从纺机到织机几乎全是木制品。随着第一次产业革命的爆发，冶铁业迅速发展起来，并逐渐代替木材成为主要的制造生

产手段用原材料。同时,工业最终产品使用的原材料主要是农产品,如棉花、粮食等。这是第一次长波中原材料投入的主要特点。

第二次长波中,随着炼铁法的进步,钢逐渐代替铁成为主要的制造劳动工具的材料。主要的工业最终产品使用的原料虽仍然是农产品,不过一些最初的化工材料也开始出现,如赛璐珞(1870 年)和硫化橡胶(1840 年)。

第三次长波中,原材料工业发生了重大革命。化学工业的迅速发展,使化学材料在工业原料中的比重逐渐提高。同时,金属原材料也有了较大的发展。不仅各种有色金属材料发展迅速,黑色金属材料的类型、等级也有了较大提高,如各种合金钢、硬质钢和各种型号的管材、板材的出现。这样,作为部门间投入—产出对象的原材料从以农产品、钢铁为主的结构转向以化学材料、金属材料和农产品为主的材料结构。

第四次长波中,随着电化学的革命,半导体材料和电子器件成为新的材料。同时各种有机化学材料和轻金属材料也发展迅速。曾在第二次和第三次长波中充当主要材料的钢铁和有色金属在基本材料结构中的比重下降。如 1955 年,美国的钢、铝、塑料在材料结构中的比重分别为 87.1%、3.5% 和 9.4%,1970 年则变化为 53.3%、10.5% 和 36.2%。

材料结构的铁—钢—化学材料—电子材料的演化对行业和部门间的技术联结方式、部门间比例和部门空间配置都有很大影响。

(2)能源。煤在近代经济发展史上的地位犹如工业的“粮食”。蒸汽机与煤的结合,彻底地改变了纺织工业濒河而建的区位配置。采煤工业、冶铁工业和早期制造业是工业上第一个联系密集的工业群。电力的出现是第二产业革命的标志,是推动经济增长进入第三个长波涨潮的基本力量。能源结构由煤(蒸汽机)向电能的转变,使部门间的联结方式几乎发生革命性的变化。如果说煤时代的工业布局是围绕矿区和沿铁路线兴建的话，现在则是沿电网而建了。

(3)交通。长波交替中交通形式的变换，主要从交换对象移动距离及区位布局的角度影响部门间联系方式。在第一次长波中，马车和运河是主要的运输方式，这使部门间的交往受到空间距离的限制，工业配置大都限于沿河一隅。铁路的出现，将部门间联系空间大大地扩展，并带来了沿"路"工业带。第三次长波中汽车工业的出现和远洋运输的大发展，在使企业间的交往更易进行、工业区域配置更加普遍化的同时，也使得空间拓展日益冲破疆界与海洋的限制。沿海国家甚而出现了"环海工业带"。

总之，材料、动力(能源)和交通方式的转换不仅催育着产业的兴衰，而且也较大地改变着部门间的联系形式和交往方式。

涨潮与落潮中产业结构的变化

如果从长波交替的角度看产业结构的变化，我们将会看到几个非常明显的变动趋势(可参见第九章，表9-1、表9-2、表9-3、表9-4和表9-5)：(1)配第—克拉克趋势①，即随着经济的发展，先是农业(第一产业)份额的减少和工业份额的较快增加(大致发生在前三次长波期间)，然后是工业份额增长趋势的停滞和服务业(第三产业)份额较快的增加(发生在第四波)；(2)霍夫曼趋势②，即随着工业化的进展，首先是重工业在工业中所占份额的增加(前三次长波)，然后是这一份额

① 威廉·配第在《政治算术》中指出，商业、制造业和农业收入上的差异，将促使农业劳动力向制造业和商业流动。后来，克拉克在《经济进步的条件》(1940)中证实了这一趋势，故人们称其为配第—克拉克定律。

② 霍夫曼在1931年出版的《工业化阶段和类型》(英文版书名为《工业经济的增长》)一书中指出，消费工业净产值与资本工业净产值之比有不断下降的趋势。

稳定在65%左右;(3)高加工度化趋势①,即在整个工业中,随着科学技术进步,单位产品所消耗的原材料和能源愈来愈少,同时产品的加工深度愈来愈高,从而加工工业在整个工业中的份额增加。这三种趋势在长波交替中表现得非常明显。考虑到这三大趋势主要是经济发展的长期趋势作用的结果,而这种长期趋势与长波虽有联系,但并非一个问题,②所以,我不再对这些趋势做更多的分析,而把重点放在产业结构在每一个长波中的不同阶段的变动特征上,借此考察一下长波的涨潮与落潮对产业结构的影响。让我们先从单个部门在长波中的变动趋势开始。

1. 部门增长速度递减规律与主导部门比重的变化

既然长期波动来源于基本创新的酝酿和吸收,来源于主导部门扩张引致的投资高涨和随之而来的因投资饱和而出现的投资下降,那么从逻辑上来说,制约着经济运动基本旋律的主导部门在高速增长之后将有一个增长率下降的时期。这一推论由伯恩斯和库兹涅茨做了充分的统计证实,③故我们称其为伯恩斯—库兹涅茨规律或增长率下降规律。从增长率上看,符合这一规律的部门增长率形状为指数抛物线,其方程特征为 $Y = a \cdot b^x$,其中 Y 为产量,x 为时间,环比增长率为 b-1。从产出总量上看,在长波中存在着增长率下降的部门,其增长形式一般是杜因提出来的生命周期模型的 A 和 B 两种形式(见图 7-6)。④ A

① 美国管理学家彼得·德鲁克在《外交》季刊1986年春季号发表文章,提出了这一思想。我们暂且称之为德鲁克趋势。

② 如伯恩斯在《1870年后美国的生产趋势》一书中,将它们分别称为长期趋势(secular trend)和趋势周期(trend cycle)。

③ 伯恩斯:《1870年后美国的生产趋势》,全国经济研究所1934年版;库兹涅茨:《生产和价格的长期运动》,1930年。在他们之前,G. 特雷德(Trade)在《模仿的规律》一书第四章第115—127页,运用了增长率放慢(retardation)这一概念。P. 普雷斯科特(Prescott)1922年在《预期需求的增长规律》、C. 萨埃德(Shyder)1927年在《商业周期和商业计量》中也分别对这一现象做了说明。

④ 杜因:《经济生活中的长波》,乔治·阿兰和埃温出版社1983年版,第24页。

意味着，随着替代甲部门的乙部门的出现，甲部门出现负增长，总产出下降。B 意味着，由于不断吸收新的创新，甲部门增长率虽下降，但总产出仍在增加。

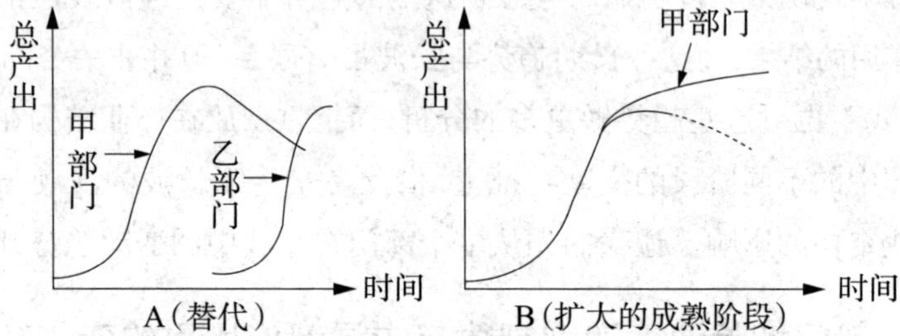

图 7－6　增长率下降部门的总量增长形式

伯恩斯在 1934 年出版的著作中，分析了 104 个行业的时间连续系列，发现其中有 92 个产品具有增长率减慢倾向，43 个非连续系列中，38 个增长速度递减。表 7－11 是伯恩斯给出的具体不同减速率的部门分布。

表 7－11　部门的不同减速率分布

年均增长率（＋）或减速率（－）	农林渔业	矿业	制造业	交通运输业	非农业	所有行业
低于－6.2			1		1	1
－6.2—－5.8	1	1	1		2	3
－5.7—－5.3						
－5.2—－4.8		1	2		3	3
－4.7—－4.3						
－4.2—－3.8		1	3		4	4
－3.7—－3.3	1		5		5	6
－3.2—－2.8	1		2		2	3
－2.7—－2.3		3	7	1	11	11
－2.2—－1.8	2	3	8		11	13
－1.7—－1.3	1	4	7	4	15	16
－1.2—－0.8	12	4	19	2	25	37

（续表）

-0.7— -0.3	10	2	12	1	15	25
-0.2— +0.2	2	1	1	1	3	5
+0.3— +0.7	1		5	2	7	8
+0.8— +1.2	1		2	1	3	4
+1.3— +1.7			1		1	1
+1.8— +2.2				1	1	1
+2.3— +2.7						
+2.8— +3.2					1	1
总计	32	20	77	13	110	142

资料来源：伯恩斯：《1870年后美国的生产趋势》，全国经济研究所1934年版，第109页。

部门增长率之所以减缓和下降，是因为以下几点原因：

第一，人口增长的减慢。如美国人口在1790—1860年平稳增长，而从60年代起，人口增长减速。这一因素通过劳动力供给和消费需求两个方面影响经济的增长。

第二，特定产品或行业技术创新的速度下降，创新相对空间缩小。德国经济学家J. 沃尔夫（Wolf）早在1912年就注意到了技术进步速率的放慢，并提出了四个技术进步放慢规律，其中之一认为，每一个技术创新都阻挡着进一步改善的道路。① 库兹涅茨则认为，在任何产业革命时期，重大发明都是发生在工业革命的前期；对于任何一项发明来看，它的主要改善都在前期；对于任何一个行业来看，其成本的大幅度降低和劳动生产率的大幅度提高都发生在前期（见表7-12和表7-13，图7-7和图7-8）。

① J. 沃尔夫：《当代与未来的人类经济》，转引自库兹涅茨：《生产与价格的长期运动》，第11页。

表 7-12　英国每磅棉纱成本降低速度的减缓

40 码×16 幅棉纱			100 码×16 幅棉纱		
年份	成本		年份	成本	
	先令	便士		先令	便士
1779	14	0	1786	34	0
1784	8	11	1796	15	6
1799	4	2	1806	4	2
1812	1	0	1812	2	10
1830	0	0.8	1830	2	2.8
1860	0	0.3	1860	1	5
1882	0	3.4	1882	1	0.4

资料来源:库兹涅茨:《生产与价格的长期运动》,第 40 页。

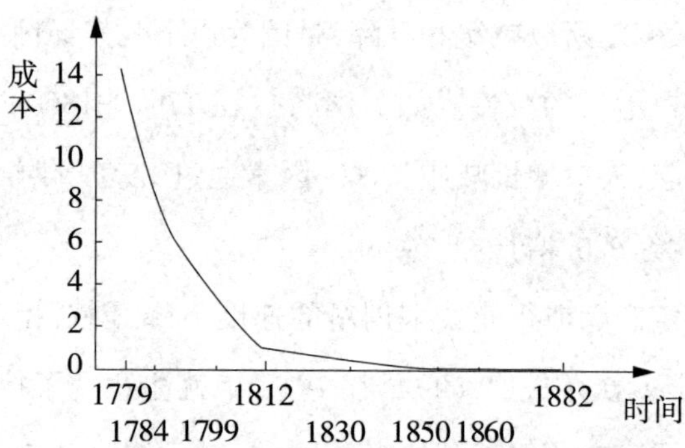

图 7-7　英国第一次长波(1779—1882)中棉纱成本的变动

第三,其他行业的竞争。产品具有替代性能的其他行业的兴起,将会减少传统产品的市场。采用相同投入品的行业的兴起,加剧了原料来源的竞争,结果或是投入品价格的上涨,或是供给的中断。无论是市场的收缩还是原料的竞争都会限制该行业的发展。

第四,资源的限制。这对采掘工业增长速度的影响更为显著。资源赋存的减少和采掘难度的增加会极大地影响石油、煤炭、金属矿业、非金属矿业的生产。

表 7－13　第二次长波中比利时工人劳动生产率的变动

时期	劳动生产率	时期	劳动生产率
1856—1960	118.2	1876—1980	148.4
1861—1965	132.4	1881—1985	169.4
1866—1970	140.0	1886—1990	178.8
1871—1975	143.8	1891—1995	168.4

资料来源:同表 7－12。

第五,收入提高引致的消费偏好的改变。随着收入的提高,收入需求弹性较小的部门,其增长率就会下降,甚至出现负增长。

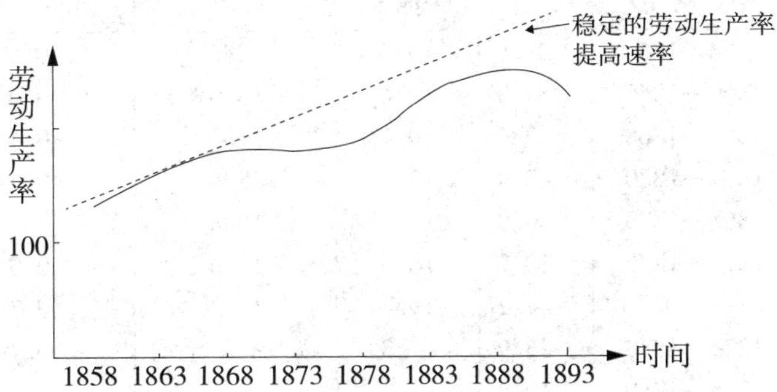

图 7－8　比利时采煤工人劳动生产率的变动

既然涨潮阶段主导部门增长迅速(因为前者是由后者拉起),落潮阶段主导部门减缓(前者由后者拖下),那么从逻辑上看,我们似乎可以得出这样几个推论:(1)涨潮阶段,主导部门比重增加;(2)落潮阶段,主导部门比重下降或停止增加;(3)落潮阶段,新兴部门比重增加。

要证实这三个推论,就要进行统计证明。证明的方法有二:一是分别计算涨潮期和落潮期主导部门的比重,二是证明主导部门产值增长速度与总产值增长速度的比值在涨潮阶段与落潮阶段的变动。表 7－14 和表 7－15 分别是英国第二次长波和第三次长波中,冶铁部门产值增长速度、煤炭工业产值增长速度与同期国民生产总值增长速度的对比。

表7－14表明，在第二次长波的涨潮阶段，铁矿业增长速度快于国民生产净值（NNP）的增长速度（5年增长率之比为44.2∶19.7），从而铁矿业在整个NNP中的比重上升。而在整个落潮阶段，铁矿业5年增长率为负值，即绝对衰退，而NNP的增长率只是减缓，从而铁矿业所占份额在落潮阶段下降（由0.49%降为0.38%）。

表7－14　英国第二次长波期间生铁增长速度与国民生产净值增长速度对比（每五年增长率，%）

序号	时期	铁矿业	国民生产净值	年份	铁矿业产值/国民收入×100%
(1)	1858—1863	21.4	19.5	1858	0.6
(2)	1860—1865	34.8	18.4	1860	0.4
(3)	1863—1868	2.4	10.1	1863	0.4
(4)	1865—1870	48.9	13.9	1865	0.4
(5)	1868—1873	136.9	37.4	1868	0.4
(6)	1870—1875	20.7	18.9	1870	0.5
(7)	(1)—(6)平均	44.2	19.7	1873	0.7
(8)	1873—1878	－25.9	－7.8	以上七年平均	0.49
(9)	1875—1880	10.2	－3.3	1875	0.5
(10)	1878—1883	－8.7	8.9	1878	0.5
(11)	1880—1885	－39.7	3.6	1880	0.6
(12)	1883—1888	－31.6	9.1	1883	0.4
(13)	1885—1890	－1.1	24.2	1885	0.4
				1888	0.3
(14)	1888—1893	－19.2	6.4	1890	0.3
(15)	1890—1895	－27.0	4.5	1893	0.2
(16)	1893—1898	24.9	20.8	1895	0.2
(17)	(8)—(16)平均	－13.1	7.4	以上九年平均	0.38

资料来源：根据米契尔：《英国历史统计摘要》，第129、第130、第367、第368页计算。

让我们再来看看煤炭工业的情况。表7－15清楚地表明：在第三个长波的涨潮阶段，采煤业产值增长速度高于 NNP 的增长速度，5 年增长率平均为 49.2% 和 32.4%，从而涨潮期采煤业比重上升（平均数为5.4%）；而在落潮期，采煤业下降速度大于 NNP（-15.4% 和 -0.5%），从而采煤业产值比重在落潮期下降（平均数为 5.1%）。这就证明了我们以上的结论：特定长波中的主导部门的比重在涨潮期增加，落潮期减少。涨潮期主导部门平均所占比重一般要大于落潮期该部门所占比重。

表 7-15　英国第三次长波中采煤业增长速度与 NNP 增长速度对比及所占份额的变动（每五年增长率，%）

序号	时期	采煤业	NNP	年份	采煤业产值/NNP×100%
(1)	1895—1900	127.8	20.7	1895	4.0
(2)	1898—1903	37.8	6.1	1898	4.0
(3)	1900—1905	-32.6	1.5	1900	7.0
(4)	1903—1908	32.2	9.2	1903	5.1
(5)	1905—1910	32.2	11.7	1905	4.6
(6)	1908—1913	24.8	20.8	1908	6.2
(7)	1910—1915	45.6	30.6	1910	5.5
(8)	1913—1918	63.7	93.0	1913	6.4
(9)	1915—1920	151.5	118.6	1915	6.1
(10)	1918—1923	9.0	12.1	1918	6.4
(11)	(1)—(10)平均	49.2	32.4	上述平均	5.4
(12)	1920—1925	-49.9	-29.5	1920	7.0
(13)	1923—1928	-41.3	8.1	1923	6.8
(14)	1925—1930	-16.7	-0.6	1925	5.0
(15)	1928—1933	-11.1	-10.3	1928	3.7
(16)	1930—1935	-12.8	3.8	1930	4.2
(17)	1933—1938	40.3	25.3	1933	3.6
(18)	(12)—(17)平均	-15.4	-0.5	上述平均	5.1

资料来源：同表 7-14，第 367、第 368 页。

至于新兴部门，它在落潮中的变动态势与主导部门相反，即所占比重在作为其孕育期的落潮阶段上升。原因是不言而喻的，因为这一部门在其新生期增长速度极快。例如在第二个长波的落潮阶段，是电力工业和化学工业的萌发期。电工工业的生产指数从1880年到1894年长波谷底增长了142%，而同期工业生产指数仅增长了28.2%[①]。化学工业生产指数从1874年的74.5%增加到1894年的35.4%，增长了144.1%，同期工业生产指数仅增长了39.8%。所以，在第二个长波的落潮期，电力部门和化工部门所占比重虽然微小，但增长极为迅速。第一次长波中的炼钢业、采煤业，第二次长波中的电机工业，第三次长波中的石油工业和第四次长波中的电子计算机工业、宇航工业[②]，都有这个特征。

2. 涨潮与落潮中的三次产业结构与轻重结构

我们首先考察历次长波中重工业与轻工业在涨潮与落潮中的变动。

从表7－16看，重工业比重逐渐上升的趋势并未因长期波动而中断。作为主要重工业部门的黑色冶金、钢铁制品在涨潮期与落潮期的5年增长速度都高于整个工业生产（涨潮是24.9%：13.5%，落潮是12.4%：9.1%）。所以，在整个长波中，它们的比重都在增加。只是由于落潮阶段重工业部门增长速度与整个工业增长速度的差距缩小，故在落潮阶段，重工业所占比重的增加速度下降。在表7－15中，作为轻工业主导部门的纺织工业，在整个长波阶段，其增长速度都小于整个工业生产，故其所占比重下降。这也是带动轻工业部门所占比重持续下降的主要力量。至于食品工业，由于该部门需求的相对稳定，其增长速度几乎不受长期波动的影响，从而其比重在涨潮期略微下降，在落潮期

---

① 见刘易斯：《增长与波动》，华夏出版社1987年版，第356—357页。

② 可参见本章第一节对新技术产业增长速度的分析。

有所提高。建筑及建材工业是一个长波敏感部门，它的五年增长率在涨潮期大于整个工业生产（19.6% >13.5%），而在落潮期则小于工业生产（5.1% <9.1%），故其所占份额落潮期下降，涨潮期上升。建筑业及建材工业之所以表现出如此明显的长波反应形式，原因肯定在于投资活动，尤其是基础设施投资活动与长波同向波动，且波动幅度大于工业生产，或者说在一定程度上，经济增长的长波是由投资长波引发的。

表 7－16 英国第二次长波中各工业部门五年增长率对比
（工业生产指数五年增长率，%）

序号	时期	全部工业	钢铁业	钢铁制品	建材及建筑	纺织工业	食品工业
(1)	1852—1857	18.8	35.8	35.7	－19.0	11.2	13.1
(2)	1855—1860	19.2	19.5	24.8	26.9	24.0	13.8
(3)	1857—1862	6.3	8.1	7.4	59.2	－40.0	13.5
(4)	1860—1865	11.5	26.5	25.5	66.3	－25.1	12.5
(5)	1862—1867	13.9	22.9	17.6	1.3	74.3	13.0
(6)	1865—1870	13.3	25.4	11.8	－21.8	19.4	13.4
(7)	1867—1872	23.5	46.2	36.7	20.8	20.3	13.4
(8)	1870—1875	15.1	14.8	18.9	23.6	11.4	13.3
(9)	(1)—(8)平均	13.5	24.9	22.3	19.6	11.9	13.3
(10)	1872—1877	6.8	5.3	1.2	－1.2	4.6	12.9
(11)	1875—1880	9.0	29.1	15.0	0.9	12.2	12.7
(12)	1877—1882	17.8	44.2	39.5	13.2	14.9	13.1
(13)	1880—1885	4.6	4.1	1.1	－4.6	－9.3	13.3
(14)	1882—1887	69	1.3	6.5	－12.5	4.2	13.1
(15)	1885—1890	22.6	26.9	44.7	13.0	24.7	13.1
(16)	1887—1892	1.4	－7.6	－6.5	19.1	－1.0	13.1
(17)	1890—1895	3.9	－4.3	－2.9	13.2	－2.5	13.0
(18)	(10)—(17)平均	9.1	12.4	12.3	5.1	6.0	13.0

资料来源：根据刘易斯：《增长与波动》，第 354—356 页资料计算。

如果耐用品和非耐用品可以近似地分别代表生产资料和消费资料的话，表 7－17 也可证明从表 7－16 中得出的结论：生产资料部门（重工业）与消费资料部门（轻工业）相比，在长波中的波动幅度虽然较大，不过也未改变重工业（生产资料部门）在整个工业中比重持续增加的趋势。因为无论在落潮阶段还是在涨潮阶段，耐用品生产指数增长速度总是大于工业生产指数增长速度（26.7% >23.0% 及 31.3% >24.0%）。

表 7－17　美国第三次长波落潮与第四次长波涨潮中耐用工业品、非耐用工业品和整个工业增长速度比较

序号	时期	工业生产指数	耐用品工业生产指数	非耐用品工业生产指数
(1)	1920—1925	20.0	16.7	27.8
(2)	1922—1927	31.6	32.4	25.0
(3)	1925—1930	0.0	-8.2	10.9
(4)	1927—1932	-38.0	-61.2	-16.0
(5)	1930—1935	-4.2	-15.6	7.8
(6)	1932—1937	93.5	189.5	52.4
(7)	1935—1940	43.4	56.8	25.5
(8)	(1)—(7)平均	24.0	31.3	19.1
(9)	1945—1950	25.6	34.9	16.8
(10)	1947—1952	28.3	38.0	19.4
(11)	1950—1955	29.2	37.1	20.7
(12)	1952—1957	19.7	17.4	20.5
(13)	1955—1960	12.3	6.3	19.4
(14)	(9)—(13)平均	23.0	26.7	19.4

资料来源：根据《主要资本主义国家经济统计集（1848—1960）》，第 49、第 50 页计算。

至于长波涨潮阶段和落潮阶段三次产业结构的变动，基本结论同长波中轻重结构变动相似，即长期波动的力量尚不足以影响三次产业结构变动的长期趋势：第一产业比重下降，而第二产业（在前三个长波中）比重逐渐上升和第三产业比重逐渐增加（见表 7－18）。

表 7－18　第二次长波中英国三次产业结构的变动（五年增长率，%）

序号	时期	第一产业	第二产业	第三产业	GDP
(1)	1852—1857	2.2	18.8	10.9	11.2
(2)	1855—1860	1.4	19.2	14.0	12.9
(3)	1857—1862	1.4	6.5	12.2	8.7
(4)	1860—1865	2.1	11.7	12.2	10.4
(5)	1862—1867	-0.7	14.0	7.9	8.1
(6)	1865—1870	4.2	13.2	7.3	8.5
(7)	1867—1872	-1.4	23.4	14.3	14.4
(8)	1870—1875	3.3	15.1	13.9	12.6
(9)	(1)—(8)平均	1.6	15.2	11.6	10.9
(10)	1872—1877	-4.3	6.8	8.8	6.5
(11)	1875—1880	-9.7	9.0	9.7	6.8
(12)	1877—1882	0.0	18.0	12.4	12.7
(13)	1880—1885	0.7	4.7	7.0	5.5
(14)	1882—1887	3.0	0.2	6.8	4.3
(15)	1885—1890	2.8	22.5	13.7	15.2
(16)	1887—1892	5.1	10.1	11.4	10.3
(17)	1890—1895	-4.1	4.1	8.9	6.0
(18)	(10)—(17)平均	-0.8	9.4	9.8	8.4

资料来源：根据刘易斯：《增长与波动》，第 371—372 页资料计算。

从表 7－18 可以看到，在第二次长波中，第一产业的增长速度无论在涨潮（1.6%）还是落潮（－0.8%）都大大低于整个 GDP 的增长（10.9% 和 8.4%），在落潮期第一产业甚至出现负增长，所以农业份额在整个长波中都一直下降。而第二产业和第三产业的增长速度无论在涨潮阶段（15.2% 和 11.6%）还是在落潮阶段（9.4% 和 9.8%）都高于整个 GDP 相应时期的增长（涨潮为 10.9%，落潮为 8.4%），所以第二产业、第三产业在 GDP 中的比重在整个长波中都趋于上升。这意味着长期波动对三次产业结构演变的基本趋势没有影响，或者说长期波动尚不足以改变三次产业结构演变的基本趋势。当然，这绝不意味着长期波动对三次产业结构没有一点影响。从表7－18我们可以看到，第二产业增长率与整个GDP的增长率之比，在落潮阶段下降了，由涨潮阶段的1.39下降到落潮阶段的1.12，这也就意味着，第二产业所占份额的增长速度在落潮阶段下降了。与此相反，第三产业增长率与GDP增长率的比值，由涨潮的1.06增加到落潮的1.17。这意味着第三产业所占份额的增长速度在落潮阶段反而稍稍加快了。如果我们直接比较第二产业和第三产业的增长速度，这点就更加明显。涨潮阶段第二产业增长率快于第三产业，而在落潮阶段则是后者的增长率大于前者，从而涨潮阶段第二产业份额提高幅度大于第三产业，而在落潮阶段，第三产业份额提高幅度大于第二产业（不过原因不是第三产业在落潮期发展得更快，而是其他产业增长速度下降幅度更大）。三次产业结构的这一变动趋势，如用各产业所占比重的变动来表示的话，在长波的峰顶（1872年）和谷底（1895年）则更加明显（见表7－19）。

表7－19　第二次长波中英国三次产业结构变动

序号	时期	第一产业	第二产业	第三产业
(1)	1852	19.7	26.1	54.2
(2)	1855	19.1	26.6	54.3
(3)	1857	18.1	27.8	54.1
(4)	1860	17.2	28.0	54.8
(5)	1862	16.9	27.3	55.8
(6)	1865	15.9	28.4	55.7
(7)	1867	15.5	28.8	55.7
(8)	1870	15.3	29.6	55.1
(9)	1872	13.4	31.0	55.6
(10)	(1)—(9)平均	16.8	28.2	55.0
(11)	1875	14.0	30.3	55.7
(12)	1877	12.0	31.1	55.9
(13)	1880	11.9	30.9	57.2
(14)	1882	10.8	32.6	56.6

（续表）

(15)	1885	11.3	30.3	58.0
(16)	1887	10.6	31.4	58.0
(17)	1890	10.1	32.6	57.3
(18)	1892	10.1	31.3	58.6
(19)	1895	9.1	32.0	58.9
(20)	(11)—(19)不均	11.1	31.4	57.4

资料来源:同表7-17。

涨潮与落潮中的结构变动率

长波中涨潮与落潮的更替不仅使各个部门尤其是主导部门的比重发生变化,而且使整个产业结构变动率发生变化。从某种意义上说,最早接触到这一问题的是库兹涅茨。他早在1930年曾考察过增长速度与波动幅度的关系。在考察了美、英、德、法和比利时若干产品和行业的时间序列的增长速度与波动幅度的关系后,库兹涅茨得出这样两个结论:第一,产品或行业的增长速度与波动幅度存在正相关关系,产品或行业的增长速度愈快,对均衡状态的偏离就愈大,周期波动的幅度也就愈大;第二,对于商业周期(即7—11年的朱格拉周期)、次级波动(即15—25年的建筑周期)和对长期趋势的偏离(即长于25年的波动。因库氏怀疑康德拉季耶夫周期的存在,故称其为对长期趋势的偏离)这三种波动形式而言,增长速度与第三种波动之间的相关系数最高,与次级波动的相关系数次之,与商业周期波动幅度的相关系数最低(见表7-20)。

如果说库兹涅茨只是针对某一个产品的增长速度与增长中的波动的相互关系的话,舒曼则把这种单一产品或单一行业的增长与波动的正相关关系推广到整个经济。他在1938年出版的《南非的结构变动与商业周期》一书中指出，19 世纪的南非经济史表明，高速增长是与迅速的结构变动结合在一起的。① 真正使总体增长率与产业结构变动率的正相关关系超出单一商品、单一行业、单一国家和某一时期的，是库兹涅茨 1971 年出版的《各国的经济增长——总产值和生产结构》。该书第七章"总结及相互关联"中指出，按人口平均的高增长率与生产结构的高变化率相联系。② 遗憾的是，由于库兹涅茨一生都不承认康德拉季耶夫长波的存在，使他不能把长期波动与结构变动联系起来，不能得出长波涨潮期产业结构变动率上升、落潮期产业结构变动率下降的结论。

表 7－20　增长速度与波动幅度相关系数

国别	系列数	增长率—对长期趋势偏离	增长率—次级波动	增长率—商业周期
美国	12	0.88	0.83	0.57
英国	6	0.66	0.37	0.43
德国	6	0.90	0.60	0.50
法国	75	0.26	0.75	0.10
比利时	4	1.00	0.80	1.00

资料来源：库兹涅茨：《生产和价格的长期运动》，第 279 页。

涨潮期（高速增长期）与高结构变动率相联系、落潮期与低结构变动率相联系的原因如下：

首先，涨潮期总是和收入水平的较快增长联系在一起的。收入的较快增长会导致需求结构的较大变动，有些产品需求减少了，有些增加了，甚至出现新的需求。收入增加得愈快，需求结构的分化、扩展和变动也就愈大，从而在需求结构的媒介下，拉起产业结构的较大

① C. G. 舒曼：《南非的结构变动与商业周期》（英文版），斯泰堡出版社 1938 年版。

② 库兹涅茨：《各国的经济增长》，商务印书馆 1985 年版，第 344 页。

变动。

其次,涨潮期总是与比较活跃和密集的创新联系在一起的。正是产品创新和工艺创新的集群把经济从落潮中拉出。然而,创新尤其是产品创新是一把“双刃剑”,它在推动经济高速增长的同时也会创造出新的部门和“消灭”掉一些部门,会促使一些部门更加迅速地发展,也会影响、限制一些被代替部门的发展。概而言之,创新包含着改变已往产业结构的力量。而在落潮阶段,随着创新的充分吸收,积极地改造产业结构的力量相对减弱,从而产业结构变动率下降。

再次,正像库兹涅茨强调的那样,①涨潮期经济的高速增长会使一国的贸易条件和比较优势发生较大的变化,而它们的变化也会使一国的进出口结构发生较大的变化,从而带动产业结构变动率的提高。

第四,涨潮期的高速增长往往会拉大部门间增长速度的差距,而落潮期又会使部门间增长率差距缩小。每一部门的增长均受到两类限制:一类是比较一致的需求限制,一类是差距极大的生产和经营条件限制。涨潮期,市场总容量扩大,各部门生产迅速扩大。这时,限制各部门增长幅度的往往是第二类限制条件,如生产能力的饱和。这时由于各部门的生产和经营条件不同,各部门所能扩张的水平或扩张幅度差距也就较大。然而在落潮阶段,限制各部门生产水平的主要是相对整齐的市场条件或市场的容量(例如收缩期,生产能力一般利用不足,从而不再成为限制生产扩张的条件),于是,各部门间增长速度的差距缩小。如表7－17中,耐用品与非耐用品增长率差距在涨潮期为12.2个百分点,落潮期则只有7.3个百分点。表7－18中,第二产业与第三产业增长率差距在涨潮期为3.6个百分点,落潮期只有0.4个百分点。增长率差距的扩大与缩小同时就是部门间比重差距的扩大与缩小,也即产业结

① 库兹涅茨:《各国的经济增长》,商务印书馆1985年版,第344页。

表 7－21 长波不同阶段结构变动率的差别(部门细分)

时期	农业	矿业制造业	建筑业	船运业	客运业	货运业	销售业	金融业	饮食业	专门职业	国内服务	政府	国防	租金	混合服务	合计	结构变动系数(r)
1852	19.7	26.1	4.2	0.6	1.9	3.7	12.8	0.1	1.9	3.5	7.5	2.0	1.7	13.0	1.4	200	—
1873	13.5	31.3	3.8	1.5	2.3	4.3	14.9	0.5	1.8	4.1	6.6	2.1	1.7	10.5	1.6	100	—
1894	9.5	31.7	3.6	1.6	3.0	4.6	15.7	1.2	2.2	5.4	5.4	2.6	1.5	9.3	1.0	100	—
1852—1873 涨潮期比重增减	6.2	5.2	0.4	0.9	0.4	0.6	2.1	0.4	0.1	0.6	0.9	0.1	0.0	2.5	0.2	20.6	1.37
1873—1894 落潮期比重增减	4.0	0.4	0.2	0.1	0.7	0.3	0.8	0.7	0.4	1.3	1.2	0.5	0.2	1.3	1.0	13.1	0.87

注:结构变动系数 $r = \sum_{i=1}^{n} | X_t - X_{t-1} |_i / n$,其中,X 为生产值比重,i 为部门序号,n 为部门个数,t、t－1 为时间坐标。

资料来源:根据刘易斯:《增长与波动》,第 371—373 页资料计算。

构变动率的扩大与缩小。因为某一时期的产业结构变动率等于该时期各部门比重变动率的平均数,从而涨潮期增长率差距扩大意味着部门比重差距扩大,即结构变动率提高。

下面让我们以英国为例,具体地看一下涨潮与落潮阶段的产业结构变动率的差别。

从表7－21和7－22可以看出,涨潮阶段的结构变动系数大于落潮阶段。对GDP细分部门结构来说,前者为1.37,后者是0.87;对三次产业结构来说,涨潮期是4.2或4.1,落潮期是2.2或2.7。从而证明了我们关于涨潮期结构变动率大于落潮期的结论。

表7－22　涨潮与落潮阶段结构变动率的差别(三次产业)

时间	第一产业	第二产业	第三产业	合计	结构变动系数
1852	19.7	26.1	54.2	100.0	—
1872	13.4	31.0	55.6	100.0	—
1873	13.5	31.3	55.2	100.0	—
1892	10.1	31.3	58.6	100.0	—
1894	9.5	31.7	58.8	100.0	—
1852—1872	6.3	4.9	1.4	12.6	4.2
1852—1873	6.2	5.2	1.0	12.4	4.1
1872—1892	3.3	0.3	3.0	6.6	2.2
1873—1894	4.0	0.4	3.6	8.0	2.7

资料来源:同表7－21。

第四篇

我国周期波动对结构变动的影响及相应的周期—结构政策

至此，我们已先后讨论了周期波动影响结构变动的一般机制，考察了中波、短波和长波中结构变动的规律及特点。现在，我们要从一般的理论分析转向我国的实况。本篇的任务，一是考察周期波动影响产业结构的一般机制和周期中产业结构变动的一般特征在我国的具体表现，二是分析如何确立相应的周期—结构政策，以实现我国经济的稳定增长和产业结构的合理调整。前一个任务构成第八章和第九章的内容，后一个任务则在第十章中完成。

第八章　我国的经济周期和历次周期中的产业结构变动

经济周期是与以机器生产为基础的商品经济联系在一起的，所以，它是超越国界和体制的。我国经济增长过程中同样存在着周期波动，这种波动也同样影响着产业结构。

我国经济周期的确定

只要承认经济周期是经济扩张（高速增长）和收缩（低速增长）的重复交替，那么，就要进一步承认我国经济生活中存在着周期波动。①

首先让我们来考察我国社会总产值、工农业总产值、国民收入、固定资产投资、财政支出和社会商品零售总额等指标的变动情况（见表 8－1）。

从表 8－1 可以看出，社会总产值、国民收入、工农业总产值、固定资产投资、财政支出、社会商品零售总额在波动方向、转折点和波动幅度上

---

① 经济周期的研究在国外已有近 200 年的历史，我国理论界关于我国的周期的研究却刚刚起步。据笔者所知，刘树成的《我国固定资产投资周期性初探》（《经济研究》1986 年第 2 期）和林叶的《我国固定资产投资的周期性与经济发展的周期性》（《天津师范大学学报》1986 年第 1 期）是最早分析我国经济周期的论文。稍后，宫著铭、梁天征、栗树和、杜辉、朱涵萍、卢健、吴仁洪和陈越等学者相继发表了关于我国经济波动的文章。我国周期理论的研究逐渐发展起来。如果不是拘泥于经济周期是资本主义基本矛盾产物的传统教义，而是从实际出发的话，我国存在着经济周期应是一个没有争议的问题。

的相似度都很高。我们根据这些指标的波动情况，参考经济活动的绝对水平，将我国的经济周期确定如下（见表8－2）：其中，第一个周期（P—P）包含着以1955年为谷底的1953—1956年的短期波动。第四个周期（P—P）包含着分别以1972年和1974年为谷底的1970—1973年和1973—1975年的两次短期波动。这两次短期波动的波幅很大，但期间很短，扩张期各只有一年（1973年和1975年），故不能列为一般的周期波动。

表8－1 我国基本经济指标的增长率波动（%）

周期阶段	年度	社会总产值	工农业总产值	国民收入	居民消费	全民固定资产投资	社会商品零售总额	财政支出	全国零售物价水平
(1)	(2)	(3)	(4)	(5)	(6)	(7)	(8)	(9)	(10)
P	1953	18.7	14.4	14.0	7.7	110.1	25.7	25.1	3.4
	1954	8.5	9.5	5.8	0.5	12.1	9.5	11.9	2.3
t	1955	6.2	6.6	6.4	6.4	2.4	2.9	9.3	1.0
	1956	17.9	6.5	14.1	4.3	52.9	17.5	13.5	0.0
T	1957	6.1	7.9	4.5	2.4	-6.0	2.9	-0.5	1.5
P	1958	32.6	32.2	22.0	1.5	84.6	15.6	34.6	0.2
	1959	18.0	19.5	8.2	-9.9	31.9	16.4	35.1	0.9
	1960	4.7	5.4	-1.4	-6.0	13.2	9.2	18.3	3.1
	1961	-33.5	-30.9	-29.7	-5.9	-62.5	-12.8	-43.9	16.2
T	1962	-10.0	-10.1	-6.5	4.5	-44.1	-0.6	-16.8	3.8
	1963	10.2	9.5	10.7	10.2	33.7	0.1	11.2	-5.9
	1964	17.5	17.5	16.5	6.2	42.2	5.6	17.5	-3.7
P	1965	19.0	20.4	17.0	9.2	30.7	5.0	16.9	-2.7
	1966	16.9	17.3	17.0	4.0	17.5	9.3	16.1	-0.3
	1967	-9.9	-9.6	-7.2	3.5	-26.3	5.1	-18.4	-0.7
T	1968	-4.9	-5.2	-6.5	-3.5	-19.2	-3.3	-18.6	0.1
P	1969	25.3	23.8	19.2	2.6	62.9	8.7	46.2	-1.1
	1970	24.2	25.7	23.3	4.1	49.1	7.0	23.5	-0.2
	1971	10.4	12.2	7.0	1.1	13.4	8.3	12.8	-0.7
t	1972	4.5	4.5	2.9	2.8	-1.1	10.1	4.7	-0.2
p	1973	8.6	9.2	8.3	5.3	0.1	8.2	5.6	0.6

（续表）

t	1974	1.9	1.4	1.1	-0.2	5.7	5.1	-2.3	0.5
p	1975	11.5	11.9	8.3	1.9	17.6	9.2	3.8	0.2
T	1976	1.4	1.7	-2.7	1.8	-3.9	5.4	-1.8	0.3
	1977	10.3	10.7	7.8	0.9	4.7	7.0	4.6	2.0
P	1978	13.1	12.3	12.3	5.1	22.0	8.8	31.7	0.7
	1979	8.5	8.5	7.0	6.7	4.6	15.5	14.7	2.0
	1980	8.4	7.5	6.4	9.5	6.6	18.9	-4.8	6.0
T	1981	4.6	4.6	4.9	6.3	-10.5	9.8	-8.1	2.4
	1982	9.5	8.8	8.3	5.1	26.6	9.4	3.4	1.9
	1983	10.3	10.2	9.8	7.0	12.6	10.9	12.1	1.5
	1984	14.7	15.2	13.5	11.6	24.5	18.5	19.6	2.8
P	1985	16.5	16.8	12.3	14.2	41.8	27.5	19.3	8.8
T	1986	9.1	9.3	7.4	4.5	15.3	8.5	26.3	6.0
	1987	14.1	20.7	9.3	5.5	14.4	9.6	5.0	7.3
P	1988	15.8	17.3	11.1	7.0	20.2	27.1	9.0	18.5

资料来源:《中国统计年鉴(1986)》,《人民日报》1987 年 2 月 21 日、1988 年 2 月 24 日。

图 8－1 是我国上述周期划分的形象表示。

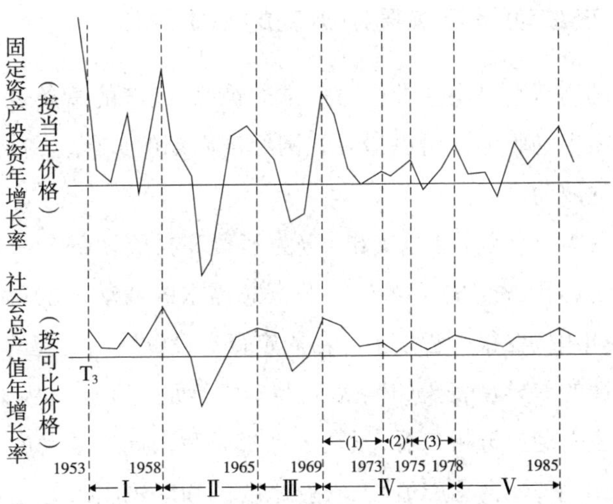

图 8－1　我国的经济周期(罗马数字为中期波动,阿拉伯数字为短期波动)

表 8-2 我国经济周期的划分

周期序列	从高峰到高峰(P—P)		从谷底到谷底(T—T)	
	起止时间	年数	起止时间	年数
第一次	1953—1958	5	1957—1962	5
第二次	1958—1965	7	1962—1968	6
第三次	1965—1969	4	1968—1976	8
第四次	1969—1978	9	1976—1981	5
第五次	1978—1985	7	1981—1986	5
第六次	1985—1988	3	1986—1989	3
平均长度		5.8		5.3

我国经济波动的原因和机制

我国经济增长过程之所以出现波动,是由多方面的原因造成的,这里既有社会总需求的跌宕,也有经济运行中部门关系的不平衡,既有政治斗争和社会动乱,也有农业生产的丰歉。这些因素汇集在一起,便导致我国经济增长不是一种线性增长。

1. 投资波动是经济周期出现的基本原因

经济的高涨总是由于社会总需求的扩张,经济的萧条也总要归之于社会总需求的收缩。所以追寻我国经济周期的成因,要首先考察社会总需求的波动。

社会总需求(或社会总支出)分为消费和投资两部分。其中的消费相对稳定,而投资则极不稳定。我国总需求的波动(尤其是1987年以前的35年中)在很大程度上是由固定资产投资波动引起的。消费与投资稳定性的差异在表8-1中表现得非常清楚。无论是从实际感受、统计证明还是理论分析来看,投资波动都是我国周期波动的最直接原因。表8-1中,社会总产值、工农业总产值和国民收入等总量指标的波动与投资波动存在着很高的相关系数。

令社会总产值为Y、工农业总产值为Q、国民收入为NI、投资为I，则Y、Q、NI与I的回归方程及相关系数如下：

$$Y = 3.9071 + 0.3119I$$

$R = 0.8768, T(0) = 3.5286, T(1) = 10.3167, DW = 1.5009$；

$$Q = 4.2437 + 0.2817I$$

$R = 0.8187, T(0) = 3.3167, T(1) = 8.0638, DW = 1.6065$；

$$NI = 2.9166 + 0.2502I$$

$R = 0.8265, T(0) = 2.6436, T(1) = 8.3069, DW = 1.388$。

投资的波动之所以能够导致并放大经济活动，从理论上讲有这样几方面的原因。首先，投资是社会生产活动的一种重要形式，它的扩张与收缩将直接带来投资品生产部门（如钢铁、水泥、机器设备等行业）和建筑业的波动。其次，也许是更重要的，是投资的间接影响，即投资高涨创造着总需求的连续扩张，从而通过收入—消费增加—需求再扩张—再投资和需求扩张—价格上涨—利润率提高—再投资两条渠道，带动经济的不断扩张。而投资的收缩导致社会总需求下降，从而收入—消费、利润率—投资机制在反方向上作用，进而导致总需求进一步下降，从而经济进入收缩阶段。这两方面的原因合在一起，就构成了投资波动影响经济波动的整个机制。

投资—经济的扩张与收缩机制见下图：

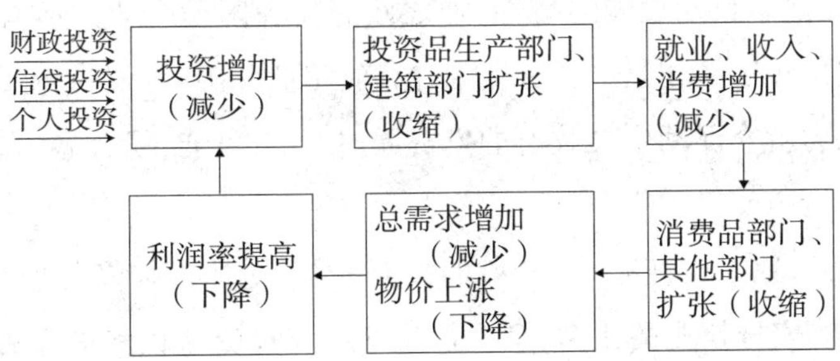

我国经济扩张到一定限度后，一般将会受到两方面的限制：一是基础投入（能源、原材料以及交通服务）的限制，二是扩张过程中产业结构的失衡。这种过度扩张带来的失衡态，使国民经济运行过程的一些参量接近临界状态，如财政赤字大幅度增加，生产资料价格剧涨，积累率过高，投资效益猛降。这些参量的临界变化为经济决策部门提供了紧缩和调整的信号，于是压缩投资规模，减少信贷总量，从而扩张便为收缩代替。在上述机制的作用下，国民经济进入收缩阶段。

投资波动导致一般经济周期，那么，投资波动又是什么原因引起的呢？什么因素使我国投资活动出现膨胀与收缩的反复交替呢？我们认为，撇开政治运动的冲击不讲，主要原因在于传统体制下强烈的投资冲动与失衡的产业结构的交替作用。

在以政企合一的国有制、高度集中的决策机制为基本特征的传统体制下，从中央到地方、从国家到企业都存在着强烈的投资冲动。

我国的工业化是在一个非常低的基础上起步的。与其他大国相比，工业发展水平差距极大。

经济基础与产业结构的畸形和失衡给我国政府带来了巨大的投资压力。在市场经济或分散投资体制下，如果没有较高的投资收益预期，这种结构性压力不会带来分散投资主体的投资欲望。但是，在国有制和计划体制下，由于政府的投资行为并不受短期货币收益的约束，而倾向于长期发展的目标，加之政府作为国营企业的所有者，掌握着国民经济的相当一部分资源，这样，工业基础落后与产业结构失衡的压力就会促动中央政府的投资欲望，一有可能，就会做出扩张投资的决策。

此外，地方政府是一个特殊的投资主体。它既面临着发展经济、改造结构和安排就业的压力，又参加争夺中央投资项目和资金的竞争。

特别地，相对于中央政府来说，它的投资的预算约束较软（一部分投资是中央拨付的，如工程费用超预算，可以请求中央追加），而投资的地区利益又很强，如可以增加本地财政收入，安排较多的就业，等等。所以，在传统体制下，地方政府的投资冲动异常强烈。①

在传统的资金纵向调拨体制下，企业固定资产投资基本上由国家预算拨付，企业进行投资基本上不存在风险。同时，企业规模的扩大不仅给企业领导者带来跃迁的机会，也会给职工带来一定的收益，如住宅的建设、工作环境的改善，等等。这种投资收益—风险不对称的机制，使我国的国营企业存在着严重的投资饥渴。②

中央与地方、国家与企业强烈的投资欲望，通过投资计划的层层加码，就会导致计划投资的扩张。在计划执行过程中，各地又纷纷超计划投资，便出现投资的急剧高涨，于是上述投资—经济扩张机制发生作用。

投资转化成生产力终究要靠有足够的投资品、原材料和能源的供给。然而，我国脆弱的产业结构（基础工业落后）和落后的进出口结构（不能充分利用国外原材料、能源市场来协调国内产业结构）不能支撑投资的如此膨胀。其表现是原材料、能源供应紧张，产业结构严重失调，投资效益下降，财政赤字扩大。结果，迫使中央政府诉诸行政性的调整和收缩。然而这种治标不治本的行政性紧缩，既没有触动传统的经济体制，从而不能根除“投资饥渴”痼疾，又没有真正调整好产业结构（既没有建立起产业结构微调机制，也没有进行产业间的资产存量

---

① 参见朱争鸣、马建堂等：《关于改革与完善投资机制的若干问题》，《经济研究参考资料》1987 年第 16 期。

② 请参见笔者与李金早同志执笔的《重塑投资主体格局，培育金融—产业集团》，《经济研究》1987 年第 12 期。

和劳动力调整),从而限制投资转化为生产能力的障碍犹存。于是,这种行政性经济调整本身就潜含着下一轮的冲动。一旦经过调整,使诸种经济参数的紧张有所松动,经济体制蕴含着的内在冲动便会不断地把投资推向扩张,而失衡的产业结构又不断把投资抛进谷底,结果就是我国投资乃至整个经济的周期波动。

以扩大地方和企业投资权限、增加非中央投资份额为特点的投资体制改革,在调动地方和企业筹集资金的积极性的同时,却更加强化了地方和企业的投资冲动。就企业而言,企业相对独立的经济利益强化的同时,企业的投资风险却没有对称地强化。投资可能增加企业的税后留利、奖金和福利,但贷款投资的成本(利息)很低,且由国家负担(税前还贷),投资风险可以转嫁,从而在二元体制下,企业的投资冲动更加强烈。①

就地方政府而言,行政性分权改革,尤其是“划分收支、分级包干”的财政体制,使地方政府的财政收入与企业的数目多寡、规模大小、项目的增减紧紧地联系在一起,从而地方更愿意多上项目、多建工厂,结果是投资冲动更加剧烈。在局部利益强化了地方政府扩张投资欲望的同时,地方政府投资审批权限的扩大,则使这一强化了的投资冲动得以实现。②

在行政性分权改革强化了地方与企业投资冲动的同时,投资顺利地转化为生产能力和创造出供给的条件——投资品、原材料、能源和交通服务的供给不但没有改善,相反却因地方投资的轻型化和小型化而

① 请见马建堂:《体制转换时期投资膨胀的行为分析》,《中国社会科学院研究生院学报》1986 年第 4 期。

② 请参见马建堂、李晓帆等:《地方投资的规模特征与投资膨胀的抑制》,《经济研究资料》1987 年第 21 期。

更趋恶化。① 结果使产业结构所能承受的相对投资规模变小，投资的动荡仍然不能减缓。

2. 政治运动是我国经济波动的重要原因

频繁的路线斗争和此起彼伏的政治运动是新中国成立三十年来社会政治生活的基本写照，政治运动不能不影响到国民经济的稳定运行。

1979 年以前，我国基本上是一种高度集权的行政协调经济。国民经济的扩张与调整主要是服从上层领导对国民经济形势的判断与决策。特别是在“极左”路线盛行的年代里，“革命第一”、“生产第二”、“政治统帅经济”，于是，正常的经济运动过程经常被反复无常的政治运动所中断。如 60 年代初的三年调整本来为 60 年代中后期的较快发展准备了条件，1965 年、1966 年经济形势很好，增长速度也较高，但是突如其来的“文化大革命”使全国生产几乎陷入停顿状态，从而造成了 1967—1968 年国民经济的大衰退。再如林彪集团折戟沉沙后，生产与建设均出现转折，1973 年工业总产值比 1972 年增长 9.5%，然而，1974 年所谓的“批林批孔”运动又使我国国民经济陷入严重混乱状态。再如，1976 年发动的所谓批判“右倾翻案风”运动，使因邓小平同志出来主持工作、积极整顿后出现的 1975 年的繁荣中断。

在我国，政治周期与经济周期的吻合②达到了惊人的程度。除去这三

---

① 请参见马建堂：《我国产业结构目前存在问题的初步研究》，《生产力研究》1987 年第 5 期。

② 在笔者所接触到的资料中，卡莱茨基是第一个把政治因素与经济波动联系起来的学者。他在《充分就业的政治方面》（载《政治季刊》1943 年 10 月号）中提出，资本家与工人对政府的影响交替占优势。当资本家占优势时，政府往往采取稳定政策，而当工人力量占优势时，政府往往会采取膨胀政策。另外 P. 布朗从政治选举角度提出经济周期的成因。可参见 M. 萨尔瓦蒂：《工业关系的政治商业周期与长波》〔载弗瑞曼主编的《世界经济中的长波》（英文版），1983 年版〕。我国的一些学者，如陈越、卢健也都出色地分析了政治运动对我国经济周期的影响。

次因错误的政治运动而直接引致的衰退外,我国屡次经济高涨几乎都能找到相应的政治背景。表8-3是政治周期与经济周期吻合情况的图示。

表8-3 经济周期中的重大政治事件及其经济效应

政治事件	发生年份	周期位置	经济后果
中共中央提出过渡时期总路线	1952.12	第一个周期前夕	造成1953年的扩张及1954—1955年的衰退
八届二中全会提出社会主义建设新路线	1958.5	第二个周期高涨初期	导致1958年的急剧扩张和1960—1962年的严重衰退
社教运动与组织生产新高涨	1965	第三个周期扩张初期	导致1965—1966年的高涨
中央政治局扩大会议和八届十一中全会	1966.5—1966.8	第三个周期高涨末期	导致1967—1968年的极度衰退
中共"九大"召开	1969.4	第三个周期衰退末期	导致1969—1970年的扩张
林彪驾机外逃,及批林整风	1971.9	第四个周期中第一次高涨末期	导致1972年的衰退
中共"十大"召开	1973.8	第四个周期中第二次高涨初期	导致1973年的扩张
"批林批孔"运动	1974年初	第四个周期中第二次高涨末期	导致1974年的衰退
四届人大一次会议召开,邓小平复出	1974.10—1975.1	第四个周期中第二次衰退末期	导致1975年的短期繁荣
"批邓、反击右倾翻案风"	1976.4	第四个周期中第三次扩张末期	导致1976年的经济衰退
中共"十一大"召开	1977.8	第四个周期中第三次衰退末期	导致1977—1978年的高涨和1979—1981年的衰退
中共"十二大"召开	1982.3	第五个周期复苏阶段	导致1983—1985年的高涨
中共"十三大"召开	1987.10	第六个周期复苏阶段	导致1987年始的再一次高涨

3. 农业的丰歉是我国经济出现波动的又一原因

在我国这样一个农业大国中，农业的丰歉不能不影响到国民经济的运动。从历史资料可以看出，经济发展阶段愈低，农业在国民经济中的份额愈大，农业波动对一般经济周期的影响也就愈大。现在看来似乎非常可笑的杰文斯太阳黑子周期理论，实际上是看到了农业生产周期与一般经济周期的直接联系，而欲从气候变化影响农业丰歉的角度来解释经济周期，这不能说没有一些道理。直到20世纪70年代罗斯托、刘易斯等人还是非常强调农业品丰歉对经济周期的影响。① 由于我国是一个农业—工业国，不仅农业在国民经济中占了很大的比重，而且农业也是轻工业借以发展的重要源泉，②所以，一旦农业出现衰退，整个国民经济也就随之跌入谷底（见表8-4）。

表8-4　农业周期与经济周期的关系

农业低谷年份	粮食年增长率（%）	经济低谷年份	经济增长率（%）	农业高峰年份	粮食比上年增长（%）	经济高峰年份	经济比上年增长（%）
1954	1.6	1955	6.2	1955	8.5	1956	17.9
1960	-15.6	1961	-33.5	1964	10.3	1965	19.0
1968	-4.0	1968	-4.9	1970	13.7	1970	24.2
1972	-3.9	1972	4.5	1973	10.2	1973	8.6
1977	-1.3	1976	1.4	1979	9.0	1979	8.5
1980	-3.5	1981	4.6	1984	5.2	1985	16.5
1985	-6.9	1986	9.1				

资料来源：《中国统计年鉴（1986）》，第38、第108、第208页，《人民日报》1987年2月21日。

---

① 刘易斯认为用农业生产的下降解释19世纪初的周期波动是非常适合的。见《增长与波动》，华夏出版社1987年版，第101—104页。

② 我国轻工业比重占整个工业生产的50%，70%的轻工业原料来自农业。于是，农业生产每下降1%，工业生产就下降0.35%，工农业生产就下降1.35%。

从上表可以看出,我国农业周期和一般经济周期存在着非常密切的关系,农业的繁荣或衰退一般会导致或加剧下年(或同年)的高涨与收缩。至于两者为什么相关度这样高,除去我们提到的两条〔(1)农业在社会生产中占有较大份额,从而农业衰退直接引致国民经济的衰退,因农业变动导致的国民经济增长率波动 = 农业波动幅度 × 农业在社会生产中所占份额;(2)轻工业生产对国内农业依存度很高。工业波动幅度 = 农业波动幅度 × 依靠农产品为原料的轻工业占整个轻工业比重 × 轻工业占整个工业比重〕以外,我国利用国际农产品市场缓解农业衰退的能力不强也是一个重要原因。

以上分别论及了投资波动、政治运动和农业丰歉对我国经济波动的影响。但需要提醒读者注意的是,这并不是说它们均单独地发生作用。分离出这三个原因是为了分析的方便。在经济生活中,它们通过我国特有的经济运行机制而聚合成拉动国民经济脱离线性均衡增长轨道的力量。

我国历次经济周期中的结构变动

我们在第二章分析了经济周期中产业结构变动的一般规律,并在第三、第四两章中对这些规律借以作用的机制做了考察。现在,让我们探讨一下:这些一般规律和一般周期变动形式在我国经济生活中得到多大程度的实现;如果两者背离的话,导致这一背离的原因是什么。

1. 我国历次周期中的三次产业结构变动

先让我们考察一下,我国三次产业结构在历次周期中的变动情况(见表 8-5)。由于我国统计口径的差异,①这里的第三产业只包括商

① 我国统计界过去一直不承认西方的 NSA 统计制度,而沿用苏联的 MPS 体系。所以我国的历史统计只包括工、农、建、运、商五大部门。

业和运输业。T、P 为一般周期的谷底与高峰，t、p 为短期波动的谷底与高峰。

表 8－5　历次经济周期中的产业结构变动

年份 (1)	周期阶段 (2)	一次产业比重 (农业产值/社会总产值)×100% (3)	二次产业比重 工业(%) (4)	建筑业(%) (5)	小计 (6)=(4)+(5)	三次产业比重 〔(运输+商业)/社会总产值〕×100% (7)
1953	P	41.1	36.3	6.8	43.1	15.8
1955	t	40.6	37.8	6.1	43.9	15.5
1957	T	33.5	43.8	7.4	51.2	15.3
1958	P	26.5	50.7	9.4	60.1	13.4
1962	T	32.5	51.1	4.1	55.2	12.3
1965	P	30.9	52.0	6.6	58.6	10.5
1968	T	35.1	48.5	5.0	53.5	11.4
1969	P	27.8	54.8	7.1	61.9	10.3
1972	t	25.5	57.3	7.3	64.6	9.9
1973	p	25.7	57.4	7.0	64.4	9.9
1974	t	26.3	56.2	7.7	63.9	9.8
1975	p	25.0	58.1	8.1	66.2	8.8
1976	T	25.4	58.1	8.0	61.1	8.5
1978	P	22.9	59.4	8.3	67.7	9.4
1981	T	27.1	56.5	8.2	64.7	8.1
1985	P	28.1	53.7	10.0	63.7	8.2

资料来源：《中国统计年鉴(1986)》，第 39 页。

从表 8－5 中可以得出这样几点结论：

第一，我国第一产业、第二产业的周期反应形式与一般的产业结构周期反应形式基本相同，即第一产业的比重在扩张阶段减少（因为第一产业的扩张速度低于整个经济的扩张速度），而在收缩阶段增加（因为第一产业的收缩幅度小于整个经济的收缩幅度），第二产业的周期反应形式恰好相反，是扩张期比重增加。在 1953—1985 年 14 个周期阶段中，第一产业所占份额变动形式符合一般理论模型的有 9 个，占 64.3%，第二产业所占份额变动形式与一般理论模型相同的有 10 个阶段，占71.4%。

第一产业和第二产业所占份额周期变动形式相反，意味着第二产业的波动幅度远远大于第一产业，从而是一个敏感的正周期性波动部门，而第一产业则是一个欠敏感部门。

第二，我国第三产业周期变动形式与我们在第二章中描述的一般变动形式相去甚远。除去1962—1970年的三个周期阶段与经典周期中第三产业的一般波动形式相同外，在大部分周期阶段上，它没有像在经典周期中那样，扩张期减少，收缩期增加，也没有像在增长型周期中那样，在扩张期与收缩期全部上升，倒是大都表现为扩张期和收缩期均下降。这种反常的周期波动形式，主要是排斥市场的高度集中的实物经济体制造成的。1979年以前，我国视商品经济如洪水猛兽，认为它是不断滋生新生资产阶级的土壤，在这种自然经济思想和"左倾"路线的指导下，大砍商业网点，压抑非国营贸易，使与商品流通有关的第三产业遭到严重损害。商业在整个社会总产值中的比重呈下降趋势，甚至工农业剧烈的衰退都不能使第三产业的比重有所回升。

第三，在第二产业内部，与工业相比，建筑业的比重在扩张期增加、收缩期减少的特征更为明显，其所占份额的变动幅度更大。如建筑业在高峰期产值比重平均为7.2%，低谷期比重平均为6.7%，高峰期所占比重是低谷期所占比重的1.07倍，如果不包括短期波动，高峰期和低谷期的比重分别为8%和6.5%，其比值为1.23。工业产值占社会总产值的份额高峰期是52.8%和51.2%（不包括短期波动），低谷期是51.2%和51.6%（不包括短期波动），产值份额高峰期与低谷期之比仅为1.03，如不包括短期波动仅为0.99。建筑业波动幅度较之工业为大，在表8-6中表现得更为明显。

从表中可以看出，我国的建筑业是一个典型的绝对衰退部门或用我们上文的术语来说，是一个对称型正周期性波动部门。平均降幅高达56.6个百分点，1956—1962年周期衰退阶段，落差高达134.5个百分点。

表 8－6　建筑业和工业周期波动幅度的比较(比上年增长%)

年份(1)	周期阶段(2)	建筑业(3)	工业(4)
1953	P	54.4	30.3
1955	t	6.9	5.6
1957	T	-4.9	11.5
1958	P	70.3	54.8
1962	T	-64.2	-38.2
1965	P	23.2	26.4
1968	T	-14.8	-5.0
1969	P	22.1	30.7
1972	t	2.6	6.6
1973	p	1.6	9.5
1974	t	9.7	0.3
1975	p	14.0	15.1
1976	T	-2.0	1.3
1978	P	21.3	13.5
1981	T	-5.6	4.1
1985	P	18.4	18.0
平均降幅(不包括短期波动)		56.6	36.4

注:平均降幅＝高峰期扩张幅度－低谷期收缩幅度。

资料来源:《中国统计年鉴(1986)》,第 38 页。

通过以上的分析我们可以得出这样一个结论:我国的经济波动主要是由第二产业波动引起的;而在第二产业中,波幅最大的是建筑业。这又从另一个角度证实了投资波动是我国经济波动的主要原因的结论。正是投资的迅速扩张(收缩)拉动了建筑业的扩张(收缩),而建筑业的扩张(收缩)又直接拉动建材工业、原材料工业、能源工业和机器设备制造业的迅速扩张(收缩),从而使建筑业和工业的产值份额在扩张期(收缩期)增加(减少)。

2. 我国历次周期中轻重工业结构的变化

既然我国的经济波动主要表现为第二产业的波动,那么,第二产业的主要内容——工业的内部结构,特别是轻重工业结构的周期反应形式又如何变化呢？

表8－7表明，我国轻重工业结构的周期反应形式基本上与第二章分析的轻重工业结构（或消费品生产与生产资料生产结构）一般反应形式相同，即轻工业比重一般在扩张阶段下降、收缩阶段上升，重工业比重则是扩张阶段上升、收缩阶段下降。从表8－6可知，在14个阶段中，符合这一变动特征的有10个阶段，占71.4%。对于轻工业来说，其高峰期比重小于其低谷期比重，全部高峰期比重与全部低谷期比重之比为0.97，不包括短期波动则为0.98。对于重工业来说，则是高峰期比重高于低谷期比重，全部高峰期与全部低谷期之比是1.03，不包括短期波动为1.02。①

表8－7　我国历次经济周期中轻重工业结构变动（以工业总产值为100）

年份	周期阶段	轻工业	重工业	年份	周期阶段	轻工业	重工业
1953	P	62.7	37.3	1974	t	44.4	55.6
1955	t	59.2	40.8	1975	p	44.1	55.9
1957	T	55.0	45.0	1976	T	44.2	55.8
1958	P	46.5	53.5	1978	P	43.1	56.9
1962	T	47.2	52.8	1981	T	51.5	48.5
1965	P	51.6	48.4	1985	P	46.7	53.3
1968	T	53.7	46.3	全部高峰期平均		48.04	51.96
1969	P	46.2	53.8	除短期波动以外的高峰期平均		49.47	50.53
1972	t	42.9	57.1	全部低谷期平均		49.76	50.24
1973	p	43.4	56.6	除短期波动以外的低谷期平均		50.32	49.68

资料来源：《中国统计年鉴（1986）》，第46页。

① 这组数字似乎意味着一般周期波动（不包括短期波动）中轻重结构的变动形式反差较小，其实不然。如果从1957年开始计算，那么高峰期与低谷期比重之比，轻工业是0.93，重工业是1.07，即高峰期轻工业份额为46.82%，低谷期为50.32%，重工业份额分别为53.18%和49.69%。周期波动竟使轻、重工业产值比重分别上升和下降了3.5个百分点。

轻重工业结构周期反应形式的差异清楚地表明，在工业这一主要的波动部门中，重工业的波动幅度更大，增长率跌宕得更加强烈，轻工业则是一个相对平稳的部门（见表8－8）。这又一次表明投资波动是导致我国周期波动的主要因素。在投资扩张期，为投资提供设备、能源、原材料的部门迅速扩张，社会投入、生产资金、劳动力源源不断地被吸入到重工业部门。对轻工业部门来说，虽说也在扩张，但由于优先发展重化工业的倾斜发展战略的影响，其扩张所需的能源、原材料、设备、资金和劳动力均得不到充分保证，从而缺乏充分扩张的能力。同时，由于实行低收入高积累政策，居民生活水平较低，购买力增长较慢，从而消费品市场的吸纳能力有限。这些因素相互作用的结果，就是在扩张阶段，消费品工业（轻工业）扩张无力，但在收缩阶段，由于重工业的市场主要是投资需求，从而固定资产投资的压缩导致重工业市场严重萎缩，重工业部门开工不足，对基本投入的需求下降。这时，轻工业基本投入的供应有所改善。另一方面，由于在高度集中的收入分配体制和国家统一包办就业的体制下，工人的工资并不随生产的下降而相应下降，工人也不会因开工率不足而失业，从而工人收入并不下降，或收入下降速度低于生产下降速度。这样便会产生两方面的后果：一是个人收入的相对刚性限制了消费需求的下降，从而轻工业收缩程度较低；其二，个人收入相对刚性导致国民收入中积累份额下降，于是投资进一步减少，重工业进一步收缩。重工业份额与轻工业份额发生相反的变动。

我们在第二章曾指出，只要工资和就业是经济景气的函数，即具有较充分的弹性，则用就业表示的产业结构的周期变动形式与用产值表示的产业结构的周期变动形式基本相同。那么，在我国用就业和产值表示的产业结构的周期变动形式是否相同？请见表8－9。

表 8-8　我国轻重工业经济波动的对比(比上年增减%)

年份 (1)	周期阶段 (2)	轻工业 (3)	重工业 (4)	(5)=(4)/(3) (5)
1953	P	26.7	36.9	1.38
1955	t	0.0	14.5	
1957	T	0.7	18.4	3.23
1958	P	33.7	78.8	2.34
1962	T	-8.4	-22.6	0.37
1965	P	47.7	10.2	0.22
1968	T	-4.9	-5.1	0.96
1969	P	18.1	42.3	2.34
1972	t	6.2	7.0	1.13
1973	p	10.6	8.7	0.82
1974	t	2.7	-1.6	-0.59
1975	p	13.0	16.8	1.29
1976	T	2.4	0.5	0.21
1978	P	10.8	15.6	1.44
1981	T	14.1	-4.7	-0.33
1985	P	18.1	17.9	0.99

注:当(3)和(4)均为负值时,(5)=(3)/(4)。当(5)>1时,重工业比重上升;当(5)<1时,重工业比重下降。

资料来源:《中国统计年鉴(1986)》,第45页。

对比表8-7、表8-8和表8-9,我们可以看到,我国用就业表示的产业结构周期变动形式与用产值表示的产业结构的变动形式有明显的不同。第一,轻重就业结构基本上不像轻重产值结构那样,轻工业份额收缩阶段上升,扩张阶段下降;重工业份额则收缩阶段下降,扩张阶段上升。符合这种变动形式的周期阶段仅占全部周期阶段的30%(轻工业)和40%(重工业)。之所以出现就业结构与产值结构变动形式的差异,主要是因为我国不存在一个随景气循环而自动地吐纳劳动力的机制。扩大招工往往不是经济扩张的要求,而是安排就业的需要。经济衰退,企业开工率下降,企业一般也不能辞退多余工人。波动幅度和波动方向不同的部门也基本不存在劳动力的流动（偶尔的流动是靠计划转产实现的）。结果，这种僵硬的就业机制妨碍了周期波动对就业结构影响的传递和实现。我们知道，衰退期就业的减少，以及与此相随的劳动力的部门间流动，是产业结构调整的重要形式，由此引起的就业结构变动，意味着产业结构的变动由浅层（产值层）向深层（要素层）转化。我国就业结构与产值结构变动的差异意味着我国产业结构在经济周期中只发生浅层的变动，而没有深层的真正变动。等高涨期一到，原有的结构格局又会恢复。经济周期调整产业结构的作用在这里几乎显示不出来，结果，我国产业结构表现出一种很强的惰性。它既不同于第二章中的就业结构一般变动形式，也不与我国产值结构的周期反应形式相吻合。第二，轻重工业就业结构的周期变动形式与产值结构的周期变动形式虽然相差很大，但就轻重工业中就业人数的波动形式看，在70 年代前，基本上表现出较明显的周期波动，即轻重工业收缩期的就业增长幅度或者为负，或者小于扩张期的增长幅度。只是到了 70 年代后，随着城市下乡知青的大批返城和城市待业压力的增强，就业增长率的波动才失去了周期变动的特征。

表 8－9　我国历次经济周期中轻重就业结构变化

年份	周期阶段	比上年增长%		以工业就业为 100	
		轻工业	重工业	轻工业	重工业
1953	P	12.9	19.4	44.1	55.9
1957	T	2.1	5.9	39.8	60.2
1958	P	89.9	290.0	34.4	65.6
1962	T	－21.5	－28.1	30.6	69.4
1965	P	18.6	1.4	35.1	64.9
1968	T	4.4	9.8	32.1	67.9
1969	P	11.5	24.0	28.6	71.4
1976	T	6.3	6.6	26.1	73.9
1978	P	0.7	1.0	26.7	73.3

（续表）

1981	T	11.3	2.4	31.1	68.9
1984	P	-0.2	1.7	31.7	68.3
全部P期平均		22.1	56.3	31.76	68.23
全部T期平均		0.52	-0.68	31.94	68.06

资料来源:《中国工业统计资料(1949—1984)》,中国统计出版社1985年版,第73页。

3. 我国历次经济周期中重工业内部结构变动

历次经济周期中轻重工业结构的考察表明,重工业是我国工业中波幅最大的部门,表8－10表明,重工业内部结构周期波动形式基本上是:(1)制造工业所占产值份额在扩张阶段上升,收缩阶段下降,符合这一变动特征的阶段占全部周期阶段的64.2%。制造工业高峰期与低谷期产值份额之比为1.01。(2)采掘工业在扩张阶段下降和收缩阶段上升,符合这一变动特征的阶段也占全部周期阶段的64.2%。采掘工业高峰期与低谷期产值份额之比为0.97。(3)原材料工业的周期波动形式不甚明确。虽然其符合制造工业产值份额波动特征的阶段占全部周期阶段的57.1%,然而高峰期产值份额与低谷期产值份额的比值却小于1(0.99)。特别是从不包括短期波动的周期看,原材料工业所占份额的波动形式更像采掘工业。在全部8个周期阶段中,符合采掘工业份额波动形式的有5个,占60%。总的来看,重工业内部,制造工业波动幅度大于采掘工业和原材料工业。在扩张阶段,与其他两类工业相比,制造业扩张迅速,从而份额增加,采掘工业和原材料工业份额则受到制造工业的挤压。一旦制造工业的扩张超出原材料工业和采掘工业所能承受的限度,因投资扩张带来的经济繁荣就会停止。随着投资的锐减,制造工业开工率下降。至于原材料工业和采掘工业,由于它们的产品是基本投入,受投资的影响相对小一些(当然不包括钢铁工业和建材工业),加之这一阶段它们受到的挤压减轻,所以,它们所占的份额也就往往上升。

表 8－10　我国历次周期中重工业内部结构的变化

年份	周期阶段	采掘工业	原材料工业	制造工业
(1)1952	P	15.3	42.8	41.9
(2)1957	T	13.1	39.5	47.9
(3)1957	T	14.6	39.7	45.7
(4)1958	P	15.0	35.5	49.5
(5)1962	T	14.2	41.3	44.5
(6)1965	P	11.1	39.7	49.2
(7)1968	T	11.9	36.1	52.0
(8)1970	P	8.5	38.0	53.5
(9)1972	t	8.6	34.0	57.1
(10)1972	t	12.0	37.3	50.7
(11)1973	p	11.5	37.4	51.1
(12)1974	t	12.0	36.2	51.8
(13)1975	p	12.1	35.1	52.8
(14)1976	T	12.3	34.9	52.8
(15)1978	P	12.0	35.5	52.5
(16)1981	T	11.7	39.3	49.0
(17)1981	T	15.2	40.6	44.2
(18)1984	P	12.7	36.4	50.9
全部高峰期(P)平均		12.23	37.55	50.18
全部低谷期(T)平均		12.58	37.92	49.52

注:(1)、(2)按 1952 年不变价格计算,(3)—(9)按 1957 年不变价格计算,(10)—(16)按 1970 年不变价格计算,(17)、(18)按 1980 年不变价格计算。

资料来源:《中国工业经济统计资料(1949—1984)》,中国统计出版社 1985 年版,第 100、第 101 页。

通过以上对历次周期中产业结构变动形式的分析,我们可以看到,建筑业、机械制造工业、原材料工业、采掘工业和消费品工业、交通、农业和商业的波动幅度基本上是依次递减。它们或者因其产品性质不同,或者因与投资的联系密切程度不同,而具有不同的周期波动形式。正是它们的互相影响和相互间的数量变动,构成了经济周期中产业结构变动的全部内容。

周期长度和周期波幅对产业结构的影响

我国经济周期的长度〔从高峰到高峰,记为 L(P—P),或从低谷到低谷,记为 L(T—T)〕是不同的。就 L(P—P)而言,除去平均长度为 5—8 年的一般周期外,还存在着 1953—1956 年、1970—1973 年、1973—1975 年和 1975—1978 年的四次短期波动。既然周期持续的时间不一样,那么,周期中结构变动的程度是否也不一样呢? 请见表 8-11。

表 8-11　周期长度与结构变动系数的关系

时期 (1)	周期阶段 (2)	阶段长度 (3)	三次产业结构变动系数 (4)	轻重工业结构变动系数 (5)	重工业内部结构变动系数 (6)
1953—1955	P—t	2	0.53	3.5	
1955—1956	t—P	1	1.83	1.6	
1956—1957	P—T	1	2.47	2.6	
1953—1957	P—T	4	5.40	7.7	3.63[a]
1957—1958	T—P	1	5.93	8.5	2.80
1958—1962	P—T	4	4.00	0.7	3.87
1962—1965	T—P	3	2.20	4.4	2.80
1965—1968	P—T	3	3.40	2.1	2.40
1968—1970	T—P	2	5.20	7.5	2.27
1970—1972	P—t	2	1.80	3.3	2.47
1972—1973	t—p	1	0.13	0.5	0.33
1973—1974	p—t	1	0.40	1.0	0.80
1974—1975	t—p	1	0.87	0.3	0.73
1975—1976	p—T	1	0.93	0.1	0.13

（续表）

1970—1976	P—T	6	2.13	2.0	2.53
1976—1978	T—P	2	2.33	1.1	0.40
1978—1981	P—T	3	1.84	8.4	2.53
1981—1985	T—P	4	0.70	4.8	4.47[b]
1985—1986	P—T	1			
1 年期	平均		1.79	2.09	0.96
2 年期	平均		2.47	3.85	1.71
3 年期	平均		2.48	4.97	2.58
4 年期	平均		3.37	4.40	3.99

a 1952—1957 年数字；

b 1981—1984 年数字，结构变动系数公式同前（第二章）。

资料来源：根据表 8－5、表 8－6、表 8－10 计算。

表 8－11 表明周期长度与结构变动程度有着密切的正相关关系。从结构变动系数的周期长度平均值来看，基本上是波动持续时间愈长，结构变动系数愈大，产业结构变动率愈高。这再一次证实了我们在第二章曾讨论过的结论：周期波动长度与结构变动程度成正比。

就周期类型与产业结构变动的关系看，是短期波动中的结构变动系数小于一般周期波动中的结构变动系数（见表 8－12）。

表 8－12　我国周期类型与结构变动的关系

周期阶段	阶段个数	三次产业结构变动系数	轻重工业结构变动系数	重工业内部结构变动系数
(1)T—P	5	3.27	5.26	2.55
(2)P—T	5	3.35	4.18	2.99
(3)t—p	3	0.94	0.80	0.53
(4)p—t	1	0.40	1.00	0.80
(5)P—t	2	1.17	3.40	2.47
(6)P—T	2	1.70	1.35	0.13

资料来源：根据表 8－11 计算。

表8－12表明，我国经济周期的类型与结构变动也存在极密切的正相关关系。一般经济周期的结构变动系数，无论在扩张阶段（T—P）还是收缩阶段（P—T），都大于短期波动中相应阶段（t—p和p—t）的结构变动系数（请分别比较第一行和第三行、第二行和第四行），也大于从一般周期的高峰到短期波动的谷底（P—t）和从短期波动的高峰到一般波动的谷底（p—T）的结构变动系数（请比较表8－12第二行、第五行和第六行）。

至于波动幅度与结构变动程度间的关系，应是很明显的。因为从理论上讲，波动幅度愈大，部门间的波动幅度愈参差不齐（同向、同步波动是不可能的），从而结构变动率也就愈大。从统计上讲，周期类型与结构变动的关系已经包含着周期波动幅度与结构变动的关系。因为，我国的短期波动与一般周期的区别，除去其持续时间较短外，另一个特点就是它的波动幅度较小。所以，我们从表8－11和表8－12中完全有把握导出关于我国周期波动幅度与产业结构变动率关系的结论：周期波幅愈大，产业结构变动系数愈大；周期波幅愈小，产业结构变动系数愈小。细心的读者会发现，这只不过是我们在第二章中考察过的问题的又一次证实而已。①

周期持续的时间愈长、周期波动幅度愈大、产业结构变动程度愈剧烈这一规律，对我国产业结构的高度化和合理化过程的影响是很大的。我们将在第九章分析这一问题。

---

①　中国体制改革研究所关于工业生产稳定性与工业结构变异程度的研究可以作为我们结论的佐证。他们用工业产值年度增长率的均方差来刻画工业生产的稳定性，即工业产值的波动状况，结果发现在工业生产稳定性与工业产值结构年度变异指数间存在着较强的正相关关系，即工业生产愈不稳定（工业波动愈强），工业产值结构的变异系数愈大，即产业结构变动愈强烈（见表8－13）。

表 8－13　不同时期工业生产稳定性和工业结构变异程度的关系

时期	“二五”	“三五”	“一五”	1963—1965	“四五”	“六五”	“五五”
工业产值年度增长率均方差	33.82	19.34	9.50	7.38	6.19	4.83	4.64
工业产值结构年度变异指数平均值	1.55	1.20	1.02	0.47	0.33	0.62	0.38

注：结构变异指数 $D_t = 100\sum_{j}^{n} Z_{jt-1}/(Z_{jt} - Z_{jt-1})$，其中，$Z_j$ 为第 j 部门的产值比重，t 为时间坐标。D_t 愈大，结构差异愈大。

资料来源：中国体制改革研究所微观室：《微观改革中的市场结构与企业制度》，《中国社会科学》1987 年第 4 期。

第九章　我国产业结构周期性失衡的特征及原因

在上一章，我们分析了我国历次周期中产业结构变动的特点。本章则在这一基础上进一步考察我国周期波动对产业结构的影响。如果说第八章侧重于统计证实的话，本章则侧重于传递机制的探讨。

我国产业结构周期性变动的特征

正如我们上面指出的，产业结构的演变存在着三大趋势：(1)配第—克拉克趋势，即随着经济的发展，第一产业所占份额，无论是产值份额还是就业份额，都存在不断减少的趋势，①第二产业份额则首先是迅速增加，然后趋于稳定，第三产业份额则一直增加(见表9-1)。(2)霍夫曼趋势，即工业内部，重工业比重不断提高，轻工业比重不断下降的趋势(见表9-2)。(3)赫希曼趋势，即整个工业中，加工工业份额与基础工业(包括采掘工业和原材料工业)相比趋于增加(高加工度化趋势)(见表9-3、表9-4和表9-5)。

---

①　如法国的农业劳动力份额1856年是51.7%，1962年是20.0%，106年减少了31.7个百分点。比利时从1846年的50.9%，下降到1964年的5.9%。荷兰从1849年的45.4%，下降到1964年的11.3%。美国从1839年的64.3%下降到1965年的5.7%。见库兹涅兹：《各国的经济增长》，商务印书馆1985年版，第267页。

表 9-1　美、英、德、日第二产业和第三产业产值份额的历史变动

美国			英国		
时期	第二产业	第三产业	时期	第二产业	第三产业
（国内生产总值，1929 年价格）			（大不列颠国内生产总值）		
1889—1899	37.7	36.5	1801—1811	22.1	43.8
1919—1929	41.3	47.5	1907	48.9	44.7
1953	48.4	45.7	1924	53.2	42.6
（1963 年价格）			（联合王国国内生产总值）		
1953	45.3	50.4	1924	55.0	40.6
1963—1967	44.3	52.4	1955	56.8	38.5
1983	32.0	66.0	1963—1967	54.6	42.0
			1984	36.0	62.0
德国			**日本**		
时期	第二产业	第三产业	时期	第二产业	第三产业
（国内生产净值，1913 年价格）			（国民收入，当年价格）		
1850—1859	22.8	32.4	1930	27.4	55.5
1935—1938	56.3	27.5	1950	31.8	43.3
			1959	34.6	48.8
（西德国内生产总值，1954 年价格）			（国民生产总值，当年价格）		
1950	54.5	35.2			
1960	61.8	31.6	1983	42.0	55.0
（包括萨尔及西柏林）					
1963—1967	62.4	32.2			
1983	41.0	57.0			

资料来源：20 世纪 80 年代数字见《联合国统计月报》1986 年 1 月。日本数字（1983 年除外）根据《主要资本主义国家经济统计集（1948—1960）》第 376—377 页数字计算，其余均见库兹涅茨：《各国的经济增长：总产值和生产结构》，商务印书馆 1985 年版，第 151—155 页。

表 9-2　轻重工业结构变动趋势（以全部工业为 100%）

经济类型或地区	1955		1960		1965		1970		1975	
	轻工业	重工业	轻工业	重工业	轻工业	重工业	轻工业	重工业	轻工业	重工业
世界全部	41.2	58.8	40.7	59.3	37.0	63.0	34.4	65.6	32.3	67.7
中央计划经济国家	49.3	50.7	41.9	58.1	36.0	64.0	33.0	67.0	28.2	71.8
发达市场经济国家	36.5	63.5	38.0	62.0	35.2	64.8	33.0	67.0	32.4	67.6
发展中国家	67.3	32.7	62.5	37.5	56.8	43.2	52.8	47.2	48.9	51.1

资料来源：联合国工业发展组织：《世界各国工业化概况和趋势》，中国对外翻译出版公司 1980 年版，第 82 页。

表 9-3 我国机械工业与冶金工业、煤炭工业增长速度对比(平均每年增长%)

时期 行业	"一五"	"二五"	1963—1965	"三五"	"四五"	"五五"	"六五"	1953—1978	1979—1985
机械工业	29.7	7.6	21.8	15.9	13.6	7.4	14.8	16.1	11.9
冶金工业	29.2	7.4	20.4	8.8	5.3	8.3	7.0	12.8	7.3
煤炭工业	17.1	11.8	0.1	8.8	5.4	4.8	5.6	9.2	3.6

资料来源:《中国统计年鉴(1986)》,第 275 页。

表 9-4 美国加工工业和采矿业生产指数比较(1947—1949 年 =100)

时间 行业	1920	1925	1930	1935	1940	1945	1950	1955	1960
(1)加工工业	39	48	48	46	66	110	113	145	163
(2)采矿业	53	59	59	55	76	92	105	125	128
(3)=(1)/(2)	0.71	0.81	0.81	0.84	0.87	1.20	1.08	1.16	1.27

资料来源:《主要资本主义国家经济统计集(1848—1960)》,世界知识出版社 1962 年版,第 49、第 50 页。

表 9-5 英国加工工业和采矿业生产指数比较(1954 年 =100)

时间 行业	1948	1950	1952	1955	1957	1958	1959	1960
(1)加工工业	77.3	87.8	88.2	106.4	108.3	106.9	114.1	123.0
(2)采矿业	90.8	99.3	99.3	99.0	98.6	94.3	91.8	89.0
(3)=(1)/(2)	0.85	0.89	0.89	1.07	1.10	1.13	1.24	1.38

资料来源:同表 9-4,第 202、第 203 页。

通过第八章的分析,我们可以看到,在我国历次周期的下降阶段,这些基本趋势或者被打断,或者被抵消,从而表现为长期趋势的暂时逆转。然而,经济周期中的产业结构变动不仅仅限于产业间或部门间数量比例的变动。在量的变动后面,还包含着部门间相互关系和均衡状态的改变。伴随着经济的扩张,部门间的均衡状态将被破坏,部门间的比例渐渐失衡。具体说来,由投资扩张拉动起来的经济高涨,使建筑业和机器设备制造业过度扩张,使在我国原本是短线的原材料工业、能源工业和交通业的短缺程度加剧,建筑业和加工工业与基础工业和交通、邮电业的失调更加严重。当这种失衡的产业结构再也承受不了建筑业和加工工业的扩张时,由投资紧缩导致的经济收缩过程随之到来,于是建筑业、机械工业,尤其是机电设备制造业的需求急剧下降,这些部门生产也随之减少。由于这些部门生产的下降或停滞,对原材料、能源工业和交通业的压力减轻,基础产业与建筑业加工工业的失调逐渐缓解。不过,这种好转的产业结构关系又成为新一轮扩张的信号。于是,伴随着经济过程的扩张与收缩,又重新创造出产业结构失衡的加剧与缓解的交替。这样,我国就出现了产业结构的周期性变动——扩张期产业结构失衡加剧,收缩期产业结构失衡缓解。正是由于存在这样一种周期性结构失衡,我国经济理论界在尚未认识到我国存在经济周期以前,就意识到我国经济生活中存在一种速度与比例的矛盾。

从理论上讲,经济增长速度与产业结构之间并不一定存在这样一种关系:经济增长速度愈快,产业间比例关系愈不协调。我国之所以存在这样一种类型的周期性产业结构变动形式,是有着更深刻的原因的,这就是我国产业结构的先天性基因缺陷和产业结构微调机制的缺乏。

我国产业结构周期性失衡的自身原因

1. 我国产业结构周期性失衡的直接原因是产业结构存在基因缺陷,即倾斜发展战略和产业结构的几次超前转换,使我国的产业结构处于一种非均衡常态

经济水平低下、产业结构落后与畸形,以及急于赶超的指导思想使

新生的共和国走上一条重点发展重工业的倾斜发展道路。

中国工业的萌发，可以追溯到19世纪末的洋务运动。但是，现代工业的真正发端却滞后到中华人民共和国的成立。新生的共和国当时处在一个极端落后的经济环境中。85%的人口仍处在男耕女织的小农社会，仅有的一点工业基础也支离破碎。经济水平与其他大国相比，差距极大，甚至落后于印度（见表9-6）。产业结构非常落后（见表9-7）。如此落后的工业基础必然产生迅速工业化的历史使命。要加速工业化、改变产业结构的落后状态，就必须将利用国家所有制集中起来的资金，重点投向作为现代化工业基础的重化工业，即实行倾斜发展的不平衡战略。

不平衡发展首先是生产要素，尤其是资金在部门间配置的倾斜。投资—剩余产品的积累是部门发展的基本动力。表9-8表明，一半左右的投资被配置在工业部门，而工业投资的90%左右又被分配于重工业部门。如此倾斜的投资结构必然导致重工业的超速发展和轻重工业产值结构的急剧改变。在1950—1960年的10年间，我国工业产值份额（占工农业总产值的比重）从33.2%上升到78.2%，增加了45个百分点，而美国相应的工业份额从1844年的31.7%上升到1930年的76.2%，增加44.5个百分点却用了长达86年的时间。重工业占整个工业的份额，我国从1950年的29.3%上升到1960年的66.6%，10年增加了37.3个百分点，而美国的重工业占整个工业产值的份额从1880年的30.7%上升到1959年的64.8%，增加34.1个百分点，却用了79年。①

① 中国数字见《中国统计年鉴(1986)》，第46页。美国数字见《主要资本主义国家经济统计集(1848—1960)》，第14、第61页。

表 9－6　1949 年中国与其他国家工业产品产量比较

产品＼国别	中国	美国	苏联	西德	日本	印度
钢(万吨)	15.5	7047	2329	916	311	137
原煤(万吨)	3200	43597	23550	19052	3974	3220
发电量(亿度)	43	3451	783	357	410	49
水泥(万吨)	66	3594	815	846	328	214
棉纱(万件)	180	945	338	125	86	339

资料来源:《国外经济统计资料(1949—1967)》,中国财政经济出版社 1979 年版,第 145、第 188、第 200、第 214 和第 250 页;《现代中国经济事典》,中国社会科学出版社 1982 年版,第 50 页。

表 9－7　旧中国产业结构的落后与畸形(1933)

部门	所占比重(%)	部门	所占比重(%)
第一产业	61.0	第三产业	28.2
第二产业	11.4	客运业	4.6
制造业	9.1	商业	12.2
矿冶业	1.2	金融	1.6
营造业	1.1	住宅	4.6
如以全部工业为 100		自由职业	1.6
生产资料工业	16.8[a]	公共行政	3.2
消费资料工业	83.2[a]		

a 引自陈真编:《中国近代工业史资料》第 4 辑,三联书店 1961 年版,第 91 页。

资料来源:巫宝三主编:《中国国民所得》上册,中华书局 1933 年版,第 12 页。

表 9－8　基本建设投资的农轻重结构与轻重结构

序号	时期	以全部投资为 100			以工业投资为 100	
		农业	轻工业	重工业	轻工业	重工业
(1)	“一五”	7.1	6.4	36.1	15.0	85.0
(2)	“二五”	11.3	6.4	54.0	10.5	89.5
(3)	1963—1965	17.7	3.9	45.9	7.8	92.2
(4)	“三五”	10.7	4.4	51.1	7.9	92.1
(5)	“四五”	9.8	5.8	49.6	10.5	89.5

（续表）

(6)	"五五"	10.5	6.7	45.9	12.7	87.3
(7)	"六五"	5.1	6.9	38.5	15.5[a]	84.5
(8)	(1)—(7)平均	10.3	5.8	45.9	11.4	88.6

a 1979—1984 年平均。

资料来源:《中国统计年鉴(1986)》,第 451 页;《中国工业经济统计资料(1949—1984)》,第 110 页。

如果工业和重工业份额的超速增加是建立在农业和轻工业的迅速发展和较坚实的基础上,也就是说,农业份额的减少以农业劳动生产率的提高为基础,重工业份额的增加是轻工业进一步发展的要求的话,工农业比例、轻重工业的比例的改变并不一定导致农工结构和轻重工业结构的失衡。问题恰好在于我国这一表面上看来符合一般发展进程的结构变动缺乏坚实的基础。譬如,粮食生产是人类生存和社会分工从而工业发展的基础。然而,新中国成立的头十年,人均粮食占有水平是下降的,1952 年是人均 570 斤,1962 年是人均 475 斤,1965 年是人均 537 斤。与农业生产发展缓慢相适应,主要以农产品为原料的轻工业的发展也就比较迟缓。就拿我国轻工业中的主导行业——纺织工业来看,棉布人均占有量,1952 年是 6.7 米,1962 年 3.8 米,1963 年 4.8 米。如此薄弱的农业基础和轻工业生产,使我国的工农业结构和轻重工业结构存在着先天性脆弱基因,自然也就不可能长期承受工业及重工业如此高速的扩张。每当经济扩张到脆弱的产业结构难以承受的时候,经济活动就会收缩。这种周期性紧缩则使失调的比例、失衡的结构得到暂时的缓解。

倾斜的发展战略使我国产业结构潜含着失衡基因,不仅表现为农轻重关系的失调,也表现为基础产业(能源工业、原材料工业和交通运输业)与加工工业结构关系的脆弱。

70 年代以前,我国实行超前重工业化的重点部门基本上是采掘工业、原材料工业等基础工业,钢铁工业则是重点的重点。从新中国成立初期到“三五”期末,冶金工业的投资一直在整个工业投资中占据首位,其份额约为 1/5。同期,属于原材料工业的化学工业的投资份额增长速度也很快,从“一五”时期的 5.4%(第六位)上升到“三五”时期的 11.5%(第四位)。除“一五”时期外,原材料工业投资占整个工业投资的份额都在 40% 以上。以高耗能、大运输为主要特征的原材料工业(冶金、化工)给能源工业和交通运输带来了很大的压力。“钢铁元帅”孤军突出,使我国的工业结构在 50 年代末和整个 60 年代处于不协调状态,其典型特征是能源短缺、交通紧张。

遗憾的是,原材料工业的重点发展并没有解决我国原材料的短缺问题。也就是说,投资的长线并没有产生出相应的产业的长线。原因除去我国钢铁工业技术水平较低、产品结构不合理、造成大量积压外,更重要的是以冶金工业为主的原材料工业、能源工业和采掘工业,在其靠大规模投资推动的外延型成长期,自身的扩展产生出大量的原材料、能源等基础产品需求。

如果说从“一五”开始的超前重型化已经使我国的工业部门关系处于一种不协调状态,从而潜含着产业结构周期性失衡基因的话,70 年代初开始的低层次、小规模高加工份额化,则使能源、原材料的短缺状态更加严重,从而使基础工业与加工工业的关系更加脆弱,基础工业所能承受的经济扩张空间愈加狭小。

从 1963—1965 年三年调整时期始,机械工业所占投资比重逐渐增加,“四五”时期机械工业投资份额高达 22.2%,在 11 个工业部门中位居第一。机械工业投资份额的增加,带来了该工业更快的发展。从 1971 年到 1977 年,制造工业产值在整个重工业产值中的份额逐渐增加,采掘工业和原材料工业的产值份额则趋于下降(见表 9-9)。

表 9－9　1971—1977 年间工业内部产值结构的变动
（按 1970 年不变价格计算）

部门＼年份		1971	1972	1973	1974	1975	1976	1977
占重工业总产值的%	采掘工业	11.8	12.0	11.5	12.0	12.1	12.3	12.3
	原材料工业	39.2	37.3	37.4	36.2	35.1	34.9	34.7
	制造工业	49.0	51.1	51.1	51.8	52.8	52.8	53.0

资料来源:《中国工业经济统计资料(1949 —1984)》,中国统计出版社 1985 年版,第 101 页。

在我国不存在有效的偏差协调机制的条件下,①正像 60 年代的超前重型化加剧了工业与农业、重工业与轻工业的不协调,使工农结构之间和轻重工业结构之间潜含了周期性结构失衡的基因一样,我国工业部门结构的第二次超前转换则加剧了基础工业与加工工业的不协调,进一步削弱了基础工业对周期扩张的承受力。特别需要指出的是,70 年代初出现的高加工份额不是建立在规模经济和合理的企业组织结构基础上的,而是一种规模较小、生产分散、技术低下、消耗极高的加工企业的过度发展。这是为什么我们不愿意称这次结构转换为高加工度化,而只称其为高加工份额化的原因。作为经济发展正常趋势的高加工度化,除去加工工业份额的提高外,还包括加工环节的延长、高附加价值工业的迅速发展。而 70 年代兴起的加工业,大都是一种简单的初级、粗放加工业。这些“五小”工业的过度发展大大恶化了基础产业与加工工业的结构关系。

① 需要指出,无论超前重型化抑或超前高加工份额化,都并不必然导致产业结构的周期性失衡,关键在于能否建立有效的协调结构偏差的机制。我国的几次超前转换之所以没有成功,就是因为不具备这种协调机制。如果存在这种协调机制,倾斜战略就是一个大胆的抉择了。

"六五"中后期，我国产业结构又一次出现了超前转化，即耐用消费品工业的早熟和高速增长。在收入效应和国外消费方式示范效应的双重拉动下，几年来，我国耐用消费品生产扶摇直上（见表9－10）。耐用消费品行业的超前发展，在丰富了我国居民生活的同时，也在很大的程度上加剧了基础产业与加工行业的不协调（见表9－11）。

总之，我国产业结构50年代、70年代和80年代这三次超前转换，使我国的农业、轻工业、基础产业相继承受着很大的短缺压力，从而潜含着结构失衡的内在基因。然而，这一潜在基因之所以转变为现实的结构断裂，原因则是我国既不存在协调结构偏差的外贸机制，又不具备产业结构调整的微调机制。

表9－10　"六五"期间各种类型的生产增长情况（1985年为1980年倍数）

耐用消费品		一般消费品		原材料能源		机电设备	
产品	倍数	产品	倍数	产品	倍数	产品	倍数
彩电	135.6	布	1.09	发电量	1.37	矿山设备	1.93
录音机	18.7	灯泡	1.62	原油	1.18	汽车	1.97
电冰箱	29.6	卷烟	1.56	钢材	1.36	机床	1.25
洗衣机	36.2	日用铝制品	1.25	烧碱	1.22	铁路机车	1.46

资料来源：《中国统计年鉴（1986）》，第295—300页。

表9－11　我国1981—1985年基础产品超前系数

产品	超前系数	产品	超前系数
原煤	－0.36	供水	－0.02
原油	－0.70	公路铺设	－0.04
发电量	－0.43	铁道铺设	－0.05
成品钢材	－0.43	木材	－0.29

注：超前系数＝（基础产品增长率/社会总产值增长率）－1。

资料来源：转引自马建堂：《关于我国经济体制改革与经济发展关系的思考》，《江淮论坛》1987年第3期，第16、第17页。

2. 国内市场与国际市场的隔绝以及我国外贸结构的不合理，使我国不能通过外贸来协调产业结构的偏差

产业结构失衡的本质是需求结构与供给结构不协调。所以，对于一个开放系统来说，产业结构是否协调，倒不在于国内需求结构与国内生产结构是否平衡，而在于包括国外需求在内的需求结构与包括进口在内的供给结构是否平衡，一国只要通过外贸在国际市场上找到相应的需求与供给，从封闭角度看的不平衡产业结构就能转化为平衡的产业结构。我们可用下面的简单图形来表明这一结论。

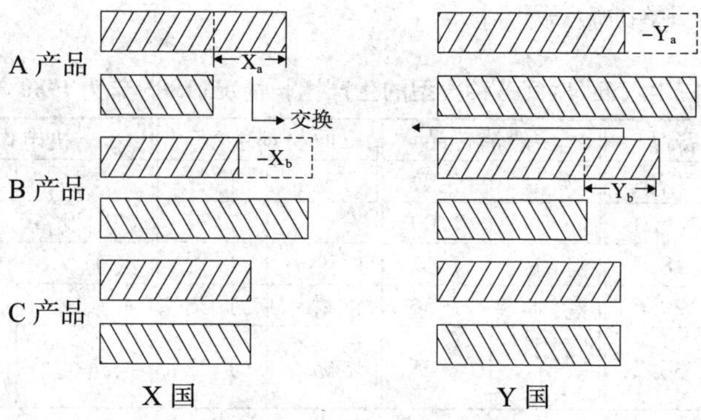

左斜线代表供给，右斜线代表需求。

在上图中，X 国的 A 产品供给过剩，过剩数额为 X_a，B 产品是供给不足，缺口为 $-X_b$。Y 国则是 A 产品供给不足，缺口为 $-Y_a$，B 产品供给过剩，余额为 Y_b。孤立地看，两国都存在着产业结构的失衡。然而，一旦两国开展对外贸易，孤立看的失衡便或消除或缓解，失衡消除的条件是 $X_a = -Y_a$ 和 $Y_b = -X_b$。

这一简单图示的政策含义是，只要我国重点发展的部门能转化为国际竞争中的优势部门（如加工工业），并通过出口换回发展相对不足的短线部门的产品（如原材料、能源、农产品），我国产业结构失调的状

况将会得到很大程度的改善，从而产业结构周期性失衡现象就会消除或缓解，我国超前发展重工业的发展战略也就会得到成功。

二战后，我国和日本几乎同时走上了倾斜发展的道路；然而，相同的发展道路并没有保证相同的结局。倾斜发展战略不仅使日本在较短的时期内确立了民族自立的基础，也使日本工业的重化发展迅速。日本重化工业在全部工业中的比重，1955 年为 51%，1960 年为 61%，1965 年为 64%，1969 年达到 73%，70 年代初高达 75%，超过同期欧美国家重化工业所占的比重。① 1973 年，在重工业内部，原材料工业所占比重为 30%，矿业只占 1.1%；1978 年它们的比重分别为 28.1% 和 0.97%。②这显然是一种比较脆弱的产业结构。然而，日本却通过重化工业出口导向型的增长，成功地使这种潜含失衡基因的产业结构得到了协调，从而在很大程度上缓解了周期波动对本国产业结构的冲击。③首先，重化工业特别是制造业的出口导向既解决了重化工业的市场，又取得了从国外市场购买基础产品、农副产品及其他短缺品的资金。这样，既可支撑重化工业继续倾斜发展，又能通过促进国内收入水平的提高、消费结构的现代化，为重化工业的进一步发展创造国内市场。1953 年日本重化工业产品出口在全部出口产品中的比重为 41.6%，1960 年为 45.3%，1968 年就上升到 71.1%。④ 表 9－12 是日本重化工业产品出口额占生产额的比重（出口率）。其次，日本在出口的基础上，通过大规模的进口弥补了国内资源的不足，协调了基础工业与加工工业的

① 中山伊知郎、筱原三代平编：《日本经济事典》，讲谈社 1973 年版，第 483 页。

② 《外国经济结构文集》，中国社会科学出版社 1980 年版，第 89 页。

③ 当这种外贸协调机制受阻时，这种基础工业薄弱的产业结构就会把日本经济拖入谷底。1973 年的能源危机就是这样一个例子。

④ 中山伊知郎、筱原三代平编：《日本经济事典》，讲谈社 1973 年版，第 476 页。

关系,并通过进口规模调整能力的加强,提高了日本经济对经济波动的承受能力(见表9-13)。① 与日本相比,我国则不存在这样一种以进口结构来协调产业结构的机制。首先,作为我国重点发展的重工业,尤其是机电行业,没能成功地成长为出口优势产业,不仅其出口量占全部生产的比重很小,在全部出口总额中也不占主导地位。譬如,1985年工业制成品占全部出口总额的比重为49.4%,其中,机械与运输设备仅占2.8%,远远低于纺织品出口比重(11.9%),更低于矿物燃料及原料的出口比重(26.1%)。其次,在进口结构中,工业制成品所占份额高达87.5%,仅机械设备一项就占了38.4%,整个初级产品的进口仅为全部进口的12.5%,其中矿物燃料和非食用原料仅占全部进口的8.1%。② 这种出口产品以初级产品和轻纺产品为主、进口产品以制成品特别是机器设备为主的进出口结构,虽然对于促进社会主义建设起了一定的推动作用,但与我国产业结构的倾斜方向不一致,不仅未能起到协调我国产业结构偏差的作用,反而在一定程度上加剧了基础工业与加工工业的失衡。

表9-12 1976年日本主要重化产品的出口率(%)

部门或产品	制造业	一般机械	电器机械	钢铁	造船	汽车	化工品
出口率	20.4	24.3	25.4	32.3	47.4	37.7	10.0

资料来源:《外国经济结构文集》,中国社会科学出版社1980年版,第101页。

---

① 经济扩张导致的资源缺口扩大可通过增加进口来弥补,经济收缩导致的资源缺口缩小可通过削减进口来配合。反之,如果资源产品全靠国内供给,紧缩将会导致资源行业失业的增加。

② 《中国统计年鉴(1986)》,第564、第565页。

表 9－13　日本主要资源的海外依赖程度(进口占国内总供给的百分比)

产品	进口率			产品	进口率		
	1960	1965	1970		1960	1965	1970
铜	50.6	57.6	75.0	铁矿石	68.0	80.7	87.9
铅	54.6	51.7	54.0	原煤	35.8	54.9	78.5
锌	26.3	38.1	54.5	石油	98.6	99.5	99.7
铝	100.0	100.0	100.0	天然气	0.0	0.0	34.8
镍	100.0	100.0	100.0	铀	—	—	100.0
				合计	71.0	81.4	90.0

资料来源:《政策月报》1974 年 1 月号,第 64 页。

3. 高度集中体制下生产的非价格指向、生产要素存量的凝固,使我国产业结构不具备自我调整的功能,从而不能通过产业结构的微调来缓解产业结构的周期性失衡

上文谈及,我国产业结构的不协调和存在着基因缺陷,是经济运动从扩张走向收缩的原因,也是我国产业结构周期性失衡的原因。产业结构的不协调主要是产业结构要素的不协调,产业规模和结构是由分配到各个行业的生产要素的数量和部门间比例决定的。所以,逻辑的结论是,产业结构的不协调可以通过生产要素的部门间流动来解决。当扩张时期,某些部门供给能力有限,从而制约整个经济的扩张时,某些生产能力相对富余的行业或企业的生产要素向这个行业的转移,就会改善行业关系,缓解产业结构的紧张状态。在收缩阶段,一些长线部门(或因供给能力过剩,或因需求消失和下降)生产要素严重闲置,这些闲置要素如能流向相对活跃的部门,既可缓解本期生产的收缩程度,又可增加这些活跃部门的供给,减少长线部门对资源的需求,从而会缓和下一高涨期部门关系的失调。这种通过生产要素的部门间流动来缓解或消除产业结构失调状态的机制,我们称其为产业结构的微调机制。

它包括:(1)信号机制——引导生产要素的转移和流动方向;(2)动力机制——激发生产要素的所有者或经营者转移生产要素的动机或目的;(3)流动机制——实现生产要素的流动。

三十年来,我国基本上不存在这样一个有效的微调机制。

首先,缺乏一个有效的信息机制。就现代经济生活而言,信息机制是由价格信号与计划信号复合而成的。一个有效的信息机制要求一个真实的价格和科学的计划。随着收入水平的提高和收入分配格局的改变,以及技术的不断进步,最终需求结构与中间需求结构也就相继发生变化,变化了的需求结构破坏了原有的供求格局,从而价格也就发生相应的变动。最初的价格变动尚只是影响该行业现存企业的生产,一旦价格波动的幅度足够大,达到行业间转移的阈值(转移后收入 = 转移成本 + 机会成本),产品价格下跌行业的生产要素就会转移到价格上涨的行业,直到生产要素的移动带来新的均衡。在这里,产业结构微调机制能否发挥作用,作用发挥得是否充分,完全取决于(1)价格是否合理,是否反映供求格局,(2)价格是否具有较充分的弹性。不合理的价格将给出错误的配置信号,僵固的价格则不能指导资源配置格局的调整。

就计划信息机制来看,是计划机关根据企业存货的变动、产品的紧缺程度、供求状况的变动趋势,发出日常生产计划和投资计划,来协调需求结构与生产结构的偏差,调整产业结构的失衡。

新中国成立 40 年来,无论是集中型计划体制占主导地位的前 30 年,还是市场机制开始发挥作用的后 10 年,都不存在非常有效的产业结构调整的信息机制。就前 30 年来看,价格主要被当作计算和分配的工具,而不是指引生产要素流动的信号。在高度集中的计划体制下:(1)价格体系、价格比例长期不合理,农产品、资源产品的价格长期偏低;(2)价格管理体制过于集中,价格长期僵固不变,难以反映供求情况的变动。在价格失真和被当作计算及分配工具的条件下,引导生产要素移动的任务就落在计划信号身上。然而,我国的计划信号机制却因自身的缺陷难以实现这一任务:第一,计划没能充分地反映生产结构与需求结构的变动,即计划信号缺乏科学性。第二,计划的权威性得不到充分的保证。上级的计划并不能保证得到彻底的执行,计划指标与生产实绩存在较大的偏离。第三,由于计划决策层次之间、决策层次与执行层次之间存在利益差别,从而存在决策摩擦。下级决策机关会出于自身利益而修正上级的信号;生产单位执行时,也往往会做出一些修正。这样,即便中央计划信号是合理的,在执行中也往往会掺入一些失真的信息。

自 1979 年体制改革以来,价格信号在资源配置过程中的作用增强,不过仍没有起到应有的作用。造成这种状况的原因,除去妨碍资源移动的体制弊端外,信号机制本身的问题使产品间价格比例关系不合理。在由国家定价转向议价、市场价的领域中,产品价格往往上涨很快,这些产品往往又是需求增加较快、利润率较高、生产周期较短的耐用消费品等加工类产品,以及蔬菜、水果和肉蛋类副食品。对那些短缺压力较大的基础产品,国家又往往实行计划价格和控制价格。结果形成了基础产品控制较多、价格偏低,加工产品及农副产品控制较少、价格偏高的格局。生产资料的双轨价虽然在一定程度上刺激了厂家增产计划外议价产品,从而弱化了这种价格格局激化基础产业与加工工业矛盾的负作用,但由于"双轨价"不能真正实现相对均衡价格,从而不可能从根本上解决问题。同时,即便是在基础产业内部,价格比例也不合理,特别明显的是煤炭价格和石油价格偏低而石化产品价格偏高。总之,价格不合理限制了价格在引导资源配置中的作用。

其次,缺乏一个要素流动借以进行的合理的动力机制。

如果说信号机制的功能是解决资源如何流动和流向哪里的话,动力机制则解决的是为何流动,或愿不愿意流动的问题。1979 年以前,在高度集中的体制下,企业没有独立的经济利益,既无权重新配置自身拥有的资源,也没有动力去重组它们的生产要素。生产什么、生产多少、生产是否对路,与企业的自身利益几乎没有联系。显然,也就不会产生促使资源流动以实现较优配置的强烈动机。1979 年后,随着国家对企业的扩权让利,企业开始拥有相对独立的经济利益,从而愿意按市场需求的变动调整自己的生产方向,协调自己的资源配置。这是近年来生产结构与需求结构背离程度缩小和消费者主权开始在资源配置方面起作用的重要原因。

不过,目前的动力机制也存在一些问题,这主要是由于国家所有制内所有权与经营权的疏远和缺少所有权的人格化代表。这时,经营者所代表的利益往往是职工而非所有者,是职工增加个人收入的利益,而非所有者的财产增值利益。① 在这样的利益动机下,产业结构容易出现两类问题:第一,税后利润的非生产性使用(即在税后利润的分配中,轻积累,重消费,轻发展基金,重奖励与福利基金),会减少可用于产业结构调整的资源。第二,企业行为短期化会导致企业投资的轻型化,即追求价高利大、建设周期短的加工行业,而不愿对价低利少、所需资金大、建设周期长的基础产业进行投资。这是近年来投资结构不够合理、基础产业压力加大的原因之一。

更值得注意的是,“分权型”改革向行政性分权的倾向,强化了地方政府的利益和权力。这样,中央政府协调资源配置的计划,有时会受到地方的扰动。这几年出现的地区产业结构趋同化就是证明。②

最后,条块分割的计划体制和生产要素市场的缺乏,使我国的劳动

---

① 详细分析见马建堂:《企业行为与经济机制——兼谈作为企业行为合理化条件的国家所有制的改革》,《经济研究》1986 年第 2 期。

② 所谓地区产业结构趋同化,是指各地从增加本地财政收入和就业等目标出发,竞相发展局部效益最大的行业所造成的统一分工布局混乱和结构特征弱化的现象。参见马建堂:《我国产业结构存在问题的初步分析》,《生产力研究》1987 年第 5 期;《地方投资的结构性特征及调整》,《经济研究资料》1987 年第 21 期。

力和固定资产具有极大的存量刚性。

产业结构的协调包括增量调整和存量调整两种形式。增量调整是指通过新增劳动力和新增投资的部门分配比例的变化，来改变产业结构格局。存量调整是指已存生产要素生产方向的改变。存量调整的形式包括：(1)企业的多种经营；(2)企业生产方向的改变；(3)企业资产的买卖和劳动力的辞退和再雇用；(4)企业的破产和被兼并。显然，与增量调整相比，存量调整是一种更为有力的结构调整形式。

当存量结构具有柔性特征时，意味着企业现存生产资源的生产方向能较快地得到调整，部门间要素转移的壁垒较低；当存量结构具有刚性特征时，则意味着企业现有生产要素的利用方向不易得到改变，部门间要素转移的障碍较多，从而产业结构的失衡难以通过存量调整得到实现。综观我国几十年的产业结构变动史，可以得出这样的结论：我国产业的存量结构具有较强的刚性特征。第一，在传统的集中管理体制下，无论中央或地方的企业都隶属于一个专门的部门，生产方向也大致固定下来。就机械工业来看，交通部的企业只生产交通机械，纺织部的企业只生产纺织机械。这种条块分割与封闭严重阻碍了生产要素的部门间转移，①妨碍了第一种和第二种存量调整形式的实现。第二，在传统体制下，企业盈亏全由同级财政负担。企业既不存在破产之虞，也不存在被兼并的风险。本来，企业之间竞争带来的破产与兼并，就像生物的新陈代谢一样，是维持经济系统旺盛活力的保证，也是产业结构自我调整的重要形式。当某一个行业进入者太多，企业竞争加剧，那些经营不善、成本过高、质量低劣、货不对路的企业就要被淘汰，从而防止这一行业滞留过多的资源。当某一行业进入者过少时，该行业的利润较高，

① 关于“条块分割”的计划体制对我国经济的不利影响，笔者在硕士论文《论直控型国家管理经济方式的转换》中做了详细的分析。见《经济学博士硕士论文选(1985)》，经济科学出版社1986年版。

这时，一些企业就要被吸引到这一行业。进入这一短线行业或新行业的企业，可能是新成立的企业，也可能是转产的企业，亦有可能是破产后，被他人重新加以利用的生产要素。总之，破产、兼并是以极端的死亡形式来实现部门间的平衡。在视竞争为资本主义异端的传统体制下，是不可能存在这种有效的存量调整的。第三，不存在劳动力市场和固定资产交易市场。劳动力是生产过程最基本的生产要素。存量调整的重要内容是指企业能够根据开工率高低来决定所使用的劳动力的数量。只有这样，企业才能对经济周期做出充分的反应。我国几十年来高度集中、"统包统配"的就业体制，使每一个企业都成为吸引就业人员的"黑洞"，只进不出，只有就业，没有失业。企业既不能自主地招收工人，更不能根据生产任务的缩减来辞退工人。再加之我国特有的固定工资制度使劳动费用成为不随开工率而变化的固定费用。这样，不仅在高涨阶段和收缩阶段均不会出现劳动力从加工部门向基础产业的流动，而且由于劳动费用的刚性，加工部门在收缩期往往不能收缩到位，①从而在收缩期不能实现失衡的产业结构的根本好转。

确立协调结构偏差的有效机制

上节已经表明，我国产业结构周期性失衡的原因是：(1)倾斜发展方式造成的产业结构潜在失衡基因；(2)不具备相应的协调结构偏差的外贸结构；(3)没有有效的产业结构微调机制。所以，要真正消除周期性产业结构失衡，要在以上三方面采取相应的措施。

---

① 不能收缩到位的原因，首先是就业的刚性，即就业水平不能随总需求下降而相应地、同幅度地收缩。更深刻的原因是工资的刚性使单位成本在收缩期上升，从而利润率下降，财政收支恶化。财政赤字的增加将使中央决策者过早地发出停止收缩的指令。

首先,要处理好重点发展与平衡发展的关系。部门的平衡增长抑或部门的非平衡增长利于一国的经济发展,是发展经济学中争论最甚的一个问题。① 如果从保持部门间相对平衡的角度来看,平衡增长自然有其一定的道理。需要指出的是,最初的平衡增长论是从均衡投资会使各个部门相互创造需求的角度提出的。他们认为,发展中国家最大的问题是投资有效需求的不足。只有对广大范围的各种工业,或多或少地同步投入资本,才会造成市场的全面扩大。② 这种理论的基础是萨伊供给自动创造需求的理论,具有很大局限性。③ 更重要的是,对于资本不足的发展中国家,这种分散、平均投资不利于主导产业的培育,特别是对于我们这样一个发展中大国来讲,将稀缺的资源不分重点地分配是不可思议的。所以,在今后相当长的一段时间,我们必须继续坚持非平衡发展,重点发展影响我国长期发展的新兴主导产业及"瓶颈"产业。当然,也要处理好重点部门与一般部门的关系,防止某一部门的过分突出。在此基础上建立相应的外贸协调机制和微调机制,靠这两个机制实现非均衡发展的各个部门关系的协调。

其次,调整进出口结构,确立有效协调结构偏差的外贸机制。

第二节曾经说过,日本那种用制造品换资源的外贸结构成功地协调了日本制造业倾斜发展而基础工业发展不足的产业结构。我国倾斜发展道路的成功也有赖于外贸结构从用初级产品换制成品向用制成品换初级产品的方向转变。要实现这一任务,需要(1)采取各种政策和

---

① 这场争论是在20世纪50年代中期开始的。平衡增长论者有以提出"大推动理论"而出名的罗森斯坦-罗丹,有著名的发展经济学家纳克斯。非平衡增长的倡导者有赫尔希曼,他的"联系效应"理论使他在发展经济学著名经济学家中占有一个稳固的位置,还有著名的结构学派发展经济学家钱纳里。

② 纳克斯:《经济发展的某些国际方面的问题》,《美国经济评论》1952年5月号。

③ 如平衡增长论者没有注意到出口导向型这种非均衡增长,可以借出口解决有效需求问题。

措施促进我国制成品，特别是机电产品的出口。这些措施包括：a. 加快技术设备的改造和产品的升级换代；b. 采取扶持机电产品出口的优惠政策；c. 完善销售工作和售后服务。(2)努力提高劳动生产率，真正发挥我国的劳动力优势。反映工资区位优势的不是工资绝对水平，而是单位工资的生产率或单位产品中的工资含量。所以，要提高我国机电产品的竞争能力，关键是提高劳动生产率。(3)正确处理资源产品出口与内部使用的比率。资源产品在我国是短线产品；直接出口资源，经济效益很低。所以，一般情况下应尽量减少资源的出口，而增加对资源加工后物品的出口。同时，资源产品出口的安排要有周期观念。在我国经济的调整期或收缩期，资源产品供给缺口较小，可以安排一部分出口；而当我国处于高涨阶段时，资源产品的供给缺口拉大，这时就应减少甚至停止基础产品的出口，甚至要安排一定量的进口。

第三，建立产业结构的微调机制，通过生产要素的流动，缓解产业结构的周期性失衡。

(1)建立真实和科学的双维信号机制，并对计划指令与价格信号进行较优的配组。就计划协调机制来说，它的信号机制——计划必须能够真实地反映需求结构的变动，特别是能较为准确地预测需求结构进而产业结构的演变趋势。要实现这一要求，计划就必须从包罗万象的短期指令转变为粗线条的但确能勾勒中长期变动趋势的预测，把反映日常需求变动的任务交给市场，由价格的变动来表现。价格要满足这一要求，就必须对价格体系和价格管理体制进行相应的改革，彻底改变僵硬价格管理体制下价格既不反映劳动消耗也不反映供给与需求格局的状况。

产业结构调整的市场机制充分发挥作用要求一个真实的价格信号机制。但是，在目前的经济形势和社会形势(人们对价格上涨的忍受力已接近极限)下，通过价、财、金、税联动一次到位的价格改革方案恐怕是不现实的。较为稳妥的方案是在财政补贴与税率政策的配合下，首先对极为短缺和过剩严重的产品与行业做上升与下降的调整——上升与下调幅度不必一次到位，但应使企业能对这一变动做出反应。对价格不宜调整或无法充分调整的产品和行业，可以将税率、利率作为“准信号”。这种差异税率和利率在理论上近似于布鲁斯模式。

(2)完善计划协调体系与市场体系中各自的动力机制。就计划协调机制而言，中央与地方都不要再把总产值的增加作为经济发展的基本目标，而应追求平衡增长下的效益提高与生活改善，特别是把“划分收支、分级包干”的“分灶”财政改为“划分收支、财源共享”的分税制，切断地方财政收入与企业隶属关系的联系，削除地方大上加工工业的利益根源。就市场协调体系来讲，要使企业对价格的变动做出迅速和有效的反应，必须硬化国营企业与国家的预算关系，使企业既能享有积极反应的收益，又能负担消极反应的亏损与风险。企业预算关系的硬化恐怕需要国家所有制做一些比较彻底的变革。

(3)建立计划协调机制与市场协调机制间的有机结合。国家的中长期协调计划必须有效地得到贯彻。国家协调计划的实现形式除去少数的指令性计划以外，主要有两种形式。第一种形式是根据经济发展的一般趋势及特殊的国情，制定科学的产业政策。国家利用税收、信贷引导企业执行政府的产业政策，按政府的产业计划来配置资源。从国外经验可以看出产业政策有这样两个特点：第一，它联系宏观与微观，并且弥补着宏观政策与微观政策的不足。宏观政策处理的只是宏观变量，如总供给与总需求的平衡，而对中观的结构问题，如产业间联系、地区间平衡却无能为力；微观政策则着眼于企业活力的开发与企业行为的管理，而不涉及企业行为的组合方式。产业政策恰好处理的是宏观与微观之间的断裂层——中观层次。正是通过产业政策，微观政策作用下的企业行为被纳入国民经济整体发展的要求；也正是通过产业政策，宏观、总体的要求被传递到微观层次。第二，产业政策体现着计划与市场的统一，它既体现着国家统一的资源配置计划和中长期发展规划，又不直接控制企业的再生产活力，而是利用市场机制和引导参数来协调企业的行为。

国家协调产业结构的第二种形式是政府直接掌握一定比重的投资，并将其投放于“短线”行业，消除国民经济增长的瓶颈。随着体制改革带来的企业与地方政府权力的扩大，投资主体多元化格局已经形成，这种多元化格局，特别是在企业组团没有形成以前，一般会带来产业结构“轻型化”的倾向，从而加剧加工工业过长，能源、原材料和交通过短的非均衡状态。中央政府掌握一定规模的投资，并将其合理配置，是调节产业结构、改变产业格局失衡的重要手段。那种所谓政府放弃积累与投资功能的观点，苛刻一点说，既不适合中国的实际情况也无视国外经济发展的一般经验，如 1976—1986 年政府积累在国内积累总额的比重，在韩国高达 26%，印度为 13%，日本为 9%，美国也占了 7%。考虑到发达国家政府对私人积累的支持（如低息贷款、科研资助等），政府实现的积累比重将会更高。

（4）完善企业“兼并”、破产机制，促进劳动力市场的形成。目前国营企业中出现的产权转移和兼并是存量调整的一种重要形式，具有很大的推广价值。今后要在立法、清算等方面逐步予以完善，并改革与兼并不相适应的企业管理体制、财政体制等。要大力推广“合同工”这一用工制度，允许人才的相对自由流动。完善社会福利和救济制度，使就业真正成为经济景气的函数，消除工资与就业的刚性。

第十章　建立我国的周期—结构政策

前九章我们相继分析了周期波动影响产业结构的机制、各种周期类型中产业结构变动的特点和这些一般理论机制在我国的具体表现。本章我们则转向政策分析。首先考察经济周期各个阶段上的结构政策,然后考察世界周期影响我国产业结构的机制,以及如何利用世界周期协调我国的产业结构。

经济周期是非论

一般说来,各种周期理论都把周期波动看作是经济过程的失衡,①是对经济运行均衡状态的偏离。从而经济周期是一种消极的东西,虽然它往往是不可完全避免的,就像地震虽然是一种以极端的形式恢复地质运动均衡的自然现象一样,但毕竟对人类社会有害。既然周期波动是一种消极的东西,以经济周期为对象的经济政策就都是反周期的,即周期政策的功能是熨平周期波动。西方经济学派之间虽然在以哪种政策为主这一点上存在着分歧,如货币主义主张以货币政策为主②,凯

① 马克思主义周期理论则把经济周期看作是资本主义基本矛盾的产物,是资本主义生产无政府状态所导致的比例失调的结果。未来的共产主义社会,自觉的调整将取代市场的事后调节,从而会消除经济危机。

② 如货币主义的领袖米尔顿·弗里德曼认为,通货膨胀或通货紧缩的唯一原因是货币增长的过多或过少。经济学没有一个命题比这个命题更牢不可破。见米尔顿·弗里德曼:《论通货膨胀》,中国社会科学出版社 1982 年版,第 17—19 页。

恩斯主义则强调财政政策的作用和财政政策与货币政策的结合，供给学派强调供给管理①。

本来，这方面已无话可说，笔者也把这些公认的结论作为人人皆知的常识，但是偶然读到一篇论周期波动的报告，使我改变了初衷。考虑到对经济周期的价值判断是制定周期—结构政策的前提，不得不在这里多讲几句。

这篇研究报告是由北京社会科学研究所的部分同志完成的，《世界经济导报》1987 年 11 月 23 日以《经济增长波动是超越体制和发展阶段的普遍现象》②为题进行了报道，这篇研究报告所提供的一些资料以及使用的一些现代科学方法都给人很大的启发，但报告中对经济波动的价值判断及所提出的周期政策却值得再讨论。

该研究报告认为经济的线性增长只不过是形而上学的虚构，经济波动才是经济运动唯一可能的时间有序形式。通过经济波动，经济系统自身能够消除失衡，从而是一种创生的建设性因素。由此出发，不应实行逆风向而动的反周期性政策，而应倡导系统的自我组织，自我协调，不是平息风波，熨平周期，而是冲浪，是驾驭波浪。对这些观点，我要指出以下几点：

第一，存在的未必是合理的。承认经济的连续性增长是不可实现的构想，并不能从逻辑上推论出经济波动是经济运动的时间有序形式。经济波动不能避免，并不能也不应该推论出经济波动就是一种建设性因素。

---

① 如拉弗等人认为，通货膨胀主要是供给过少。所以，除去紧缩政府开支外，更重要的是减税，以刺激厂商扩大生产。进入 20 世纪 80 年代后，美英政府在很大程度上都采取了供给学派的一些周期政策。

② 这一报道题目本身就值得斟酌。经济波动并非是超越体制和发展阶段的，它是以大机器生产为基础的商品经济的产物，在机器生产方式出现以前，在非商品经济（如自然经济）中根本不存在完整意义上的经济波动。

第二,如何看待经济波动所实现的结构调整。确实,经济波动导致的震荡和提供的消息将引导经济系统新结构的出现。但是要清醒地看到,经济波动对经济结构的调整(准确地讲应是经济结构在经济波动中的调整。前几章的分析表明,经济波动与经济结构变动并非完全是两个独立的可作为因果关系的变量,在某种意义上,经济波动与结构变动是一个事物的两个方面。部门运动的共性构成总量意义上的波动,部门运动的差异性构成结构变动)不仅需要相应的市场机制和充分的生产要素流动,而且要以资源的巨大浪费为条件(如20世纪30年代"大萧条"时部门过剩的消失是以财富的毁灭为代价的)。正像马克思所讲的那样,它是以否定的形式,强制性地恢复经济的均衡。更为重要的是,经济波动在我国更非一种"建设性因素"。从第九章的分析可以看出,经济波动只是使我国产业结构的失衡周期性地加剧。这种不分体制差异,不论实际情况如何,简单武断地认为周期波动是"建设性"因素的判断是不可取的。

第三,经济系统通过自身波动能够实现稳定与有序的思想,是用现代科学术语伪装起来的极端经济自由主义,说得更干脆一点,是认为市场机制这只"看不见的手"是万能的,既能解决总量失衡也能解决结构失衡。这种观点不仅在理论上站不住脚,在实际生活中也早已被证实是一种真正的形而上学构想。经济研究确实要引入现代科学方法,但切忌生搬硬套。

在周期波动中实现产业结构的调整

1. 经济周期是产业结构调整的一种形式

虽不能简单地把经济波动看作是消除失衡的建设性因素,而不考虑相应的体制条件和调整成本,但也要看到经济周期的确是一种以否定形式出现的产业结构调整形式。这主要表现在两个方面。

第一,经济周期中的衰退,尤其是其强烈形式——危机所造成的失业、破产、倒闭和过剩产品的销毁,以否定和消极的形式使失衡的产业结构得到缓解,而衰退和萧条期间竞争的加剧、利润率的下降,又迫使厂商进行比较彻底的工艺创新和产品创新,从而又促进了新的产品、行业和部门的产生,故熊彼特称其为创造性毁灭。

我们已多次指出,经济扩张是与投资的扩张紧紧联系在一起的,从而投资品部门的扩张速度大于消费品部门的扩张速度,制造投资品部门的扩张速度大于为这些部门提供原材料的部门的扩张速度。一旦投资扩张到一定限度,这种脆弱的结构链条就会断裂,过度投资的行业和部门的生产能力就出现过剩。在这种需求萎缩的压力下,这些行业中的一些企业或者破产,或者转产,或者停产,或者减产。在这些企业中就业的劳动力就会全部或部分地被重新抛进劳动力市场,有的或许很快选择了新的行业,更多的是处于闲置状态。这些企业的固定资产有的被拍卖,有的闲置下来,有的甚至报废。总之,通过资源的损失,失调的产业结构强制性地、被动地得到调整。

由于部门间不仅存在着直接的投入产出联系,而且通过收入—支出间接地联系在一起。如投资部门的衰减,通过该部门就业人数的减少和收入的下降,而导致消费品部门的下降。所以,衰退不是单部门的,它会迅速地由一个部门传递到另一个部门,从而由单部门的下降转变为全社会的衰退。在收缩期,由于市场萎缩,价格和利润率下降,产业结构将会出现一系列的微变动。首先,由于市场的缩小、竞争的加剧,在一些衰老或进入过度的行业中,一些经营不善的企业就会在竞争中失败。即便没有被淘汰的企业也会根据本行业萎缩的情况而削减生产。其次,由于价格的下降和利润率的降低,企业从事产品创新和工艺创新的压力增大。这时,一些已经存在但在繁荣期或因相对风险偏大,或因创新要求不迫切而未实施的发明会被企业家采用,从而激发出新的产品。随着经济形势的逐渐好转,市场需求相对缓和,再加之金融市场银根较松,创新企业的融资能力得到加强,于是创新产品逐渐投入市场。随着这种创新被模仿和扩散,更多的企业进入这一行业或生产这一商品,于是出现新的产业。

第二,产业结构的周期性变动,特别是我国产业结构的周期性失衡,为政府主动调整产业结构提供了信号,包括调整对象、调整时机和调整力度等。政府可以根据这些信号,决定在哪一阶段、以什么手段、对什么部门进行何种调整。例如,我国 20 世纪 50 年代末 60 年代初的那次周期,就需要果断地进行存量结构的调整,包括重工业,尤其是钢铁工业的关停并转和相应地裁减这些部门的就业人员。

2. 我国产业结构调整时机和调整方式的确定

根据我们对经济周期中产业结构变动特点的分析和世界各国产业结构调整的经验,我国产业结构的调整要把握住两个重要的阶段:一个是扩张后期,一个是收缩前期。

在扩张后期,往往是基础产业需求压力最大,农业与工业、轻工业与重工业、采掘、原材料工业与加工工业增长差异度最大、结构关系最为脆弱的时期。这时恰到好处的准确调整可以延长经济扩张的过程,防止产业结构链环突然断裂。在扩张后期,生产要素已被充分利用,开工率接近完全利用率,社会已无闲置资源可用于短线部门。这时的结构调整应(1)限制高速扩张部门的增长,对建筑业和重工业,特别是其中的加工工业实行财政与金融的适度紧缩,如提高加工工业的贷款利率和所得税率,减少加工工业的投资规模,压缩政府对这些行业的订货规模,以及发布限制开工率的计划等等;(2)同时,进行比较充分的增量调整,即把足够的新增投资投放在短缺度较高的采掘、原材料、能源、交通及农业和轻工业。所以,扩张后期基本上是一种增量调整和结构性紧缩相结合的调整政策。

收缩前期是产业结构调整的最佳时机:第一,经济危机(或衰退)将产业结构失衡的矛盾充分暴露,进行调整的政治及社会压力较小。第二,过度扩张部门的产品及生产要素严重过剩,开工率不足,利润率下降,从而孕育着强烈的转产和创新压力。特别是经过经济体制的改革,企业有了自身的经济利益和较大的权力。为了摆脱这种困难局面,企业会主动地进行生产要素的再配置和创新活动。第三,由于产品和生产要素的过剩,一些受经济波动影响不大的部门,如属于短线部门的能源工业、原材料工业和交通部门,以及轻纺工业就可以利用闲置的资源,比较迅速地扩大生产。所以这是一个实际存量调整的绝好时机。这时要鼓励、推动企业的改组和企业生产方向的调整,保护正当兼并、鼓励企业的创新投资。同时,实行结构性的扩张政策,促进农业、轻工业、基础产业的发展,如发放低息贷款、降低税率等等。通过存量调整与结构性扩张政策的结合,既可调整失衡的产业结构,又可推动我国经济早日走出低谷。

世界周期波动与我国产业结构调整

随着我国对外开放的日益深化,我国经济与世界经济的联系日益广泛和深入。对外贸易、国际资金流动将把我国经济与世界经济紧紧地联系起来,从而世界经济波动不仅会影响我国的经济运动,也会直接或间接地对我国的产业结构产生影响。所以,我国的周期—结构政策不仅要协调国内周期所引致的产业结构变动,也要协调世界周期所引致的我国的产业结构变动,尽量减少世界周期波动对我国产业结构的不利影响，并利用世界经济周期实现我国产业结构的合理化和高度化。

1. 世界周期波动影响我国产业结构的机制

世界经济周期对我国产业结构的影响，主要是通过国际贸易这条渠道实现的。①

在现代商品经济中，每个国家都以不同方式和在不同程度上加入了全球性经济分工系列。每个国家或因自然赋存的差异，或因生产优势的差异，或因技术与市场的限制，不能生产或不宜生产某种、某几种商品，而较集中和专门地生产某种、某几种或若干种别的商品。于是产生了国际贸易的必要。国际贸易就意味着国与国之间互相充当对方（交易伙伴）的供方与需方。进出口的存在，使得一国的总需求（TD）从消费（C）加投资（I），变为消费加投资再加出口（E_t），即 $C+I+E_t$，总供给也就变为消费（C）加投资（I）再加进口（I_t）即 $C+I+I_t$。虽然出口（E_t）取决于我国的供给能力与别国的需求，而进口（I_t）则取决于我们的需求与别国的供给能力。所以，当别国和我国出现周期波动时，首先我国的进出口量会随之发生相应的波动，随后这种总量波动总要分解为具体部门进口与出口的波动，如果部门之间进口与出口的波动幅度不一致，那么部门的结构就会发生变动。我们将这一以进出口波动为中介的周期与结构传导机制稍做展开。

先来看出口的变动。

当世界经济的周期处在高涨阶段时，对我国产品的需求将增加，从而出口（E_t）增加。如图 10－1，随着对出口品需求从 d_0 增加到 d_1，出口

---

① 当然，国际资本移动也会影响一国的产业结构。但这种影响完全是通过国内经济波动实现的，如资本流入可能导致扩张，流出则可能导致紧缩，而不像外贸那样直接影响一国的产业结构。

数量也就从 E_{t_0} 增加到 E_{t_1}，出口品生产部门的产量也就从 Y_0^E 增加到〔$Y_0^E+(E_{t_1}-E_{t_0})$〕。于是非出口品生产部门与出口品生产部门的产值比 $Y_0^N:Y_0^E$ 变为 $Y_0^N(1+r):Y_0^E+(E_{t_1}-E_{t_0})$，在这里，$Y_0^N$ 为非出口品生产部门基年产量，r 为非出口品生产部门生产增长率。除非 $Y_0^N r=E_{t_1}-E_{t_0}$，否则，出口部门与非出口部门的结构就会发生变动。这种结构变动对实行出口替代战略的国家的产业结构影响是巨大的。

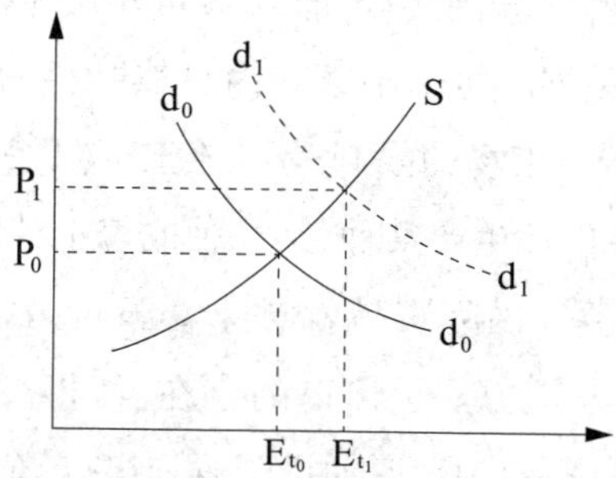

图 10－1　出口（E_t）的增加

在出口品生产部门与非出口品生产部门结构因出口品需求的增加而变动时，出口品生产部门的内部结构也会发生相应的变化，变化的原因主要是出口品分部门对总需求变动的反应弹性和出口品供给的价格弹性①不同。需求反应弹性大的部门，出口需求增加得较快。如果这种产品供给的价格弹性较大，那么，以价格提高为媒介，需求增加所带来的出口品供给增加幅度也较大。反之，如果需求的反应弹性和供给的价格弹性较小，那么由其引致的出口品增加幅度也较小。于是，出口品需求反应弹性和供给价格弹性的不同，会带来出口品生产部门内部结构的变动。

① 出口品的需求反应弹性与我们上文曾提到的需求反应弹性是一样的，只不过这里的总需求是指出口总需求。出口品供给的价格弹性，则是每一单位价格变动引致的出口品供给的变动率。

当世界经济处于萧条或衰退阶段时,对我国出口品的需求也将随之下跌,这时就会出现与高涨阶段相反的变动。首先,出口品将减少($-\triangle E_t$),从而出口品生产部门产量降低($Y_0^E-\triangle E_t$),以致引起非出口品生产部门与出口品生产部门结构的变化〔由$Y_0^N:Y_0^E$变为$Y_0^N(1+r):Y_0^E-\triangle E_t$〕。① 其次,不同出口品的需求反应弹性与供给价格弹性的不同,使得出口品生产部门内部结构发生变化,即需求反应弹性和供给价格弹性小的部门生产收缩幅度小,而需求反应弹性和供给价格弹性大的部门生产收缩幅度大。

再来看进口的变化所引致的影响。为了便于分析,我们仅考察生产资料的进口。

当我国的经济处于高涨阶段时,需求旺盛,投资增加,从而生产资料的进口增加(基本上与图10-1相同,所不同的只是,那里是出口E_t的增加,这里是进口I_t的增加)。生产资料进口的增加,缓和了国内生产资料的短缺,松动了投资迅速扩张带来的投资设备制造工业与原材料工业的失衡,改变了国内生产的部门比例。② 当进口大量消费资料时,在一定程度上可以将更多的国内资源用于生产资料部类的生产与建设,从而改变两大部类的比例。

当我国经济处于落潮阶段时,随着需求的减少,生产资料的进口也会缩减,从前以进口生产资料为投入要素的部门收缩,其收缩程度将随着对进口生产资料的依赖程度而不同。当进口的消费资料减少时,如果不降低生活水平,就要用一部分国内资源去替代原来进口的消费品,

---

① 在这里我们实际上假定出口品部门的生产全用于出口。实际情况当然并不如此,但并不影响我们的结论。因为我们只需用一个国内使用系数,便可解决问题。

② 我国1985年加工工业的高速发展就是靠大量进口原材料、元器件支撑起来的,这在很大程度上缓解了基础产品不足的同时,却又使加工工业与能源工业、原材料工业的失衡状态加剧了。

于是，消费资料部类与生产资料部类的比重将发生变化。

同时，进口品的需求反应弹性和需求价格弹性也影响着进口结构，进而影响着以进口品为投入的部门结构。当经济高涨、需求扩张时，需求反应弹性大而需求价格弹性小的产品，其进口增长较快，以这种进口品为投入的部门的生产也就增加得较快。反之，需求反应弹性小而需求价格弹性大的进口品，其进口增长较慢，以这种进口品为投入的部门的扩张速度，在不考虑其他条件的情况下，就慢于以进口增长幅度较大的进口品为投入的生产部门，从而改变了部门的生产结构。在经济紧缩、需求减少时，需求反应弹性小（从而需求减少的幅度低）而需求价格弹性大（价格降低带来的部门需求提高幅度大）的进口品，其进口减少的幅度小于需求反应弹性大而需求价格弹性小的进口品的进口减少幅度，从而，以前一种进口品为投入的部门，在其他条件不变的情况下，其收缩幅度小于以后一种进口品为投入的部门。

2. 利用世界周期波动实现我国产业结构的调整

近年的对外开放虽促进了我国经济和世界经济的联系，但总的来看，由于政治制度、经济体制尤其是贸易制度与货币体系的不同，以及过去分属于两个不同阵营的历史，我国的经济周期在很大程度上仍独立于世界经济周期以外，即在周期阶段、波动幅度上还存在着极大的独立性，虽然这种独立性将愈来愈弱。周期波动的相对独立性为我们利用世界周期波动提供了条件与可能。

第一，利用世界经济的衰退，引进比较先进的技术设备和价格趋于疲软的原材料，促进我国产业结构的现代化。

经济衰退带来世界经济尤其是西方国家国内需求的不振和国外市场的萎缩，并导致失业率的提高、利润率的降低和贸易收支的恶化。如1974年西方24个主要国家的贸易逆差高达50亿美元。为了缓和衰退的打击并从萧条中走出，西方国家纷纷在西方世界以外寻找商品销售市场和投资场所，利用各种各样的方法“奖出限入”。如在1973—1976年周期中，法国扩大出口额和增加出口贷款金额，丹麦增加商品国内消费税，葡萄牙、冰岛实行贸易与外汇管制，法国、意大利等国则采取货币贬值的办法。1974年美国总统和1975年法国、西德、英国和意大利等西方国家首脑纷纷出访苏联，也都有开拓苏联市场的考虑。

经济衰退期出现的这种情形给我国产业结构现代化和调整提供了一定的机会。首先，由于急于开拓市场，用促进出口带动国内经济的复苏，西方国家就有可能向我国提供一些平时不愿提供的先进技术设备和产品，从而会促进我国传统产业的改造和新兴产业的开发。其次，经济衰退导致的需求疲软和一些鼓励出口的政策，使西方国家出口价格在衰退期趋于下降，这样，在汇率不变的条件下，就能购买到较多的原材料和其他我们短缺的商品，从而有助于缓解我国原料工业和其他短线行业的压力，减轻产业结构的失衡。

在利用西方经济衰退扩大对外贸易方面，苏联有比较成功的经验。1972年，苏联同西方国家的贸易额仅为58.82亿卢布，1976年增加为186.56亿卢布，比1972年增加了2.1倍，大大超过苏联同期整个对外贸易额的增长速度(1.1倍)，更超过了同经互会成员国同期贸易额的增长速度(0.9倍)。与西方国家贸易在总贸易中的比重由1972年的22.6%上升为1976年的32.8%。①

第二，利用世界经济衰退带来的资本相对过剩，引进条件比较优惠的外资，以加强我国短线部门、行业的投资，缓解产业结构的失衡。

---

① 转引自杨家荣等：《苏联怎样利用西方经济危机》，世界知识出版社1984年版，第110页。

在经济衰退期间，由于西方国家内部投资边际收益下降，投资活动不振，从而会急于在西方世界之外寻找新的投资场所，加之我国资信较好，往往有可能获得比较优惠的贷款或直接投资。利用这些资金，我们就可建设一批急待发展、过去又无力发展的项目，如交通、能源、原材料工业和农业中的一些项目。

在这方面苏联也是做得比较成功的(见表10－1)。

表10－1　1973—1975年间苏联从西方获得贷款情况

国别与银行	数额(亿美元)	获得日期及利率
西德	16.49	其中1974年7月得到6.32亿美元，利率为6%
法国	36.70	其中1974年12月得到28亿美元，利率为7.2%—7.55%
意大利	23.00	其中1975年11月得到28亿美元，利率为7.55%
英国	20.15	其中1975年2月得到19.2亿美元，利率为7.25%—7.55%
日本	13.82	其中1974年6月和7月各得到4.5亿美元和5亿美元，利率分别为6.375%和7%
美国	9.45	一般利率为6%
加拿大	8.80	
瑞典	0.90	
西德、法奥联合	8.50	
欧洲信贷公司	7.50	
合计	145.32	

资料来源：转引自杨家荣等：《苏联怎样利用西方经济危机》，世界知识出版社1984年版，第112页。

第三，西方经济的衰退客观上要求我国出口结构转化。

上面曾提到，我国的出口基本上是以初级产品和轻纺产品为主。由于初级产品是生产过程所必需的投入，轻纺产品则大都是人们日常生活用品，一般而言，它们的收入需求弹性和价格需求弹性较低。较小的收入需求弹性一方面使我国的出口总额在衰退期受到的影响相对较小,另一方面也使我国的出口在高涨期不易有更快的增加。同时,由于这种出口结构的价格需求弹性较低,从而不能在西方衰退期利用货币贬值推动出口。① 更主要的是,这种以初级产品、轻纺产品为主的出口结构的贸易条件(出口价格指数/进口价格指数)较低,单位产品的创汇量有限,随着科学技术不断进步和消费结构高级化,其市场相对萎缩。② 所以,从长期发展、改善贸易条件和协调结构偏差的角度,必须从以初级产品、轻纺产品为主的出口结构逐步转换为以机电产品、技术弹性较大产品为主的出口结构上来。而西方经济的波动,客观上也提供了一个促进我国出口结构转换的时机。当西方经济衰退时,收入需求弹性大的产品的市场会收缩得很快,而新技术产品的需求往往不仅不会减少,还会增加。这种进口需求变动的格局对我国出口既是一个压力(纷纷保护国内市场)也是一个机会,即利用西方急于开拓商品市场和投资场所的心理,迅速引进一批先进技术和设备,利用因西方进口萎缩而闲置的设备和人力,开发新的出口产品,促进出口结构的转换。当西方经济进入扩张后,由于西方国家支出与进口需求的增加,我国的出口市场也会相继扩张。西方国家衰退阶段实行的一些贸易保护政策也相继软化或撤销,这时,我国便可增加在衰退期形成的创新产品的出口,实现我国出口结构的转化。总之,要借外国进口需求萎缩之压力进行产品创新,凭外国进口需求高涨之机实施出口结构转换。

---

① 货币贬值促进出口,抑制进口,从而改善国际收支的条件是(d_n+d_m)>1,即马歇尔—勒纳条件得到满足。其中 d_n、d_m 分别是出口品和进口品的价格需求弹性。

② 美国著名管理学家德鲁克在 1986 年春季号《外交》季刊以《世界经济三大发展趋势》为题指出,以初级产品和劳动密集产品出口为主的国家,其贸易条件将会恶化,贸易优势趋于消失,并把这种现象称作原料经济与加工经济的分离、高技术经济与劳动密集型经济的分离。

消除世界经济波动对我国的消极影响

经济周期毕竟是经济系统运行无序性的一种表现，是对均衡状态的一种偏离。所以，我们除了利用世界经济波动促进我国产业结构和出口结构的现代化以外，还要消除或缓解世界经济波动对我国经济运行的冲击，防止国外经济周期引发国内周期。

1. 外部经济波动影响国内平衡的途径

外部经济波动影响一国内部平衡的主要途径有两条：一是贸易收支状况和进口价格的变动，以及反映国际收支（主要是贸易收支）变动的汇率变动；二是国际间资本移动。

（1）进出口变动对国内平衡的影响。当外贸出现逆差时，一般会对我国经济带来收缩的压力。首先是国家储备资产的外流。当储备资产就是流通货币的条件下，如果中央银行不增加货币的发行，入超带来的储备外流就会导致经济的紧缩。这在等式$\triangle M = B + \triangle D$中看得很清楚。其中，$\triangle M$为新增货币供应量，B为国际收支状况，$\triangle D$为国内银行体系资产变动。当$\triangle D$为零时，国际收支逆差将带来流通中货币等量的减少。在我国，由于人民币和黄金没有直接联系，也不是一种自由货币，所以，国际收支逆差通过储备外流产生的紧缩作用可能仅限于外汇贷款方面，从而表现得不甚强烈。其次，如不考虑汇率变动与进出口价格水平，入超也会产生一种收缩作用。因为入超意味着进口的净增加，从而国内总供给增加，价格有下降的趋势。由于我国经济生活中存在着需求膨胀，所以这一方面的紧缩作用几乎显示不出来。再次，除非中央银行采取“抵消政策”，外贸收支逆差一般会带来利率，特别是外汇贷款利率的上升，从而类似于一种紧缩性货币政策。外汇贷款利率的上升,是储备外流使外汇供给减少的结果。由于人民币贷款与外汇贷款具有某种替代关系,外汇贷款供给减少与利率提高会增加对人民币贷款的需求,从而人民币贷款利率提高。

外贸收支顺差,即出超,对国内平衡的影响,基本上是一种扩张力量,即出超导致外汇供给增加、外汇利率及人民币利率下降和总需求增加,具体论述同入超情况,只是结论相反。

(2)进口价格波动对国内价格水平的影响。进口价格上涨将使物价总水平上涨。当进口品是最终消费品时,进口价格上涨对物价总水平的影响等于进口价格上涨幅度乘以进口物品在国内总供给中所占比重:

$$\frac{(TP)_t}{(TP)_{t-1}} = \frac{(P_m)_t \cdot M_t}{(P_m)_{t-1} TS_t} \tag{10.1}$$

其中,TP、P_m分别是物价总水平和进口价格水平,M 为进口,TS 为国内总供给,t 和 t-1 是时间坐标。如果进口物品为中间投入,以进口物品为原料的产品仍是中间物品,那么,物价总水平上涨幅度为:

$$\frac{(TP)_t}{(TP)_{t-1}} = \frac{(P_m)_t}{(P_m)_{t-1}} \cdot \frac{M_t}{TS_t}\left(1 + \sum_{i=1}^{n} \frac{1}{N_i}\right) \tag{10.2}$$

其中,N_i为第 i 种物品产出额。

当进口物价下降,物价总水平会下降,下降水平同样可用(10.1)和(10.2)式表示,只是符号相反。

(3)汇率变动对国内经济的影响。汇率变动首先影响用本币表示的进口价格水平和用外币表示的出口价格水平,进而影响国际收支。当本币贬值时,进口物价上涨,进而推动国内物价总水平上涨;当本币升值时,进口物价下跌,进而降低国内物价总水平:其数量值,可用(10.1)和(10.2)计算。随着进出口价格水平的反向变化,只要马歇尔—勒纳条件得到满足,贬值就会减少国际收支逆差。升值则会减少国际收支顺差。

至于国际资本移动对国内经济的影响,基本上与外贸收支对国内经济的影响相同。当我国对外净投资为正时,就像外贸收支逆差一样有收缩作用;当外国对我国净投资为正时,就像外贸收支顺差一样有扩张作用。至于具体传递机制不再赘述。

综上所述,影响我国经济运行的外部因素主要有两个:一是贸易价格变动,尤其是进口物价变动;二是贸易收支状况和贸易水平。所以,我们防止国外周期波动影响我国经济活动政策的目标,也应放在这两个方面。

2. 确立隔离国外经济波动不良影响的政策

要想有效地消除国外经济波动对我国经济的不利影响,必须把供给管理、需求管理及汇率政策结合起来。否则,任何单类政策都难以完成这一任务。

(1)实行有控制的或者说国家管理下的变动汇率。① 如果一国想消除国外通货膨胀或通货紧缩对国内价格水平的影响,而又不想采取进口补贴(或课税),这时,政府控制下的变动汇率便是一种较好的方法。当国外出现通货膨胀时,调高本币价格(外汇汇率下降),就可以消除进口价格的上涨;当国外出现通货紧缩时,降低本币价格,就可消除进口价格的下跌。

同时,变动汇率有利于实现国际收支平衡。如果假定资本项目收支是平衡的,那么,国际收支出现逆差完全是"买多卖少"的缘故;反过来,如出现外贸收支顺差,则是"买少卖多"的结果。在金本位或金汇

---

① 严格地讲,变动汇率不同于浮动汇率,虽然前者包含后者。变动汇率是指所有的非固定汇率,而浮动汇率则是特指由外汇供求自主决定的汇率。

兑货币制度下，固定汇率并不妨碍国际收支的自动平衡，因为货币的流出和流入便可通过经济的收缩与扩张，自动实现国际收支的改善。在现代货币制度下，同时为了保护国内平衡，就有必要实行变动汇率了。如果存在国际收支逆差，通过本币贬值，就可提高进口货物用本币表示的价格，同时降低用外币表示的出口价格，只要进口与出口具有较强的价格需求弹性，贬值就会减少国际收支逆差。反过来，如果存在国际收支顺差的话，就可使本币升值，结果则会是国际收支顺差的减少。

所以，如果单独地消除国外价格的波动或恢复国际收支的均衡，那么少在理论上，变动汇率是有较好的作用的。但是如果出现以下四种情况的组合，变动汇率就不一定能双双奏效了。

国际收支顺差 国外价格收缩 ②	国际收支顺差 国外价格膨胀 ①	国际收支顺差
③ 国际收支逆差 国外价格收缩	④ 国际收支逆差 国外价格膨胀	国际收支逆差
国外价格收缩	国外价格膨胀	

在第一象限的情况下，用本币升值的办法，既可消除国际收支顺差，又可消除国外通货膨胀；在第三象限中，用本币贬值也可以双双奏效。然而在第二象限和第四象限中，变动汇率就不能兼顾了。就第二象限而言，本币贬值虽可缓解国外价格收缩，却会同时使国际收支顺差扩大，本币升值虽可促进国际收支的平衡，但又加剧了国外价格的收缩。就第四象限而言，本币升值虽可缓解或消除国外价格的膨胀，但会使国际收支逆差更加恶化，本币贬值虽可平衡国际收支逆差，然而却以国内价格的上涨为代价。

所以，变动汇率在消除国外经济波动的影响时不是万能的，也有其作用"盲点"，需要其他政策的帮助。同时，由于我国实行外汇管制，再加之要避免国外汇率政策的报复,所以,我国汇率调整的空间较小,汇率变动弹性有限,更需要一些另外的需求政策与供给政策的配合。

(2)不失时机和恰当地运用需求管理政策,特别要处理好货币政策与财政政策的关系。

如果汇率不能调整或担心国外采取报复性汇率政策,以及汇率政策效用尚未显现之前,为了消除国外波动对国内经济的影响,就需要采取"消除"或"抵消"型的管理政策了。譬如,当国外经济严重萧条,从而影响我国的出口,并产生收缩力量时,国内就要采取扩张性财政与货币政策。反之,当国外经济过度扩张,而我国已接近资源的充分使用时,为防止我国经济的过热,消除出口增加带来的扩张影响,就需要采取比较紧的财政与货币政策。再如,当出现过大入超和过多对外净投资时,中央银行就应采取相应的扩张政策,以防止出现货币紧缩。反之,则要采取紧的货币政策,以免膨胀状态的出现。

(3)正确处理好供给政策与需求管理政策的关系,将它们恰当地结合起来。

需求管理政策,包括财政政策和货币政策,不仅要用来对付外部失衡,如国际收支逆差,还要用来解决国内失衡,如总需求不足,失业率过高,不仅要消除国外经济波动对国内经济的影响,也要致力于熨平国内周期波动。当内部失衡与外部失衡的方向不同,如高失业与高入超并存或高通货膨胀与高出超并存时,当国外经济周期与国内周期波动所处阶段相反时,如国内高涨期恰是国外低谷期,或国内低谷期正是国外高峰期,这时,仅仅采用需求管理政策便会失效。如高失业与高入超并存时,扩张性需求政策虽有助于解决内部平衡,却会恶化外部平衡;反之,如用收缩性需求政策来应对国际贸易逆差,国内失业率将更高。在这种状况下,就需要用供给政策来配合。譬如,对高失业与高入超而言,就应用扩张性政策对付国内需求不足,同时,采取促进出口的供给政策,包括加快技术设备的更新,对出口部门提供各种优惠政策。这样,出口的增加,既直接减少收支逆差,同时又增加就业。而对高通货膨胀率与高国际收支顺差并存的状况而言,一方面用紧的需求政策,抑制通货膨胀,同时,直接增加进口,以增加国内总供给。这样,既可减少顺差,又有助于实现供求平衡。

要实行供给管理政策,目前较为迫切的任务是逐步提高我国出口产品的供给弹性。这里的出口供给弹性是相对于国外需求变动而言的出口产品供给变动率,即

$$э_s = \frac{\triangle X}{X} \Big/ \frac{\triangle D_a}{D_a} \tag{10.3}$$

其中,$э_s$是出口供给弹性,$\triangle X$、X是出口增量和出口量,$\triangle D_a$和D_a是国外对我国出口品的需求增量和需求量。如果$э_s$过低,那么在西方经济扩张时,由于我国出口产品不能相应扩张,从而会降低我国出口产品所占的市场份额;而当西方经济收缩时,$э_s$过低,会使我国出口产品价格大幅度下降,从而恶化我国的贸易条件。要提高我国出口部门的供给弹性,除去国际经贸信息系统的完善外,最主要的还是加强出口部门与国内使用部门的联通能力:当国外经济收缩时,出口产品能迅速地转化为内销;相反,当国外经济扩张时,国内使用的产品也能相应地转为外销。不过需要提及的是,在加强国内市场与国外市场的联通能力时,要根据我国经济运动的周期,恰当地确定产品出口与内销的比例。这在我国出口结构主要以初级产品为主的条件下尤为重要。譬如,当我国经济处于高涨阶段时,对原材料、矿物能源的需求增大,基础产业的压力增强,这时就应相应减少这类产品的出口;而当我国经济处于收缩阶段时,这些部门的压力有所缓解,从而就可多安排一些出口。这就要求根据我国经济周期运动的时序表,合理地确定每类产品的出口比重。

参考文献

中文著作类

1. 综合理论著作

〔德〕马克思:《资本论》第一卷、第二卷、第三卷,人民出版社1975年版。

〔比〕曼德尔:《晚期资本主义》,黑龙江人民出版社1983年版。

〔匈〕科尔奈:《短缺经济学》上、下册,经济科学出版社1986年版。

〔英〕哈维:《现代经济学》,上海译文出版社1985年版。

〔美〕萨缪尔森:《经济学》上、中、下册,商务印书馆1982年版。

〔英〕摩根:《货币学派与凯恩斯学派》,商务印书馆1984年版。

〔英〕希克斯:《价值与资本》,商务印书馆1982年版。

〔美〕肯尼斯·栗原编:《凯恩斯学派经济学》,商务印书馆1964年版。

〔瑞典〕维克塞尔:《利息与价格》,商务印书馆1982年版。

〔比〕曼德尔:《论马克思主义经济学》,商务印书馆1979年版。

〔美〕托宾:《十年来的新经济学》,商务印书馆1980年版。

〔美〕谢佩德:《市场势力及福利经济学导论》,商务印书馆1980年版。

《现代国外经济学论文选》第6辑,商务印书馆1984年版,第7辑,1985年版,第9辑,1984年版。

谷书堂、宋则行主编:《政治经济学——社会主义部分》,陕西人民出版社1985年修订版。

戴园晨:《社会主义宏观经济学》,中国财政经济出版社1986年版。

厉以宁:《社会主义政治经济学》,商务印书馆1986年版。

符钢战等:《社会主义宏观经济分析》,学林出版社 1986 年版。
陈岱孙:《从古典经济学派到马克思》,上海人民出版社 1981 年版。
张培刚等:《微观、宏观经济学的产生和发展》,湖南人民出版社 1986 年版。

2. 周期理论

〔美〕刘易斯:《增长与波动》,华夏出版社 1987 年版。
〔美〕米契尔:《商业循环问题及其调整》,商务印书馆 1962 年版。
〔苏〕门德尔逊:《经济危机和周期的理论与历史》第一卷、第二卷,三联书店 1976 年版。
〔俄〕杜冈-巴拉诺夫斯基:《周期性工业危机》,商务印书馆 1982 年版。
〔美〕卡斯泰尔斯:《经济危机和美国社会》,上海译文出版社 1985 年版。
〔日〕林直道:《战后国际通货膨胀与世界经济危机》,商务印书馆 1984 年版。
〔苏〕瓦尔加:《现代资本主义和经济危机》,三联书店 1975 年版。
《美国国家垄断资本主义与经济危机》,商务印书馆 1984 年版。
吴大琨:《资本主义经济危机与经济周期》,辽宁人民出版社 1986 年版。

3. 经济发展与产业结构

〔匈〕努伊拉斯主编:《世界经济现行结构变化的理论问题》,人民出版社 1984 年版。
〔美〕库兹涅茨:《各国的经济增长——总产值和生产结构》,商务印书馆 1985 年版。
〔美〕萨顿:《西方技术与苏联经济的发展》,中国社会科学出版社 1980 年版。
〔美〕钱纳里:《产业关联经济学》,港台版复印本。
〔美〕里昂惕夫:《投入产出经济学》,商务印书馆 1982 年版。
〔民德〕库斯基:《生产力的四次革命》,商务印书馆 1985 年版。
马洪、孙尚清主编:《中国经济结构问题研究》,人民出版社 1981 年版。
孙尚清主编:《论经济结构对策》,中国社会科学出版社 1984 年版。
马洪、孙尚清主编:《中国社会主义经济结构研究丛书》,山西人民出版社、中国社会科学出版社出版。
杨治编著:《产业经济学导论》,中国人民大学出版社 1985 年版。
"经济研究参考资料"编辑部编:《外国经济结构文集》,中国社会科学出版社

1980 年版。
《世界各国工业化概况和趋向》，中国对外翻译出版公司 1980 年版。
谭崇台：《发展经济学》，人民出版社 1985 年版。
宋承先等：《增长经济学》，人民出版社 1982 年版。
王梦奎：《两大部类对比关系研究》，中国财政经济出版社 1983 年版。
巫宁耕：《战后发展中国家经济》，北京大学出版社 1986 年版。
张培刚：《农业与工业化》，华中工学院出版社 1984 年版。
孙尚清等：《中国的产业结构（1977—1980）》，人民出版社 1982 年版。
李悦编著：《中国工业部门结构》，中国人民大学出版社 1988 年版。

4. 各国经济史

〔法〕保尔·芒图：《十八世纪产业革命——英国近代工业初期的概况》，商务印书馆 1983 年版。
〔英〕克拉潘：《现代英国经济史》上、中、下册，商务印书馆 1964 年版。
〔日〕中央大学经济研究所编：《战后日本经济》，中国社会科学出版社 1985 年版。
〔日〕小林义雄：《战后日本经济史》，商务印书馆 1985 年版。
〔日〕高桥龟吉：《战后日本经济跃进的根本原因》，辽宁人民出版社 1984 年版。
汪海波主编：《新中国工业经济史》，经济管理科学出版社 1986 年版。
马洪主编：《现代中国经济事典》，中国社会科学出版社 1982 年版。
杨家荣等：《苏联怎样利用西方经济危机》，世界知识出版社 1984 年版。
金明善：《现代日本经济问题》，辽宁人民出版社 1983 年版。
柳随年、吴群敢主编：《恢复时期的国民经济》，黑龙江人民出版社 1984 年版。
美国国会联合经济委员会编：《对中国经济的重新估计》上、下册，中国财政经济出版社 1977 年版。
樊亢等主编：《外国经济史（近代、现代）》第一、第二、第三册，人民出版社 1965 年版。

5. 货币、金融及宏观经济政策

〔美〕金德尔伯格等：《国际经济学》，上海译文出版社 1985 年版。
〔美〕钱德勒等：《货币银行学》上、下册，中国财政经济出版社 1981 年版。

〔美〕弗里德曼:《论通货膨胀》,中国社会科学出版社 1982 年版。
〔美〕汉森:《二十世纪六十年代的经济问题》,商务印书馆 1960 年版。
〔美〕杨叔进:《经济发展的理论与策略》,江苏人民出版社 1983 年版。
吴念鲁等编著:《国际支付中的货币与汇价》,中国财政经济出版社 1980 年版。
薛伯英主编:《美国政府对经济的干预和调节》,人民出版社 1986 年版。

6. 统计理论与统计资料

〔苏〕赫拉英夫:《工业和农业的发展速度》。
〔日〕矢野恒太纪念会编:《日本 100 年》,时事出版社 1984 年版。
苏联中央统计局编:《苏联国民经济 60 年》,三联书店 1979 年版。
国家统计局编:《中国统计年鉴(1986)》,中国统计出版社 1986 年版。
国家统计局编:《中国工业经济统计资料(1949—1984)》,中国统计出版社 1985 年版。
《国外经济统计资料(1949—1976)》,中国财政经济出版社 1979 年版。
中国科学院经济研究所世界经济研究室:《主要资本主义国家经济统计集(1848—1960)》,世界知识出版社 1962 年版。
《国防经济和社会统计资料(1950—1982)》,中国财政经济出版社 1984 年版。
《第二次世界大战后资本主义国家统计情况》,世界知识出版社 1960 年版。

英文著作类

Simon. Kuznets, *Secular Movement in Production and Prices*, Houghton Mifflin Company, 1930.
S. Kuznets, *National Product Since 1869*, NBER, New York, 1938.
J. A. Schumpeter, *Business Cycles*, Mcgraw-Hill Book Company, Inc., New York and London, 1939.
Burns, *Production Trend in the U. S.*, NBER, New York, 1934.
Schumann, *Structural Change and Business Cycles in South Africa(1806—1936)*, Staples Press, New York, 1938.
W. Lewis, *Growth and Fluctuations(1870—1913)*, Geoge Allen and Unwin, 1958.
W. Rostow, *The World Economy*, The Macmillan Press, 1978.

S. Kuznets, *National Income*, NBER, New York, 1946.

NBER. ed, *Output, Employment and Productivity in the U. S. after 1800*, New York, 1966.

V. Zarnowitz, ed, *The Business Cycle Today*, NBER, New York, 1972.

S. Kuznets, *Seasonal Variations in Industry and Trade*, NBER, New York, 1933.

C. Freeman, ed, *Long Wave in the World Economy*, Butter Worths, 1983.

S. Fabricant, *The Output of Manufacturing Industries 1899—1937*, NBER, New York, 1940.

W. H. Shaw, *Value of Commodity Output Since 1869*, NBER, New York, 1947.

R. J. Gordon, ed, *The American Business Cycle*, The University of Chicago Press, 1986.

V. Duija, *The Long Wave in Economic Life*, Geoge Allen and Unwin, 1983.

E. Mandel, *Long Waves of Capitalist Development*, Cambridge University Press, 1978.

J. S. Duesenberry, *Business Cycles and Economic Growth*, Mcgraw-Hill Book Company, 1965.

The World Bank, World Development Report, 1979.

L. Tealer, *Structuralist Macroeconomics*, Basic Books, 1983.

H. Chenery, *Structural Change and Development Policy*, A World Bank Research Publication, 1979.

B. J. Devine, etc, *An Introduction to Industrial Economics*, Geoge Alien and Unwin, 1979.

W. Williamson, *The Open Economy and The world Economy*, 1984.

B. R. Mitchell, *Abstract of British Historical Statistics*, Cambridge University Press, 1962.

Historical Statistics of America 1789—1945, Washington, 1949.

Historical Statistics of America since Colonial Time, Washington, 1907.

Abstract of American Statistics.

Historical Statistics of Europe.

论文类

〔西德〕蒂英曼:《经济科学对解决发展中国家问题的贡献》,《经济学译丛》1985

年第 4 期。
〔澳大利亚〕秦德伦:《关于基础结构的若干问题》,《经济学译丛》1985 年第 4 期。
〔日〕佐贯利雄:《产业结构的新动向——软化》,《外国经济与管理》1984 年第 7、第 8 合期。
〔日〕中村隆英:《技术进步与产业结构》,《外国经济与管理》1984 年第 7、第 8 合期。
〔日〕川上则道:《现代再生产结构的特征》,《经济学译丛》1982 年第 11 期。
〔美〕迪克森:《技术与兴衰周期》,《世界经济译丛》1984 年第 6 期。
〔日〕筱原三代平:《康德拉季耶夫长波的复苏》,《世界经济译丛》1984 年第 6 期。
〔美〕罗斯托:《世界经济长周期和环太平洋时代》,《世界经济译丛》1984 年第 1 期。
〔美〕赫尔夫戈特:《美国的第三次革命》,《世界经济译丛》1987 年第 6 期。
陈越:《我国经济周期问题的分析与思考》,《管理世界》1988 年第 1 期。
卢建:《我国经济周期的特点、原因及发生机制分析》,《经济研究》1987 年第 4 期。
吴仁洪:《论我国经济的周期性波动》,《财贸经济》1987 年第 8 期。
刘树成:《我国固定资产投资周期性初探》,《经济研究》1986 年第 2 期。
厉以宁:《社会主义经济周期假设》,《经济研究》1987 年第 9 期。
王晓东:《技术进步对生产结构和再生产比例的影响》,《中国社会科学》1985 年第 1 期。
阎文学:《国民经济结构的分类方法》,《经济研究》1984 年第 7 期。
周叔莲等:《试论新兴产业和传统产业的关系》,《经济研究》1984 年第 8 期。
查汝强:《试论产业革命》,《中国社会科学》1984 年第 6 期。
陈胜昌:《简析我国国民经济结构演变的若干情况和问题》,《经济研究参考资料》1984 年第 47 期。
李琮:《当前发达资本主义国家的产业结构调整问题》,《世界经济》1984 年第 1 期。
魏燕慎:《新技术革命与“新兴工业国”(地区)经济结构调整》,《世界经济》1984 年第 5 期。
容辛:《意大利工业结构的调整》,《世界经济》1985 年第 2 期。
杨恩正:《新技术革命与美国产业结构调整》,《世界经济研究》1984 年第 5 期。

张淑英:《战后日本工业结构变化浅析》,《现代日本经济》1983 年第 1 期。
林春:《日本产业结构的演变及趋势》,《现代日本经济》1985 年第 2 期。
陈淮:《我国工业部门结构演变过程的基本特征》,《中国工业经济研究》1988 年第 1 期。
薛敬军:《日本产业结构的变化及其原因》,《世界经济》1985 年第 4 期。
张宣三等:《美国最近 20 年产业结构的变化》,《工业经济管理丛刊》1983 年第 5 期。
金岩石:《经济增长的长波》,南开大学硕士论文。
薛文:《当代资本主义国家结构性危机的概念表现及原因》,南开大学硕士论文。
胡尔钟:《希克斯的价值理论与经济周期理论》,上海财经学院硕士论文。

后　　记

万事开头难，收尾亦难。虽拉拉杂杂写了二十万言，总感有言犹未尽之意，便借这个后记，再说几句。

最初的写作计划可能过于雄心勃勃。所拟定的提纲包括两卷，第一卷为理论卷，第二卷为历史卷。前一卷准备考察各种类型的经济波动影响产业结构变动的一般理论，后一卷考察几个主要国家历次经济周期的产业结构变动实况与历史。后来，两个因素迫使我放弃这样庞大的写作计划：第一是外部因素，即写作时间和写作经费的限制。在短短的一年多时间内是完不成这一计划的；学校所给的科研经费也远远不敷使用。第二是自身素质的限制。我是学政治经济学出身的，几年来关心的主要是我国经济改革与发展的一些现实问题，搜集史料非我所长。于是只好放弃这一计划，而将论文压缩为目前的十章结构。这十章基本属于理论卷的内容，只不过用了历史卷的一些材料罢了。

周期波动对产业结构变动的影响，基本上属于宏观经济学与中观经济学交会的领域。研究这一问题，对于宏观经济学向中观领域拓展、总量分析与结构分析相结合和周期理论与结构理论的深化具有重要的理论意义，同时对于我国制定科学的周期—结构政策也有很大的现实意义。掩卷思来，对于这样一个完全陌生的课题，短短二十万字确实太少了。更何况限于笔者理论功力和操作能力，本书也只是一种尝试。所幸的是，既有第一个，就有第二个。倘若能吸引更多的同志来开垦这块未经开发且前景诱人的“处女地”，笔者苦苦笔耕十月余的目的也就实现了。

我是从 1986 年 2 月在孙尚清研究员的指导下研究我国的产业结构,并准备这篇博士论文的。没有孙先生的耳提面命和精心指导,本书是无法完成的,在此谨向我的导师致以谢忱。另外还要感谢吴敬琏研究员,无论在日常研究和题目确定方面,他都给了我很大的帮助。

本书能够顺利脱稿,有赖于我妻子——冯爱民的牺牲和辛劳。中国的知识分子苦,做中国知识分子的妻子更苦,做与自己的丈夫分居两地的知识分子妻子是苦上加苦。攻读博士学位期间恰是我妻子怀孕和养育幼女的三年。所有的家庭负担和养育子女的任务就落在我妻子身上。如没有这一分工,我可能完不成我的学业,更谈不上本书的完稿。

在本书的写作过程中,还得到许多同志的帮助,在此一并致谢。

马建堂

1988 年 6 月 21 日

于京东六公坟